民國人物與檔案

政大人文系列叢書

周惠民 主編

政大人文中心

政大出版社
Chengchi University Press

國家圖書館出版品預行編目（CIP）資料

民國人物與檔案 / 周惠民主編. --初版. --臺北
市：政大出版社出版：政大發行, 2015.12
面； 公分
ISBN 978-986-6475-80-1（平裝）

1.傳記　2.民國史　3.史料

782.18　　　　　　　　　　　　　104028053

政大人文系列叢書
民國人物與檔案

主　　編　周惠民
著　　者　周惠民　林桶法　邵銘煌　唐啓華
　　　　　許雪姬　黃克武　劉維開

發 行 人　周行一
發 行 所　國立政治大學
出 版 者　政大出版社
執行編輯　蕭淑慧　林淑禎
校　　對　張雨捷
封面設計　談明軒
地　　址　11605 臺北市文山區指南路二段 64 號
電　　話　886-2-29393091#80625
傳　　眞　886-2-29387546
網　　址　http://nccupress.nccu.edu.tw

經　　銷　元照出版公司
地　　址　10047 臺北市中正區館前路 18 號 5 樓
網　　址　http://www.angle.com.tw
電　　話　886-2-23756688
傳　　眞　886-2-23318496
郵撥帳號　19246890
戶　　名　元照出版有限公司

法律顧問　黃旭田律師
電　　話　886-2-2391-3808

排版印刷　鴻柏印刷事業股份有限公司
初版一刷　2015 年 12 月
定　　價　260 元
I S B N　9789866475801
G P N　1010403268

政府出版品展售處
• 國家書店松江門市：104 臺北市松江路 209 號 1 樓
　電話：886-2-25180207
• 五南文化廣場台中總店：400 台中市中山路 6 號
　電話：886-4-22260330

民國人物與檔案

導　論

周惠民

國立政治大學歷史學系教授兼人文中心主任

　　歷史學者研究歷史，撰寫論文時，每因主題、內容不同而使用不同性質的資料。這些資料，多以文獻、圖書與檔案形式出現；又因爲這些資料與歷史課題相關，故也可以「史料」稱之。近代以來，公部門林立，印刷技術又發達，資料快速增加。

　　《漢書・藝文志》記載自先秦到西漢學術的圖書狀況，總共收集當時存世典籍596家，13269卷。根據聯合國教科文組織統計，今日世界各國每年圖書已經超過80萬種。如何定義史料？如何定義檔案？恐怕不易爲之。研究者只能根據自己的研究內容，定義其檔案與史料。1926年創刊的《良友畫報》本爲攝影畫報，關切的主題甚廣，現在則是許多學者研究20-30年代社會風俗的重要參考資料。許多報刊爲順利發行，必須刊登各種分類廣告，招徠顧客者有之，聲明啓事者有之。這些內容現在反成爲研究特定時空的社會或經濟議題的重要史料；原本刊載廣告者也有東隅之收，報紙也順理成章地成爲第一手資料的提供者。

　　書信、日記，原本屬於私人領域，流通不易，也鮮少用於歷史研究。民國初年以來，出版了大量日記、書信，尤其一些重要人物，親

歷其事，他們所寫的書信、奏摺，無不成為歷史學者研究不同課題時的第一選擇。《李鴻章全集》、《翁同龢日記》，都是重要史料。史料越是汗牛充棟，歷史研究者越是無法全面掌握資料，其所見果能因資料充分而益明？與之相較，古代出版並不容易，書籍流通也不普遍，古人在著書立說之時，儘管受限於圖書、文獻，但其微言大義，對歷史的論贊，對今日世界，尚有極大貢獻。

中國古代史學發展

上古人類的歷史記憶往往依賴神話傳說，中西相同。古希臘史詩《伊利亞德》記載特洛伊戰爭，儘管參雜許多神話，但仍有其史料價值。與此同時，中國也發展出「百國春秋」，雖然多已不傳，但《魯春秋》仍因後人不斷編寫而保存重要內容，可以看到春秋時期許多重大事件。在此時期中，教育並不發達，文字紀錄也不發達，且僅有少數人有駕馭文字的能力，閱讀已屬困難，遑論論述，研究與撰寫歷史僅是少數人的工作。社會大眾不僅無法閱讀歷史，甚至未將歷史視為教育的重要環節，並不關心。[1]中國的歷史書寫之職原為家業，司馬氏歷任史官，家學淵源。司馬談（？-110BC）原本就計畫根據《左氏春秋》、《國語》、《世本》、《戰國策》、《楚漢春秋》等書，繼續編寫史書，以成一家之言，臨死之際，也不忘囑咐其子司馬遷（145BC-86BC）：「汝必為太史，無忘吾所欲論著矣」。司馬遷乃「悉論先人所次舊聞」而成《史

---

[1] 中國的六藝為禮、樂、射、馭、書、數，希臘七藝為文法、修辭、辯證、算術、幾何、天文及音樂，又以文法、修辭與辯證等「前三藝」（Trivium）較為重要，均不包含歷史。

記》一書。呂思勉即指出《史記》主要材料係抄纂古書所得，司馬遷的《序》和《論贊》算是太史公父子的心得。這種研究方法，與今日學者處處講求檔案，相當甚大。

古人寫史不必依據「原始」檔案，論述多以文獻資料為主。司馬光（1019-1086）編寫《資治通鑑》之前，先將其所編的《歷年圖》與《通志》兩種呈給英宗，說明其對古代史事的看法，頗獲英宗賞識。英宗不僅供給經費，還讓司馬光在崇文院內設置「書局」，自選助手，以便修纂《資治通鑑》。[2]為解決資料問題，英宗更將其原有藏書2400卷供司馬光等人參閱，並同意司馬光使用龍圖閣、天章閣、昭文館、史館、集賢院、秘閣等地之藏書，解決編寫前朝史事所需圖書與文獻的難題。

《資治通鑑》的內容始於西元前403年三家分晉，迄於西元959年，後周世宗征淮南，歷經秦、漢、晉、隋、唐等16朝，共1362年，是中國史學傳統中重要的編年體通史。撰寫這樣一部煌煌鉅製需要參考多少書籍？不免有好事者欲知其詳。據統計，司馬光撰寫《資治通鑑》時，除17種正史之外，還有譜錄，別集，碑誌等300多種，加上龍圖閣等官府藏書，資料不可謂不豐。[3]晚司馬光100多年的洪邁（1123-1205）進一步考證《資治通鑑》用的各種資料多為撰述成書的「書籍」，例如司馬光討論唐代史事，用了《河洛記》、《諫錄》、《李司空論事》、《張中丞傳》、《兩朝獻替記》等當時人的著作。

以今日眼光而言，司馬光撰述歷史，並未參考各官府、衙門的公

2　英宗在位不久，《資治通鑑》到神宗時才成書，神宗還親自作序。

3　歷代以來，都有學者計算司馬光參閱的書籍目錄，從宋人統計的「通鑑採正史之外，其用雜史諸書凡二百二十家」，到清四庫館臣相信「其採用之書，正史之外，雜史至三百二十二種」。還有民國時期考證的301種，近人陳光崇則認定有359種，數字最多。

文檔案，總是有些遺憾，若要依今日學術審查辦法，恐怕還算是嚴重的學術缺失。但當司馬光之時，也許即便想利用「檔案」，許多前朝資料可能都已經隨著兵燹而灰飛煙滅。所以古人並不依據檔案撰述歷史，顯屬常態，與今日學者主張研究必須依賴「檔案」的想法有些出入。

西方古代史學發展

西方史學發展之初，也有類似發展。西方史學多以希臘及羅馬史學為基準點。希臘古希臘人很早就開始撰寫歷史，透過各種形式記錄過往人類的活動軌跡與文明進程，但多以年鑑、編年史或王朝世系表等形式出現，與今日大家較為熟悉的史學體例並不相同。希羅多德（Herodotus, c. 484BC-c. 425BC）撰寫《歷史》（*Histories*），約成書於西元前5世紀後半葉，記載古希臘城邦、波斯帝國與近東等地的歷史文化與風土人情；波希戰爭也是重點，許多西方學者認定希羅多德為西方史學的始祖。其他歷史學家包括修昔底德、色諾芬等人，共同創造希臘史學的敘述傳統，主題則多為政治、軍事及外交活動，對社會與經濟問題，較少涉及。

羅馬史研究者多認為皮克托爾（Quintus Fabius Pictor，c. 254BC-？）建立了羅馬史學的基礎。皮克托爾出身貴族，曾任羅馬元老與大祭司等職。他為了回應希臘人的批評，乃以希臘語編寫《年鑑》（*Annals*），逐年敘述羅馬歷史。[4]其後的史家如波利比阿（Polybius, c. 200BC-c. 118 BC）

4　羅馬原本沒有歷史著作，希臘作家Timaeus曾撰寫羅馬史，對羅馬的敘述相當負面，引起皮克托爾的不滿，乃以希臘文撰寫歷史，以為回應。行文之際，頗多宣傳

與普魯塔克（Plutarch, c. AD 46-AD 120）等都以他爲典範，其作品也多譯成拉丁文，廣爲流傳。希臘羅馬的年鑑體例，一直影響後世，給里烏斯（Gnaeus Gellius，c. 140BC）的羅馬史從傳說英雄埃涅阿斯（Aeneas）起，編年記事到西元前146年爲止。傅魯吉（Lucius Calpurnius Piso Frugi，c. 133BC）的羅馬史全書80冊也是自羅馬出現起，按年敘述，直到西元前154年爲止。這些歷史著作自然多不用檔案。

羅馬史學的另一種重要傳統爲專論類史書，與中國紀事本末體類似，記載單一主題。安提巴托（Lucius Coelius Antipater）的「第二次布匿戰爭史」，討論西元前218年到前201年的迦太基與羅馬之戰；[5] 沙陸斯特（Sallust）的《喀提林納戰爭》[6]（*Bellum Catilinae*），記載西元前66到63年羅馬的政爭；另一本《尤古達之戰》（*Bellum Jugurthinum*）則記敘西元前111到前105年的尤古達戰爭。[7] 這類歷史專論的作者往往立場明確，史觀無法中立。尤其一到政治不安，社會動盪之際，史家便重新書寫歷史，以適合當時的史觀。例如馬契爾（Gaius Lucinius Macer）屬於反蘇拉（Sulla）陣營，安提阿斯（Valerius Antias）則屬於蘇拉陣營，兩人所寫的羅馬史，內容便迥然不同。

拜占庭帝國的史家延續羅馬帝國的體例，直到1453年君士坦丁堡陷落之際，所有歷史書寫均以「羅馬」名義落款，而非如後人所稱的

意味，也成了羅馬史學的一個特色。

5　迦太基主帥漢尼拔率6萬大軍，穿過阿爾卑斯山，入侵羅馬。羅馬則出兵迦太基本土，漢尼拔回軍馳援，迦太基戰敗，喪失全部海外領地，交出艦船，並向羅馬賠款。

6　喀提林納（Lucius Sergius Catilina, c. 108BC-62BC）是羅馬政治家，曾主導反政府事件。

7　朱古達（Juqurtha, c. 160BC-104BC）爲努米底亞國王，西元前113年執政。西元前111年，羅馬元老院向其宣戰，史稱「尤古達戰爭」。

「拜占庭」。但其歷史書寫的體裁與筆法，則是根據希羅多德[8]與修昔底德[9]等希臘史學名家所流傳的典範，且多以希臘文著述，絕少使用拉丁文。[10]

希臘羅馬史學體裁與寫作方式與今日大家熟悉的歷史學有極大的差異。一方面，史家認為這一時期的史學作品文字優美、態度誠摯而親切，但另一方面，許多歷史作品又面臨許多質疑，認為材料與許多內容都禁不起進一步檢驗。

4世紀時，羅馬帝國將首都遷往拜占庭後，語言、文化也開始變遷。官方語言原本使用拉丁語，但7世紀以後，拜占庭面臨阿拉伯與斯拉夫兩大強敵的威脅，不僅增加國防支出，也損失許多領土，造成稅收減少，國力漸弱，也使得內政、文化與社會發展都受影響。此時，拜占庭境內貴族與王室又藉「破壞聖像運動」（Iconoclasm），[11]不僅鬥爭教會，也以沒收教產為要務，間接摧毀許多文化資產。文化上，希臘語逐漸完全取代拉丁語，成為軍事與行政的通用語言。9世紀馬其頓王室興起，希臘才出現一段中興歲月，文化也重新發展，史家特稱之為「馬其頓文藝復興」。此時期中，史家重新認識希臘古典文化，史學重新發展，除了原有的編年史之外，也整理既有的歷史著作。儘管史學不斷發展，但並未見到運用的發展與利用。

8　希羅多德（Herodotus，c. 484BC-c. 425BC）為古希臘作家，曾著《歷史》一書至今流傳。

9　修昔底德（Thucydides，c. 460BC-c. 400BC），為古希臘歷史學家、思想家，其名著《伯羅奔尼撒戰爭史》記述西元前5世紀斯巴達和雅典之戰。

10　據統計，僅有Ammianus Marcellinus與Jordanes兩人。

11　726年皇帝利奧（Leo）三世頒布禁止崇拜偶像法令開始，到843年，攝政者發布尼西亞法規，庭主「破壞聖像」行動為止，此種行為持續117年。

古人對檔案之認識

　　撰寫歷史不利用檔案，並非古代缺乏檔案，或缺乏對檔案的認識。沛公兵臨咸陽，所部將士進城之後，不免掠奪金帛財物。《史記》記載，唯獨蕭何進入秦丞相御史收藏檔案之處，收集律令圖書。他利用這些檔案，讓劉邦知道「天下阨塞，戶口多少，彊弱之處，民所疾苦者」。[12]乾隆時期，阮葵生任內閣中書，見到大庫中各種檔案時，也表示「實可練習政體，博古通今。」[13]此一事例，說明古人對檔案的「行政稽憑」與「法律信證」的功能有充分認識，只不過不以為檔案係為歷史研究而設。

　　檔案的發展與行政組織的規模有必然關聯，西元4世紀以後，拜占庭帝國的行政體系堪與中國相比擬。拜占庭帝國文教發達，知識分子進入政府服務，形成組織嚴密的官僚系統。各級官員留心行政課題，留下許多施政紀錄，也編輯各種法令規章。這些文字記錄成為後來研究拜占廷者的重要資料來源。但拜占庭的官方資料多以皇帝為核心，諸如巴西爾一世（Basil I）與君士坦丁七世（Constantine VII）的生活實錄及行政文件。各皇朝也多編寫法律彙編及省區施政記錄。

　　當然，檔案的出現，原只是機構自身保存其內部指令或對外往來的通信、紀錄，以為處理各種庶務的依據，原本也不為「歷史」寫作而設。例如1560年，托斯卡納大公科西莫一世（Cosimo I de' Medici）計畫在佛羅倫斯興建一個行政中心。1581年，建築竣工，市政府遷入，一般稱之為公署（Uffizi）。因為麥迪奇家族的藝術收藏甚豐，其後人將所

12　司馬遷，《史記》，卷53，〈蕭相國世家第二十三〉。

13　阮葵生，《茶餘客話》（上海：上海古籍出版社，2012），卷1，「內閣大庫」條。

有收藏都交托斯卡納政府管理，收藏於公署之中，成爲今日「烏菲茲美術館」的基礎，並於18世紀中對外開放。但原本藏於公署中的市政檔案（Archivio di Stato），當時並未引起任何注意。

從5世紀以後，西歐長期處於封建諸侯各自爲政狀態，缺乏統一的行政組織與技巧，檔案文書體系也停留於較爲原始的狀態。哈布士堡家族入主神聖羅馬帝國時，帝國組織也因陋就簡，連「帝國首都」的概念都不存在，自然也沒有專門保管文獻的機構，無論國會或是法院的檔案文書多已佚失。各諸侯國則自行保管文書，內容相去甚大，並無統一體例，而或簡或繁，但憑己意。大體而言，當時各邦國較爲重視的檔案包括王室相關檔案、國家對外交涉檔案與內部行政檔案。各檔案管理單位多能根據事由、性質，分門別類。

中世紀起，歐洲許多政府與教會開始重視檔案，作爲其權利與法理的依據（bastion of authenticity）。其中最爲凸出的應是梵諦岡祕密檔案館（Archivio Secreto Vaticano），算是歐洲檔案管理的起源。西元5世紀時，羅馬帝國重心已經遷移到君士坦丁堡，羅馬城缺乏行政組織與管理。羅馬主教因而主導當地的發展，建立政治管理體系，大量的行政文書，積累成教廷檔案館。隨著教廷的影響力逐漸擴大，檔案數量大增，必需增闢其他場所，以容納不斷累積的檔案。9世紀以後，教廷必須在聖彼得大教堂中開闢檔案庫，收藏外交和法律檔案。12世紀時，這批檔案又遷入梵諦岡。17世紀以後，教廷開始重視檔案管理工作，指定樞機主教管理，並改稱「梵蒂岡祕密檔案館」。

普魯士國家祕密檔案（Das Geheime Staatsarchiv Preußischer Kulturbesitz，簡稱GStA PK）爲德意志國家檔案收藏中的一個重要部分，主要庋藏布蘭登堡普魯士的國家檔案。檔案內容包括：霍恩索倫

家族歷史、布蘭登堡軍隊、地方與中央檔案、政治文書、各種地圖等。檔案總數約有3萬5千公尺。

　　普魯士國家檔案最早始於13世紀，到1468年起，普魯士政府才開始建立檔案制度，但一直到1803年爲止，這些檔案都屬「祕密檔案」，直接歸霍恩索倫家族管理，並不對外開放。1803年起，普魯士才建立檔案制度，這批檔案因此而成了第一批的國家檔案。

西方史學與檔案

　　啓蒙時期以後，歐洲人開始重視歷史，認爲歷史不僅是文學，也是科學。到了蘭克，才推廣檔案的研究。但因爲各種文書庋藏分散，未必有開放的想法，如何利用檔案研究歷史，也只停留於討論階段。1824年，蘭克任柏林大學兼任教職，1827年他前往原神聖羅馬帝國檔案館查閱檔案，1829年在威尼斯檔案館研究。到1832年，他獲得普魯士學院院士資格，並於1834任柏林大學教授。1841年，普魯士國王費里德利希威爾罕任命其爲普魯士國家史官（Historiographen des Preußischen Staates），才有《普魯士史12書》（*Zwölf Bücher preußischer Geschichte*）的寫作。

　　19世紀初，德意志諸邦爲追求富國強兵，相當重視行政，連帶注意檔案之保存與利用。普魯士不僅建立檔案館，還於1831年設立檔案管理局，專門經營檔案管理。1900年起又出版《普魯士檔案管理局公報》，算是較早的專業期刊。巴伐利亞歷史悠久，國力強大，也甚早建立檔案系統，1881年也發行《檔案雜誌》，對其他國家有相當影響。薩克森邦則於1832年成立檔案館，庋藏內政、外交和統治家族的檔案。

德意志帝國成立，但主要行政型態仍以各邦國為基礎，所以並未能及時成立「國家檔案館」。但在此時期，許多大型公司也注意檔案保存，將其企業的檔案集中管理，保存。克虜伯公司長期經營軍火貿易，文獻多且豐富，1905年，公司管理階層將各種檔案集合成克虜伯公司檔案。其他如西門子經濟檔案館（1907）、漢堡世界經濟檔案館（1908）等也陸續成立，成為大企業檔案館的先驅。

第一次世界大戰後的巴黎和會中，列強強迫德意志帝國承擔發動戰爭的罪名，德意志政府乃將1871德意志帝國成立到1914大戰爆發為止的外交部檔案公布出版成《歐洲內閣大政策》（*Die Große Politik der Europäischen Kabinette*）。全書共40卷，不僅說明戰前德國各種外交政策，澄清發動戰爭的指控，也為早期政府公布檔案，提供學界研究樹立良好範例。

德國外交檔案公布之後，英美等國也開始公布其外交檔案、文書，除與他國或駐他國使館間的往來文書之外，也將使館提供的各種報告，政府訓令，等一一公布，英國外交檔案（藍皮書）就是典型的例子。英國政府文書局（British Majesty's Stationery Office）[14]早於1940年代初期便籌備編輯《1919-1939年大英外交政策檔案》（*Documents on British Foreign Policy, 1919-1939*），全書分4部分，59卷。出版之目的，固然是為了釐清第一次世界以來的各種國際議題，但大英政府仍有安全顧慮，對公布第二次世界大戰有關文書一事仍有保留。許多學者乃自行選編檔案，出版《英國外交檔案》（*British Documents on Foreign*

---

14 英國政府文書局下轄有「公部門新聞署」（The Office of Public Sector Information，簡稱OPSI），負責公部門的新聞發布事項。2006年，新聞署併入英國國家檔案館（the National Archives）。

affairs）兩大部分，共425卷。1996年，英國政府將第二次世界大戰期間的檔案解密，Paul Preston和Michael Partridge兩人才將1940到1945年間的官方檔案出版，補足《英國外交檔案》之不足，因此《英國外交檔案》分成三個部分。隨著大英外交文書不斷解密，《英國外交檔案》第四部分「從1946到1950年」和第五部分「從1951到1956年」仍繼續出版，對研究者而言，至爲方便。

第二次世界大戰末期，國社黨政權爲掩飾其戰爭期間各種作爲，開始處理其國家檔案，部分檔案移至歐洲中部廢棄礦坑中保存，部分檔案則因內容敏感而遭銷毀。英、美等國也注意這種情況，因此戰爭結束，占領德國之時，立刻扣押德國政府檔案，移往英國等地保存，以釐清戰爭爆發及戰爭期間的各種政治責任歸屬問題。稍後，英、美、法三國共同組成工作團隊，邀請歷史學者，挑選第一次世界大戰以來的外交檔案，出版公布。1960年以後，德國歷史學者也參與這項工作。出版工作到1995年告一段落，總計出版75卷的《德國外交檔案》（*Akten zur deutschen auswärtigen Politik 1918-1945*）。盟軍後來雖將檔案歸還德國，但許多檔案已經公布，供各方運用。

日本外務省自明治年間起，仿西方成例，整理各類檔案、文書。日本外相石井菊次郎甚至認爲「書類整備爲外交勝敗之關鍵」。1924年，日本內閣也提議要效西方國家之故智，定期出版外交文書。但日本外務省要到1936年6月才首次正式出版《大日本外交文書》第1卷第1冊，內容則僅限於1867年10月至1868年6月。

日本政府原本計畫定期發布《日本外交文書》，但1940年時卻又中止。1942年外務省大火與二次大戰期間盟軍轟炸東京，都造成外交圖書文獻重大損失。

　　第二次世界大戰之後，日本外交檔案成爲研究日本帝國主義活動的重要資料，各方均相當關切，所以外務省必須經常、定期公布檔案。1963年，大體公布明治時期外交文書；1987年時更將大正時期外交文書出版完竣。昭和時期的《日本外交文書》則繼續編輯，陸續出版。日本政府也於1971年成立「外交史料館」，於1971年開館，服務讀者。日本國立公文書館還建置名爲「亞洲歷史資料中心」（アジア歷史資料センター）的資料庫，也收錄許多外交檔案原件。

　　《日本外交文書》不僅可以研究日本的對外政策，因爲日本外交官員還附有蒐集各駐在國情報的任務，因此檔案中也包含大量中國與朝鮮的政治、經濟、文化、軍事、社會等情報，要研究中韓兩國近代問題，也有一定的功能。1946年3月，韓國成立「國史館」，後改稱「國史編纂委員會」，便曾蒐集日本駐韓公使館的文書，編成《駐韓日本公使館記錄》，其內容相當重要，是研究韓國近代史不可或缺的工具。

近代中國的國史

　　清朝雖然檔案豐富，管理系統完善，但檔案並不對外開放。乾隆時期的阮葵生（1727-1789）曾任內閣中書，入值軍機處，頗獲乾隆信任與賞識，他曾見到內閣大庫，見到庫中所藏歷代典籍及封存案件，甚至還有公文擬辦的各種意見，「具載百餘年詔令陳奏事宜」，顯然對了解史事異常重要，但有「九卿翰林部員有終身不得窺見一字者」[15]之嘆。清初編纂《明史》，也未使用當時內閣所藏檔案。清順治2年

15　阮葵生，《茶餘客話》，卷1，「內閣大庫」條。

（1645），清廷接受御史趙繼鼎建議，下詔設館。修纂《明史》之後，一度因各種政治因素，無法確定《明史》的體例。直至康熙17年（1678）才有較爲確定的方向，並邀請「布衣」萬斯同、范錫同等一同纂修。康熙41年（1702）已有《明史》稿416卷，但「上覽之不悅，命交內閣細看」。不悅的原因，除了敘事的方式與史觀的歧異之外，恐怕還有因無法參閱內閣檔案，於許多內情交代不清有關。細看的結果，延宕20多年，到雍正元年（1723），才由王鴻緒進呈明史稿310卷，總算達到「首尾略具，事實頗詳」。清廷乃以此爲基礎，再度開館修《明史》，乾隆4年（1739），張廷玉呈《明史》殿本全書336卷，根據錢大昕的說法「王氏稿大半出先生（萬斯同）手。」《明史》才算定稿，准坊間翻刻，正式刊行。這個版本與萬斯同與王鴻緒的稿本相去不遠。[16] 從順治2年（1645）算起，到乾隆4年（1739）刊刻，明史一共歷時95年才算完成。

　　1914年春，北京政府設置清史館，計畫沿襲成例，編纂清史，甚至預期能與歷代編纂之二十四史齊名，更能比美「貞觀遺風」。此時中國歷史學發展已經逐漸與世界接軌，對檔案也有較多認識清。1924年底，馮玉祥將溥儀驅逐出宮。次年，故宮博物院成立，設古物、圖書二館，圖書館之下，又有文獻部，專司管理明清檔案文獻典籍，清代檔案才漸爲世人所知。[17]

　　清史的編纂並不容易，清史館開館之際，先後聘請130多人，纂修、校勘，柯劭忞、吳廷燮、繆荃孫、羅惇曧等均列名其中。但1917年夏，張勳策畫復辟事件，清史館受影響，撰稿工作停頓。事平之

16　錢大昕，《潛研堂文集》，《錢大昕全集》（江蘇：江蘇古籍出版社，1997），第9冊《潛研堂文集》，卷38，〈萬先生斯同傳〉。

17　郄愛蓮，〈清代檔案與清史修撰（上）〉，參見：http://blog.sina.com.cn/s/blog_4903e9ef0100gklv.html。（2015.7.5檢索）

後，經費遭削減，工作人員流失，人大多散去。1920年，清史稍有規模，開始統整稿件，但因爲種種困難，到1925年以後，工作逐漸停頓。1926年秋天起，趙爾巽勉強將稿件收齊，準備刊印。但許多工作人員認爲錯誤仍多，不應率爾操觚。到1927年中，館長趙爾巽健康每況愈下，希望立刻將稿件付印，而隨即病逝，館務由柯劭忞代理。此時國民革命軍北伐消息不斷傳來，清史館將未成之稿也倉促付印，受到許多批評。

1928年，北伐完成，故宮博物院接收清史館，開始審查《清史稿》，認爲錯謬太多，還有反對革命、反對民國、藐視先烈等問題，《清史稿》遂成禁書，不准刊刻。

檔案與歷史研究

檔案除了行政稽憑、法律信證之外，也可提供學術研究與「史料供證」之用。但是兩者之間，究竟孰爲主從，古今的態度卻是迥然不同。從神話傳說到信史時期，人類歷史主要依據文字紀錄。信史者，「文獻足徵」。春秋時期以來的歷史寫作，多是史家閱讀相關人物的論述或記載，根據「史識」，採擇、論述，已如前述。近代西方民主體制逐漸興起之後，政權改換，往往公布檔案，說明施政良窳或檢討行政責任，充分發揮檔案的行政稽核功能。許多歷史學者也據此研究政治發展與國際關係，將檔案視爲歷史研究的唯一憑證。的確，要從國際關係角度審視歷史研究，法律條文與國際條約是規範、約束近代國際關係的重要依據，必須講究無一字無出處，檔案之重要，不言可喻。例如美國國務院固定收錄美國與世界各國簽訂並記錄在案的有效

條約及國際協定，定期出版，稱爲《有效條約彙編》（*Treaties in Force: A List of Treaties and Other International Agreements of the United States in Force*）。聯合國的文獻中心收錄1946年以還的各種文獻與資料，存於達格‧哈馬舍爾德圖書館（Dag Hammarskjöld Library），都是研究國際關係的重要文獻，也是許多國際紛爭的解決依據。

　　近年來，許多人士關心「開羅宣言」是否有效的問題，如果從波茨坦宣言與日本降伏文書比對，自然不難証明。首先，波茨坦宣言聲明：「開羅宣言之條件必將實施，而日本之主權必將限於本州、北海道、九州、四國及吾人所決定其他小島之內。」而日本於1945年9月2日簽署的「降伏文書」也表明「接受美、中、英三國政府首領於1945年7月26日在波茨坦所發表，其後又經蘇維埃社會主義共和國聯邦所加入之公告所列舉之條款。」據此，則開羅宣言的內容經過波茨坦宣言與日本降伏文書共同確認，且收錄於國際重要機構中，例如日本國立國會圖書館中特別設有「憲法條文與重要文書」部門，收錄包括開羅宣言、波茨坦宣言與日本降伏文書[18]等，都是討論此一課題所必需的「供證」史料。檔案的價值，甚爲明確。但是供證之外，開羅會議與德黑蘭會議所以分別召開，與史達林對蔣中正的態度有關。而波茨坦宣言公布之日，實際上署名者僅有中、美、英三國領袖。[19]蓋因此時蘇聯尚未對

18　包括：日本国憲法、大日本帝国憲法、大西洋憲章、カイロ宣言、ヤルタ協定、ポツダム宣言、降伏文書等。參見：http://www.ndl.go.jp/constitution/etc/jyobun.html。（2015.7.5檢索）

19　波茨坦宣言第一條：「余等：美國總統、中華民國國民政府主席及英國首相代表余等億萬國民，業經會商，並同意對日本應予以一機會，以結束此次戰事。」（We the President of the United States, the President of the National Government of the Republic of China, and the Prime Minister of Great Britain, representing the hundreds of millions of our countrymen, have conferred and agree that Japan shall be given an opportunity to end this war.）

日本宣戰，不便具名，直到8月初蘇聯對日宣戰之後，才將蘇聯領袖姓名補上。這樣的歷史發展，則又無法僅從條約或檔案的文字中呈現出來，所以儘管檔案可以供證，若要完整敘明事實，還需適當提醒與補充。

在其他領域的研究與解釋，甚至無法依賴檔案。一次世界大戰結束，主要參戰國家領袖與代表聚集於巴黎，商討如何制定對德國的條約，中國既爲戰勝國陣營，自然也當派員參與。但當時中國南北雙方仍有分歧，乃組成聯合代表團，共同參加，以爭國權。不幸，美日兩國既有「協定」在前，會議之際，美國行政與立法又有相持不下，對議和工作，頗受掣肘。但中國代表團內部也有各種人事紛擾，巴黎和會的相關結果，不如人意，甚至引發國內的抗爭風潮。巴黎和會議題，又豈是單以國際條約或公法法理所能論斷。唐啓華教授〈檔案、日記、回憶錄與外交史研究——以巴黎和會中國代表團內爭爲例〉一文，正足以說明外交事件中的人事因素，並示範檔案與日記在外交史研究時的用途。

幾十年來，由於印刷技術進步，人們觀念改變，許多重要人物或其後人紛紛將重要事件當事人的日記付梓，對近代史事的研究自然有重要意義。例如翁同龢日記揭露晚清政府如何處理對外關係；近代史中，周佛海是一個經常反覆的人物，早歲加入共黨，又在蔣中正手下任侍從室副主任、中國國民黨中央宣傳部副部長等職。1938年9月，與汪精衛一起投日，出任汪政權的行政院副院長，兼任財政部長、上海市長、上海保安司令等要職。1943年，還與戴笠、杜月笙等人連絡，希望「戴罪立功」。這種集各種衝突於一身的政治人物，其日記自然有一定程度的史料價值。周佛海記載1938年出走之前出席「國防最高

會議」的經過，描述政府決策的內情，也記載他對抗日戰爭的恐懼、悲觀，而希望妥協的心情，甚至願意接受日本所提條件以平息戰事。1940年以後，他又祕密聯絡重慶，也承認自己「對日本之觀察甚為錯誤，今事實表現，在在足以證明抗戰派之理論正確」。[20]周佛海於1937年11月17日撤離南京時還表示：「日來悲觀之至，謂中國從今後已無歷史，何必記日記？」[21]這樣的政治人物所寫的日記究竟有幾分真實？有哪些可信？都需要專家學者仔細辨別清楚才是。許雪姬教授〈由日記與檔案所見的林獻堂〉一文，以林獻堂先生為例，說明日記對人物研究的價值。黃克武教授的〈胡適檔案與胡適研究〉、劉維開教授的〈1949年前張羣與蔣中正之關係——兼介紹張羣《中行廬經世資料》的史料價值〉及林桶法教授的〈胡宗南與蔣介石關係的轉折（1945-1950）〉介紹私人所留的各種書信、日記及往來紀錄，用以介紹政治人物的重要事蹟與政治活動。邵銘煌教授的〈為薪？為釜？——汪精衛的生死抉擇〉與周惠民教授的〈德國軍事顧問團在華工作〉也是利用各種公私檔案及文書，討論民國時期的重要人物與史事。

　　如何運用檔案，撰寫歷史，已是學界的共同課題，大學歷史科系的重要訓練，但利用檔案之際，仍有各種專業限制與障礙。中央研究院近代史研究所庋藏外交部檔案，引起許多學者的關注，利用這些檔案寫成論文、專書者，數量亦豐。但近史所的經濟部檔案，顯然就沒有如此受到關注，一方面，經濟學者未必研究經濟史，沒有經濟學訓練的歷史系學生，恐怕在解讀圖表、數據時，無處下手外，也缺乏經

20　蔡德金編注，《周佛海日記》，上冊(北京：中國社會科學出版社，1986)，頁431，1940年12月20日。

21　蔡德金編注，《周佛海日記》，上冊，頁63，1937年11月17日。

濟理論的支撐，徒有檔案，卻無法成為可讀的成品。經濟史、軍事史這類亟需專業知識的研究領域，檔案之外的訓練，也是學者養成教育中的重要環節。

　　許多學者研究歷史時，處處講求證據，論述完全建立於文獻與檔案之上。杜甫寫詩，雖說是「無兩字無來歷」，但杜甫僅是文字講求有「典」，內容卻是抒發胸臆。韓愈為文亦「無一字無來處」，但其論述，仍以「用世」為著眼。現在卻有學者一旦從古董商處購得三封書信，便洋洋灑灑，通篇考據，卻不知所云；甚至有一旦離開檔案便無法成文的窘況，與古代史學的遺意相去甚遠。與之相較，古人寫史不重檔案，講求「微言大義」，當更有垂範後世的功效。

胡適檔案與胡適研究

黃克武

中央研究院近代史研究所特聘研究員

一、前言

胡適（1891-1962）在中國近代史上的重要性是無庸置疑的。他逝世雖已超過50年，然其影響力仍持續存在，並逐漸擴展。[1]據記載1956年2月的某一天，毛澤東在懷仁堂宴請出席全國政協會議的知識分子代表時曾說：「胡適這個人也頑固，我們托人帶信給他，勸他回來，也不知他到底貪戀什麼？批判嘛，總沒有什麼好話，說實話，新文化運動他是有功勞的，不能一筆抹殺，應當實事求是。21世紀，那時候，替他恢復名譽吧！」[2]2002年時李慎之也說：「20世紀是魯迅的世紀，21世紀是胡適的世紀」。[3]毛澤東與李慎之的論斷是很值得參考的，魯迅（1881-1936）與胡適是推動五四新文化運動的重要人物，魯迅的主要貢

1 　歐陽哲生在近著中認爲「胡適研究正成爲一門顯學」，參見：歐陽哲生，〈胡適在現代中國〉，《探尋胡適的精神世界》（北京：北京大學出版社，2012），頁6-12。

2 　此事出自唐弢的回憶，參見：唐弢，〈春天的懷念——爲人民政協四十年徵文作〉，《唐弢文集》，第4卷（北京：社會科學文獻出版社，1995），頁590。

3 　李慎之，〈李慎之：20世紀是魯迅的，21世紀是胡適的〉，「鳳凰網」：http://culture.ifeng.com/guoxue/200905/0504_4087_1138213.shtml 。（2014.4.10檢索）

獻在批判舊傳統，胡適則一方面批判，另一方面更能高瞻遠矚地描繪
出新時代的藍圖。20世紀中葉以來胡適曾受到嚴厲批判，20世紀末到
21世紀初，應是胡適恢復名譽、展現影響力的時候。

胡適為安徽績溪人，生於上海，少年時（1904），進入上海的「梅
溪學堂」讀書，受到父親好友張煥綸（1846-1904，他是曾任上海華東
師範大學黨委書記張濟順教授的曾祖父）的影響，一直警惕自己「千萬
不要僅僅做個自了漢」，因而立下志向，希望能成就一番事業。[4]後來
他也的確實現了他的理想，成為近代中國一位重要的學者、教育家、
政論家與外交官。[5]

胡適在中國近代史上至少有三方面的意義。第一是思想文化上
的意義。胡適宣揚文學革命與文化革命，主張透過文字、文學來改造
文化。胡適在宣傳白話文上可謂煞費苦心。他所寫的白話文、新詩在
當時掀起了白話文寫作的熱潮。胡適行文用字的一個明顯特色就是一
絲不苟、明白曉暢，今天他所留下的無論鋼筆字還是書法，一定是清
清楚楚。這背後其實有一個很嚴肅的理念，亦即任何文字表達都要清
晰、準確、清楚易懂。在文化革命方面，胡適與陳獨秀（1879-1942）、
魯迅等同為第一批宣揚者，他們在《新青年》之上提倡科學與民主，並
攻擊傳統文化的黑暗面。不過胡適一生常處於矛盾、掙扎之中，他的
個性和緩，主張漸進改革，不作烈士；然而另一方面又非常激烈地認
為應全盤推翻中國傳統、追求自由民主與科學，用李敖的話來說，他

4 胡適，《四十自述》（臺北：遠東圖書公司，1966），頁44。

5 有關胡適一生的詳傳，可參考：江勇振，《舍我其誰：胡適（第一部璞玉成璧）》
（臺北：聯經出版事業公司，2011）；江勇振，《舍我其誰：胡適（第二部日正當
中）》（臺北：聯經出版事業公司，2013），已出版兩部。

是一位「保守的自由主義者」。[6]

第二是學術上的意義。梁啓超（1873-1929）、章炳麟（1869-1936）和胡適都是開創中國現代學術的第一代人物。他們一方面接受西方新學問，另一方面又把西方治學方法用到中國傳統研究的領域之上，換句話說，就是用科學方法來研究傳統學問。這一視角開創了大量的可能性，具有革命性的貢獻，例如清代有很多學者從事考證，胡適也做考據工作，但清代學者是通過考據來「明道」，即通過字詞的辨正來瞭解經典中所蘊含「道」的永恆價值；而胡適所開創的現代學術，則用現代科學的實證方法眞切地認識中國固有傳統——「整理國故」。1923年胡適所撰寫的〈國學季刊發刊宣言〉，以及他所撰寫的《中國哲學史大綱》是「建立典範的開風氣之作，而同時又具有『示範』的作用」。[7]胡適在學術史的另一重要性，是他用英文介紹中國歷史、文化，他用英文寫了許多文章，並在美國各地講學。[8]早期思想家中章炳麟、康有爲（1858-1927）和梁啓超的英文都不好，嚴復（1854-1921）較好，可是嚴復所寫的英文作品屈指可數，所以眞正能用英文把中國文化的精深內涵帶到世界，並與海外學者對話，胡適可謂第一人，在他之後的另一位是林語堂（1895-1976）。

第三是政治實踐與教育行政上的意義。如上所述胡適不甘於平凡。他不但「坐而言」，也希望「起而行」。他一生中擔任過幾個重要職

6　李敖認爲胡適「是一個自由主義的右派，一個保守的自由主義者，在急進者的眼中，太不夠火辣辣了」。李敖，〈播種者胡適〉，《文星雜誌》，第51期（1962.1），頁6。

7　余英時，〈中國哲學史大綱與史學革命〉，《中國近代思想史上的胡適》（臺北：聯經出版事業公司，1984），頁83、90。

8　胡適著，周質平編，《胡適英文文存》（臺北：遠流出版公司，1995），計3冊；胡適著，周質平編，《胡適未刊英文遺稿》（臺北：聯經出版事業公司，2001）。

務，最重要的是曾擔任4年的中華民國駐美大使（1938-1942）。胡適在駐美大使期間，講了兩百餘場演講，[9]其中1942年3月23日在華盛頓的演講，《中國抗戰也是要保衛一種文化方式》，[10]尤其能夠打動國際視聽，將抗戰類比於西方文明之中「極權與民主的對壘」，[11]讓世人了解「中國人民的自由、民主、和平方式，正面臨日本獨裁、壓迫、黷武主義方式的嚴重威脅」。[12]此一宣傳使中國在國際社會取得了「道義的優位性」，[13]抗戰期間中國能夠取得許多國際援助（如各種貸款）與胡適在外交方面的努力有直接的關係。1946年回國後他出任北大校長，1948年在蔣介石邀請下，他幾乎要參選中華民國總統，可惜由於國民黨黨內的反對，他自己意願亦不高，而沒有實現。[14]不過胡適一直得到蔣介石的欣賞和重用，1949年之後他給予蔣介石「道義的支持」，並協助雷震等人推展《自由中國》雜誌社務、為《文星》雜誌撰稿等。[15]1958年他

9 有關胡適在美國演講之詳細狀況，根據胡慧君北海道大學的博士論文〈中日戰爭時期的胡適——其戰爭觀的變化及在美國的演講活動〉之統計：「從1937年9月23日到1942年9月18日，胡適共做演講238次，其中的35次以演講記錄的形式發表，另有34次以論文形式發表」。參見：宋曜波，〈胡適對日本侵華的因應之道〉，《胡適研究通訊》，2013年第1期（2013.1），頁17。

10 胡適，《中國抗戰也是要保衛一種文化方式》（臺北：胡適紀念館，1972）。

11 胡適，《中國抗戰也是要保衛一種文化方式》，頁1。

12 胡適，《中國抗戰也是要保衛一種文化方式》，頁12-13。

13 這是日本作者千野境子的看法，她有感於中日釣魚臺事件之爭端，而日本缺乏外交人才，寫了一篇有關胡適的文章，〈いま日本に胡適がほしい〉（現在在日本需要一個胡適），《產經新聞》（日本），2012年10月9日，「遠響近聲」專欄。

14 楊天石，〈蔣介石提議胡適競選總統始末〉，《找尋真實的蔣介石：蔣中正日記解讀（三）》（香港：三聯書店，2014），頁253-279。

15 任育德，〈胡適與《自由中國》的互動〉，《國史館館刊》，第36期（2013.6），頁1-49；黃克武，〈一位「保守的自由主義者」：胡適與《文星雜誌》〉，收入潘光哲主編，《胡適與現代中國的理想追尋：紀念胡適先生一二〇歲誕辰國際學術研討會論文集》（臺北：秀威資訊科技，2013），頁332-359；黃克武，〈胡適、蔣介石與1950年代反共抗俄論的形成〉，收入黃自進、潘光哲主編，《蔣介石與現代中國的形塑》，第1冊（臺北：中央研究院近代史研究所，2013），頁647-666。

返回臺灣擔任中央研究院的院長。胡適過世時，蔣介石說胡適是「新文化中舊道德的楷模，舊倫理中新思想的師表」，並且親筆題輓聯「智德兼隆」（圖一），由此可見兩人彼此欣賞，能夠「道不同而相爲謀」。[16]

圖一：蔣介石輓聯

　　胡適很清楚地知道作爲一位創造歷史的人物，保存史料是相當重要的，他自認有「歷史癖」，[17]所以從小就開始紀錄並保存史料，也因此胡適一生留下了大量的書信、日記、文稿及其他公私文件。在近代中國學者之中，無論就類型、數量或品質來說，胡適檔案之史料價值均爲上乘。可惜的是，因時代的動盪，這些檔案散居各地。1948年底，他在倉皇之中離開了北平，在東廠胡同的故居中留下一百多箱的藏書與來往書信。這些資料大部分留存於北京中國社會科學院近代史研究所與北京大學圖書館。[18]其後胡適長期住在美國，1958年4月才返回臺灣定居。中央研究院近代史研究所胡適紀念館所藏的檔案，都是

16 這是中央研究院近代史研究所胡適紀念館於2013年開始舉辦特展「胡適與蔣介石：道不同而相爲謀」時，對兩人關係的描述。

17 胡適曾在日記中說自己的「歷史癖」太重，參見：1926年9月23日的日記。胡適著，曹伯言整理，《胡適日記全集》，第4冊（臺北：聯經出版事業公司，2004），頁474。

18 有關大陸地區胡適檔案的整理出版狀況，請參見：歐陽哲生，〈重新發現胡適——胡適檔案文獻的發掘、整理與利用〉，《探尋胡適的精神世界》，頁31-40。

1949年後胡適在美國，以及1958年回臺灣以後所攜回或產生的文稿、信函、藏書及其他文物。同時，胡適紀念館成立之後，一方面積極徵集、整理相關史料，另一方面許多胡適的故舊與學界的研究者，將手頭的資料贈與紀念館，館藏日益增加。[19]再者，1990年代之後，兩岸交流頻繁，庋藏胡適檔案的單位開始展開合作，胡適紀念館陸續取得北京社科院近史所贈與的胡適1949年以前的照片及文件影像檔，並與北京大學圖書館合作整理胡適藏書與批注，出版胡適藏書目錄（詳下文）。目前中央研究院內的胡適紀念館保存了全世界最完整的胡適相關的檔案，可供學術研究。

本文將介紹胡適紀念館檔案之內容，並討論胡適研究所面臨的一些挑戰，再以一些具體的例子說明如何利用檔案來深化胡適研究。

二、胡適紀念館藏檔案簡介

胡適紀念館成立於1962年12月10日，開始之時由「胡適紀念館管理委員會」負責管理，其人選由中央研究院院長提出，經院務會議通過後聘任。1998年元月正式改隸中央研究院近代史研究所。胡適紀念館主要職責與任務為保存、陳列與刊行徵集所得之胡適遺著、遺墨、藏書、生活照片及其他遺物等；早期業務除例行性展覽工作外，並展開胡適全集之編輯工作。[20]

---

19 如胡適好友韋蓮司在胡適過世之後將胡適與他的往來書信打字、編排、整理之後贈予胡適紀念館，下文會仔細介紹。又周質平先生曾將胡適留在康乃爾大學相關檔案的數位檔案贈送給紀念館。

20 《胡適全集》於2003年由安徽教育出版社出版，為胡適研究提供了便利，可惜此一套書將胡適的政論文字（特別是反共言論）刪除，此外也有不少的遺漏。有鑑於

　　館藏之胡適檔案於2008年完成所有檔案的數位典藏工作，並逐步開始建置爲資料庫。目前檔案收藏有三大部分：第一部分爲文件檔案；第二部分爲胡適藏書及批注；第三部分爲與胡適相關的影音資料與照片，以下分別介紹。

　　文件檔案主要包含以下幾個分檔，各檔內容與數量如下：

　　1.「美國檔」（US，2359則）：大抵爲胡適存於美國紐約住所，後於1958年12月移至臺灣之文稿、信函及雜件等。

　　2.「南港檔」（NK，13040則）：指胡適擔任中央研究院院長之後的個人檔案。

　　3.「胡適與楊聯陞專檔」（LS，239則）：爲胡適與楊聯陞（1914-1990）的來往函件等，除包括胡適紀念館編，《論學談詩二十年：胡適與楊聯陞往來書札》一書中所收信函手稿外，並收錄先前未輯入的函件，及楊聯陞夫人託余英時於1998年與1999年惠贈紀念館的函稿、信件等。有關胡、楊之交遊以及此部分檔案之來龍去脈，可參見余英時爲該書所寫之序文。[21]

　　4.「胡適與韋蓮司專檔」（CW，343則）：除收錄胡適與韋蓮司（Edith Clifford Williams, 1885-1971）來往函電和部分關係人的信函外，並及胡適身後韋蓮司與江冬秀、胡祖望、葉良才、劉大中等人的來往函件。此外，另有一些韋蓮司寄贈，及韋女士身後其家屬寄贈紀念館的剪報、雜件等。這一部分檔案十分完整，因爲「兩人爲保留對方的

　　此，目前胡適紀念館正與聯經出版事業公司合作，將出版最完整的一套《胡適全集》。第一批將於2016年推出。

21　余英時，〈論學談詩二十年——序《胡適與楊聯陞往來書札》〉，收入胡適紀念館編，《論學談詩二十年：胡適與楊聯陞往來書札》（臺北：聯經出版事業公司，1998），頁i-xii。

來信，都做了超乎常人的努力，尤其是韋蓮司，在垂暮之年，將胡適五十年的來信、電報、信封，以致於片紙隻字都一一攝影，打字細校，寄給江冬秀，並請胡適紀念館妥善保管」。[22]因此在資料庫中檢索「胡適致韋蓮司函」時會出現兩個版本，一個是胡適原跡的手寫稿、一為韋蓮司整理後的打字稿（圖二）。這一批檔案中胡適致韋蓮司的信件已被翻譯為中文並出版，請參見周質平編譯，《不思量自難忘：胡適給韋蓮司的信》。周質平並撰寫了兩本這方面的專書。[23]

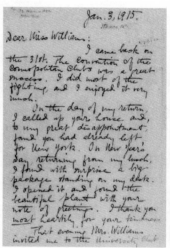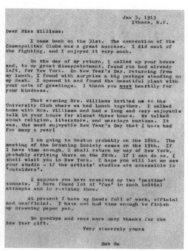

圖二：胡適致韋蓮司函（部分）與同一信件韋蓮司提供的打字版

---

22 胡適著，周質平編譯，《不思量自難忘：胡適給韋蓮司的信》（臺北：聯經出版事業公司，1999），頁 i。

23 周質平，《胡適與韋蓮司：深情五十年》（臺北：聯經出版事業公司，1998）。Susan Chan Egan and Chih-p'ing Chou, *A Pragmatist and His Free Spirit: The Half-Century Romance of Hu Shi and Edith Clifford Williams* (Hong Kong, Chinese University Press, 2009)。此外，余英時利用1927年1月14日胡適給韋蓮司的一封信，考證出胡適轉學到哥倫比亞與投在杜威門下的原因。參見：余英時，〈胡適「博士學位」案的最後判決〉，《重尋胡適的歷程：胡適生平思想與再認識（增定版）》（臺北：聯經出版事業公司，2014），頁306-307。

5.「胡適與雷震專檔」（LC，174則）：爲胡適與雷震（1897-1979）的來往函電等，涵蓋萬麗鵑編著、潘光哲校閱，《萬山不許一溪奔：胡適雷震來往書信選集》（臺北：中央研究院近代史研究所，2001）的信函手稿，並增補館藏其他數封信函，以及收錄於《雷震秘藏書信選》（臺北：桂冠圖書公司，1990）的數封排印本影印信函。

6.「胡適手稿」暨「中國中古思想史長編」（MS，814則）：「胡適手稿」以紀念館早期發行出版的《胡適手稿》（臺北：胡適紀念館，1966-1970）十集爲底本，內容是關於《水經注》疑案的考證、禪宗史考證、中國早期佛教史跡考證、中國佛教制度和經籍雜考證、朱子彙鈔和考證、舊小說及其他題目雜考證、古絕句選及其他雜稿。「中國中古思想史長編」（MS 02）是以紀念館出版的手稿本（1971年2月）爲底本，爲胡適於1930年寫成的手稿七章：齊學、《呂氏春秋》、秦漢之間思想狀態、道家、淮南王書、統一帝國的宗教、儒家的有爲主義等。

7.「胡傳專檔」（HC，146則）：爲胡適父親胡傳的檔案，胡傳曾於1892-1895年任職於臺灣東部的臺東。目前胡適紀念館藏的胡傳檔案，大部分由白棣、王毓銓、胡先晉及羅爾綱等人抄本，僅有少數原件。這些文件是1958年胡適回國就任中央研究院院長後寄回臺灣的。胡傳檔案可分爲七類，分別爲（1）年譜；（2）日記；（3）稟啟；（4）文集；（5）書札偶存；（6）家傳；（7）其他雜件。這一部分的檔案對於認識胡適之家世以及清代臺東之開發有所幫助。

8.「胡適日記」（DY，4061則）：胡適的日記計400餘萬字，已由曹伯言整理、聯經出版。有關胡適日記的史料價值及其所反映胡適之一生，請參考余英時的〈從《日記》看胡適的一生〉一文。[24] 胡適紀念館

---

24 余英時，〈從《日記》看胡適的一生〉，收入胡適著，曹伯言整理，《胡適日記全集》，第1冊，頁1-156。

所藏日記檔案是原跡的影像檔，其時間分布為1906年、1921-1943年、1946-1962年，凡41年。館藏日記之來源有：紀念館藏負片（Kodak攝影底片）100捲、微縮（Microfilm——美國國會圖書館複製）6捲與少數日記原件；[25]胡祖望寄贈1938-1942年日記影本；以及已出版的：胡適，《胡適的日記：手稿本》（臺北：遠流出版公司，1989-1990）；北京大學圖書館編，《北京大學圖書館藏胡適未刊書信日記》（北京：清華大學出版社，2003）與該書之英文版*The Diary and Letters of Dr. Hu Shih: Peking University Library Collection*（Singapore: Cengage Learning Asia Pte Ltd, 2010）。胡適紀念館所藏日記之影像內容並不完整，尚缺1910-1917、1919-1920、1944年。其中留學部分的日記最早由許怡蓀（？-1919）整理，在《新青年》（1917-1918）上以〈藏暉室劄記〉之名連續登載，[26]之後胡適交給好友章希呂整理，由亞東圖書館出版，名為《藏暉室劄記》，其後商務印書館出版時又改為《胡適留學日記》。[27]胡適留學日記原稿一直留在亞東圖書館。1953年上海市軍管會因陳獨秀屬於托派，又與該出版社關係密切，結束該公司、沒收了書籍與檔案。這一部分的原稿從亞東圖書館流出，輾轉進入拍賣市場，為買家

25 胡適紀念館館藏胡適日記的原件不多，日期如下：1953年5天、1960年3天、1961年17天、1962年7天。

26 胡適，〈藏暉室劄記〉，《新青年》，第2卷4號（1916.12），頁1-4；第2卷5號（1917.1），頁1-5；第2卷6號（1917.2），頁1-7；第3卷1號（1917.3），頁1-5；第3卷2號（1917.4），頁1-5；第3卷4號（1917.6），頁1-4；第3卷5號（1917.7），頁1-6；第3卷6號（1917.8），頁1-4；第4卷2號（1918.2），頁143-149；第5卷1號（1918.7），頁66-74；第5卷3號（1918.9），頁267-275。許怡蓀是胡適的同鄉，兩人也是中國公學的同學。

27 胡適，〈胡適留學日記自序〉，《胡適日記全集》，第1冊，頁107-111。有關章希呂整理胡適日記之情況，可參見：蔡登山，〈另一次近身的觀察——從章希呂的日記書信看胡適〉，《何處尋你：胡適的戀人及友人》（臺北：印刻文學出版社，2008），頁107-108。有關胡適與亞東圖書館的關係，參見：謝慧，〈胡適與上海亞東圖書館〉，收入中國社會科學院近代史研究所編，《中國社會科學院近代史研究所青年學術論壇（2007年卷）》（北京：社會科學文獻出版社，2009），頁474-494。

收購,最近由上海人民出版社出版。[28]其最大的價值在於《胡適留學日記》出版時經過整理,且刪除了一些照片、剪報、插圖等(圖三、四),再者,有部分未刊原稿(圖五)。總之,胡適留學日記手稿之出版可以幫助我們了解此一時期日記之原貌,而胡適日記的影像檔比以前更為完整了(只缺1919、1920、1944三年)。

此外胡適紀念館尚存有幾本胡適返臺之後的行事曆(時間1947-1949、1956、1959-1962),記載每日重要事情、會面的人物、地點等,從筆跡來判斷,部分為秘書所記、部分為胡適親筆書寫。這幾本小冊子可以補充日記的不足,例如1959年1月胡適沒有留下日記,從當年的行事曆(Taiwan Appointment Diary 1959)中卻留下每天的行程、約見人物、吃飯地點等詳細記載(圖六)。目前紀念館正委託程巢父先生整理。

圖三:《胡適留學日記》原件,1914年5月9日胡適得到
「卜朗吟徵文獎金」之剪報。胡適紀念館提供

28　錢好,〈胡適留學日記手稿將首度公開〉,《文匯報》(香港),2014年5月29日。
文中指出:「此次手稿整理中最大的驚喜,是發現了《北京雜記一》和《歸娶記》這兩冊從未發表過的日記。《北京雜記一》記錄的是1917年9月至11月,胡適回國後初到北京的交往雜記和讀書筆記。《歸娶記》則寫下了1917年12月到1918年2月2日,胡適到安徽老家娶親的經過」。亦可參見該報的網路版〈胡適留學日記手稿將首度公開〉(2014年5月29日),「文匯報」:http://whb.news365.com.cn/wh/201405/t20140529_1056823.html。(2014.8.28檢索)

圖四：《胡適留學日記》原件，1917年4月與陳衡哲合照。
胡適紀念館提供

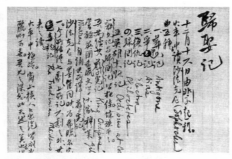

圖五：《胡適留學日記》原件，「歸娶記」
資料來源：《胡適研究通訊》，2014年第2期（2014.6），頁45。

圖六：1959年行事曆，1月11至17日部分，胡適紀念館提供

9.「北京檔」：2009年4月，北京社科院近史所捐贈本所胡適紀念館一批1949年之前的胡適文件檔案影像資料。經過將近兩年的整編，共建檔30803筆目錄，以「北京檔」為系列名，於2011年4月匯入「胡適檔案檢索系統」，其中有不少珍貴的資料（圖七、八：胡適的護照與履歷）。此一部分之檔案可至北京社科院近史所或臺北中研院近史所胡適紀念館查閱。「北京檔」中一部分的內容已出版，見耿雲志主編，《胡適遺稿及秘藏書信》（合肥：黃山書社，1994）。耿雲志表示該書未收的書信有兩類，一是英文書信，計有1000多封沒有收入；二是凡涉及胡適私密情感的部分，怕有揭人隱私的顧慮，也沒收入。關於這些部分的內容，耿雲志曾介紹了其中徐芳給胡適的信；江勇振在撰寫《星星月亮 太陽：胡適的情感世界》時，也引用了一些通信的內容。[29]

圖七：1936年胡適赴美出席第六屆太平洋國際學會的護照
胡適紀念館檔號：HS-JDSHSC-2387-001

---

29 雲之（耿雲志），〈戀情與理性——讀徐芳給胡適的信〉，《近代中國》，第147期（2002.2），頁128-157；江勇振，《星星 月亮 太陽：胡適的情感世界》（臺北：聯經出版事業公司，2007）。

　　其次是胡適藏書。胡適一生中留下了數萬冊的藏書,因時代的動亂,其藏書分散數地。現存的胡適藏書,主要藏於北京大學圖書館(線裝書歸古籍部、普通書歸特藏部)和胡適紀念館,少部分在北京社科院近史所圖書館及北京國家圖書館。胡適紀念館庋藏的胡適藏書,包含中、日、英文圖書、期刊及少數其他語文書籍,共3885種,計6918冊。除了極少數是胡適先生1948年底從北平帶出來之外,絕大部分是1949年以後在美國及1958年回臺灣就任中研院院長後搜集的,其來源有自購、託人代購及親友餽贈。其最大特色是,書中有胡適留下的大量眉批、註記與隨想,對於研究胡適的學術思想,提供了重要的參考材料。藏書的整編,除了參考一般圖書編目之外,特別注重在備考欄詳細記載書籍的內部狀況,作為整理的依據,並供研究者參考。北京大學圖書館所藏1948年之前的藏書,根據目前的統計,共計8699種,該館比照胡適紀念館的方式編目、整理,並掃瞄其中有批注的部分。[30]胡適紀念館自2005年起與北京大學圖書館交流,2009年4月簽署「胡適藏書目錄整理合作協議」,至2011年4月,兩館的胡適藏書目錄全部整編完畢,同年9月,雙方再度簽訂合作計畫,於2013年將藏書編目成果出版為《胡適藏書目錄》,計四大冊,12000餘種,每一本圖書都記載了出版資料、印章、題記與批注狀況。[31]

30　北京大學圖書館,〈前言〉,收入北京大學圖書館暨臺灣中央研究院近代史研究所胡適紀念館編纂,《胡適藏書目錄》,第1冊(桂林:廣西師範大學出版社,2013),頁7。

31　北京大學圖書館暨臺灣中央研究院近代史研究所胡適紀念館編纂,《胡適藏書目錄》。

圖八：1946年胡適擔任北京大學校長時期給國民政府
參軍處總務局交際科的履歷表
胡適紀念館檔號：HS-JDSHSC-2388-001

　　胡適紀念館並將該館之藏書製成數位資料庫，其中輯有該館所收藏的4825筆目錄，目前置於胡適紀念館網頁上，開放申請使用。讀者可以直接瀏覽該書之中有批注之頁面。這一部分可以幫助讀者了解胡適在閱讀該書時之反應。例如馮友蘭（1895-1990）所著的*A History of Chinese Philosophy*一書，胡適曾寫過書評，刊於*The American Historical Review*（Vol. 60, No. 4 ,July, 1955, pp. 898-900），同時他在日記中也表示「看馮書兩遍，想說幾句好話，實在看不出有什麼好處」。[32] 此一心態可以從批注中得到佐證，胡適在該書上有大量的打叉、問號並提出疑問，我們可以清楚得知胡適對其論點的看法。此外，筆者曾利用館藏胡適手批赫胥黎的著作與《中美關係白皮書》等，分析胡適對這些著作之反應。[33] 藏書批注之中有許多資訊仍有待挖掘。負責整理北大圖書

32　胡適著，曹伯言整理，《胡適日記全集》，第9冊，頁107。

33　黃克武，〈胡適與赫胥黎〉，《中央研究院近代史研究所集刊》，第60期（2008.6），頁43-83；黃克武，〈一位「保守的自由主義者」：胡適與《文星雜誌》〉，收入潘光哲主編，《胡適與現代中國的理想追尋：紀念胡適先生一二〇歲誕辰國際學術研討會論文集》，頁337。

館特藏室胡適藏書的鄒新明根據這一批資料寫過數篇〈胡適藏書整理劄記〉，刊登於《胡適研究通訊》之上，可以參看。[34]

第三部分是胡適影音資料與照片。影音資料數量較少，包括「胡適在臺灣」的影片，以及部分演講的錄音，還有學者談胡適的影片（有唐德剛、余英時、周質平、李又寧等人）。照片方面數量較多，胡適紀念館典藏了兩千多張紙質照片，內容爲胡適個人及其家庭、朋友及中研院相關的影像。照片部分主要爲胡適1958年回臺就任中研院院長後所攝。另有胡適羈旅美國期間的相本數冊，以及胡適逝世後韋蓮司、游建文等生前友人的陸續捐贈。經過多年努力，該館已將這些珍貴的影像資料逐一分類、辨識、註記、掃描、建檔，建置成一個照片資料庫（目前僅供近史所所內研究人員使用）。

胡適紀念館藏的照片共計2840筆目錄，分爲七個系列，分別是「早年掠影」、「羈旅海外」、「歸根臺灣」、「逝世紀念」、「家族」、「朋友及其他」和「中央研究院」，以下分別介紹：（1）「早年掠影」（64筆）：時間分布爲1910-1949年，紀錄了胡適赴美留學、返國任教、駐美大使與重返學術的四個階段。（2）「羈旅海外」（147筆）：時間分布爲1949-1958年，紀錄了胡適寓居紐約的生活點滴。館藏照片多爲胡適個人與家庭、朋友的生活照，包括他在這段時期參與的學術文化活動、幾次訪臺行蹤，以及在哥倫比亞大學接受口述自傳訪問等。（3）「歸根臺灣」（830筆）：時間爲1958年返臺至1962年逝世爲止，紀錄了胡適的晚年生活。除出掌中研院、推動學術之外，也關心政治，並到處演講、參與公益活動。（4）「逝世紀念」（900筆）：時間爲1962年

---

34 鄒新明，〈新詩與深情——胡適藏書所見胡適與徐志摩交往點滴〉，《胡適研究通訊》，2010年第2期（2010.5），頁34-36。

2月24日以後，紀錄了胡適的身後哀榮。（5）「家族」（285筆）：包括胡適的父母親、妻子江冬秀、子胡祖望、兒媳曾淑昭、長孫胡復的照片。（6）「朋友及其他」（282筆）：包括胡適的師長杜威及朋友贈照，以及韋蓮司贈普林斯頓大學建築照等。（7）「中央研究院」（332筆）：內容包括院區興建、院長、院士及其他雜件等。胡適紀念館所收藏的這一批照片曾由楊翠華、龐桂芬選錄約200幅，編爲《遠路不須愁日暮：胡適晚年身影》一書。[35]此外，北京社科院近史所的北京檔中亦有數千張胡適所遺留下來的照片，並由耿雲志編輯出版了《胡適及其友人，1904-1948》一書。[36]爲了出版一部更周全的胡適照片集，中研院近史所正與北京近史所合作，依編年的方式，選錄約500張照片來描述胡適一生的事蹟。

　　以上爲胡適紀念館館藏胡適檔案的大致情況，這些檔案除了照片部分因尚缺解說未能開放之外，其他部分均已開放供學界使用。

三、穿透迷霧：如何利用胡適檔案從事胡適研究

　　如何利用胡適檔案從事胡適研究？胡適在提倡「整理國故」之時，曾提出「還他本來面目」的主張。上述胡適紀念館的檔案能幫助我們「還原一個眞實的胡適」嗎？此一工作並不容易，因爲檔案的公布只是還原工作的開端。解讀檔案尚須許多工夫。其中一個最明顯的原因

35　參見：楊翠華、龐桂芬編，《遠路不須愁日暮：胡適晚年身影》（臺北：中央研究院近代史研究所，2005）。此書之簡體字版爲楊翠華、龐桂芬編，《胡適晚年身影》（南京：南京大學出版社，2014）。

36　耿雲志編，《胡適及其友人（1904-1948）》（香港：商務印書館，1999），此書的另一版本爲耿雲志編，《胡適和他的朋友們（1904-1948）》（北京：中華書局，2011）。

是政治因素的干擾。在中國近代史上胡適和魯迅有類似的命運。在冷戰的架構之下，魯迅在大陸是第一號人物，胡適卻是「戰犯」；[37]反過來說，胡適在臺灣是一等一的英雄，而魯迅在臺灣卻沒有太多人注意他，而且他的作品在戒嚴時期是禁書。簡言之，在冷戰的架構之下，雙方各擁自己的英雄人物，並抹黑對方的英雄人物。

胡適和魯迅一樣，是一個活生生的人，有血、有肉、有情欲，有衝突，同時他有他的長處，也有他的缺點，所以如果我們今天要重新審視胡適的歷史形象，必須要盡可能地還原真實，既看到他陽光燦爛的一面，也要看到他黑暗的地方。為了達成此一目標，除了要避免政治因素的干擾之外，還有其他的一些個人的、社會的、文化的因素也影響我們對胡適的認識。在此情況之下，要重新回到歷史場景去挖掘一個真實的胡適，就很需要費一點工夫。然而如何才能「還原一個真實的胡適」呢？筆者認為胡適研究者在面對相關史料時至少必須穿透四種迷霧。

第一，胡適本身所布置下的迷霧。胡適是一個非常精心塑造自己形象的人，他在後世的形象有很大程度是由他自己一手導演、刻畫出來的。他所提供的一些史料「替未來要幫他立傳的人先打好一個模本（a master narrative）」。[38]在這方面胡適的《四十自述》，以及他在晚年口述、唐德剛筆錄的《胡適口述自傳》二書扮演十分重要的角色。[39]這兩本書是胡適最重要的「模本」，奠定了他啟蒙者的形象，亦即大家所

---

37 耿雲志，〈胡適「戰犯」頭銜的由來〉，《胡適研究通訊》，2008年第3期（2008.8），頁2-3。

38 江勇振，《舍我其誰：胡適（第一部璞玉成璧）》，頁1。

39 胡適，《四十自述》；胡適口述，唐德剛譯註，《胡適口述自傳》（臺北：傳記文學出版社，1983）。

看到的一個光鮮亮麗的胡適。另外，胡適的日記在應用上也得十分小心，首先在版本上應採用臺北聯經版的《胡適日記全集》，避免使用簡體本的《胡適日記全編》。因前者經編者曹伯言校正、增補，並製作索引，應用較方便，後者則有刪節。其次讀者應注意胡適寫日記時心中有一群想像的讀者，正是未來對他的歷史感興趣者，所以他精心刻畫自己在日記中的形象。有趣的是，他往往懷有一種想跟後代讀者鬥智的心態，例如有些關鍵的、精彩的部分，他並不完全將其掩蓋，而是利用縮寫、簡稱或隱語來表達，所以在讀《胡適日記》時就需要具有高度的警覺性，才能看出其中蹊蹺。在這方面最好的例子是余英時所寫的〈從《日記》看胡適的一生〉一文，他利用胡適日記原稿中塗抹掉的一段話（圖九：「他談Robby事，頗耐尋味」），撥雲霧、見青天，考證出胡適與兩位美國女士羅慰慈與哈德門之間的複雜情愫。[40] 由此可見日記原本在史料上的重要價值。

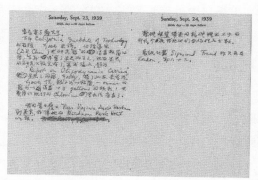

圖九：余英時所利用的胡適日記原件（1939年9月23日），有刪除之痕跡

---

40 余英時，〈從《日記》看胡適的一生〉，收入胡適著，曹伯言整理，《胡適日記全集》，第1冊，頁86-87。

　　胡適不但在寫日記之時欲言又止，在詩詞寫作過程中也有意無意地留下蛛絲馬跡。中國文人詩詞往往是很隱晦地「言志」，但胡適又怕讀者不清楚詩句的內容，有時在詩之前會有案語，解釋該詩創作緣由。不過這時讀者要很小心，因為這些案語常常可能會誤導讀者到一個錯誤的方向。所以他的好朋友徐志摩就說，凡是胡適文章中有案語之處都得要好好考究。也就是說，在這些文字裡，胡適精心刻畫了自己，而這個「自己」就是他所希望在後世呈現的形象。此外，值得注意的是胡適是極端重視隱私的人，他對自己私密情感部分寫得非常含蓄。這樣一來，要尋找到真實的胡適，就得突破這一種胡適所布下的障眼法，才能看到他的內心世界。

　　第二，政治迷霧。20世紀中葉以來，海峽兩岸對峙，在美蘇冷戰架構，亦即自由主義與共產政權相對抗的框架中，往往限定了雙方對歷史人物的認識。胡適在1949年之後不受大陸歡迎是可以想像的。胡適深受英美資產階級自由主義價值觀念的影響，作品中有大量的反共言論，這些地方都讓中共對他深惡痛絕。50年代中國大陸發動了一個大規模「批胡」的運動，後來批胡的文字集結成好幾大本書，計數百萬字，胡適還細心地收集了這一套書，並仔細閱讀。在胡適故居的書房裡有胡適手批的「批胡」全集。[41]在50年代數百萬字的文獻，代表了一個時代對胡適所施加的圍剿，這種狀況到90年代以後才逐漸好轉。

　　無論如何，胡適在過去的半個世紀之中，經歷了從「黑」到「紅」的過程，從「戰犯」慢慢地變成一個大家可以接受的，某種程度是和藹

---

41 有關胡適對「知識分子思想改造」之回應，可參見：潘光哲，〈胡適對「知識分子思想改造」的回應（1949-1952）〉，收入潘光哲主編，《胡適與現代中國的理想追尋：紀念胡適先生一二O歲誕辰國際學術研討會論文集》，頁243-261。

可親，且蠻有一點意思的人物。這是很大一個轉變，它涉及大陸近年來政治與文化氣氛的轉型。事實上不只是胡適，有不少的近代中國歷史人物，如嚴復、張謇、梁啓超等改革派人士，甚至蔣介石，都經歷了類似的過程。在鄧小平的改革開放後，隨著視角的改變和開拓，這批和國民黨關係較密切，主張自由民主、資本主義的改良派學者才得到了某種程度的平反。這也是大家所期望的：還原一個眞實的、有血有肉的人，而不只是被政治宣傳抹黑的樣板。這個迷霧的破除，在某種程度也表現了胡適所提出「還其本來面目」的史學理想，而到目前爲止還具有現實的意義。

第三，公私和性別的迷霧。過去我們往往把人物的「公領域」和「私領域」作清楚的區分。公領域是大家所看到的，這個部分的胡適其實非常受大家關注，胡適當時是名滿天下、無人不知，最有名的一句話就是「我的朋友胡適之」。總之，在公領域層面，胡適備受關注。唐德剛有個有趣的比喻，「他底一生，簡直就是玻璃缸裏的一條金魚；它搖頭擺尾、浮沉上下、一言一笑⋯⋯在在都被千萬隻眼睛注視著」。[42] 這話也對，但也不對。不對之處在於，胡適私領域的部分其實在金魚缸裡往往是看不到的，另有一廣闊天地。過去人們習慣把公私領域劃分之後，往往只看到公領域一面，而看不到私領域一面。其實我們常說的「知人論事」，就應該要能夠把公領域和私領域結合在一起來考察，才能得其全貌，換言之，私情和公義，其實是一個銅板的兩面。2001年臺北國家圖書館曾開過一個國際會議，叫「欲掩彌彰——中國歷史文化中的私與情」，其主旨即在闡明私領域中相當多的生活與思想經

---

42 唐德剛，〈寫在書前的譯後感〉，收入胡適口述，唐德剛譯註，《胡適口述自傳》，頁3。

驗,其實和公領域表現之間有千絲萬縷的關係,所以必須要打破公私的分疆劃界,才能清楚地瞭解一個歷史人物。公與私的分疆劃界也牽涉到另一個問題,即「男性中心主義」。以往大家看胡適的這些女友,基本上都是從男性視角來看,這些圍繞在胡適身邊的女性,都成了胡適人生大戲中的配角,她們沒有聲音,也沒有自己特別的表現,總之,她們似乎都是平面的、被動性的人物。相當多對胡適情感生活的描寫的作品都落入了這種窠臼。江勇振的《星星 月亮 太陽:胡適的情感世界》一書即特別注意到此點,他不但以胡適為主角,也以他身邊女友為主角,再重新觀看胡適。的確,當我們重新從女性角度來看,胡適的這些花邊新聞,就不再是繁忙公務生活中的點綴,而有另一層意義。胡適身邊的這些女性,其實個個都有強烈的情感,而且對於情感的表達和生命的追求,都有自己的熱忱。

相對於女性友人的狂野、奔放和熱情,胡適的情感表達卻是相當內斂的。從江勇振的《星星 月亮 太陽:胡適的情感世界》與蔡登山的《何處尋你:胡適的戀人及友人》等書,大家會發現他有很多「婚外戀」的女友,但似乎胡適的戀情都有個基本模式,就是胡適情感上放的不多,卻收得很快,他一旦發現這些女子對他有所糾纏而陷得太深的時候,他馬上打退堂鼓。最典型的例子就是蔡登山所撰〈師生之情難「扔了」?胡適未完成的戀曲〉一文。[43]文中談到他與「才堪詠絮、秀外慧中的女弟子」徐芳(1912-2008)之間的戀情,剛開始時胡適沉湎於新鮮的浪漫,但看到徐芳義無反顧的時候,他就退縮了,這就是典型的「胡適反應」。他是一個在情感上相當內斂、保守,並儘量在各種各樣

---

43 蔡登山,《何處尋你:胡適的戀人及友人》,頁49-66。

文字中隱藏自己的人，所以蔣介石說他是「新文化中舊道德的楷模」是有道理的，他受舊道德的束縛相當大，這樣的個性也影響到他對公共事務的處置，他在政治上的保守與此如出一轍。

其次，私領域的生活對胡適思想傾向、人格成長有很深刻的影響。例如胡適跟韋蓮司的交往是靈魂的衝撞，激盪出了相當多思想的火花。胡適1910年到康乃爾大學讀書，幾年後才認識韋蓮司（生於1885年，比胡適大6歲），她的父親是康乃爾大學考古生物學教授。韋蓮司是一個非常有天分的畫家，這大概是吸引胡適的一個重要氣質，因為胡適沒什麼藝術天分，音樂、美術都不行，他是一個實事求是、理性思維的人，但韋蓮司是藝術家，而且她出生在大學教授家庭裡，有美國東岸知識分子家庭所具有的古典訓練，這種在韋蓮司身上的文化底蘊是最吸引胡適的地方。1914年韋蓮司和胡適變成好朋友後，雙方有50年的來往，彼此寫了很多信。胡適的心靈成長，其中一部分就是伴隨著韋蓮司而展開的。對胡適來說，他可以無所顧忌地跟韋蓮司討論各種各樣的問題，所以他說韋蓮司是有思想力、有視野、有魄力、有閱歷的女子。在胡適早期到美國的時期，韋蓮司是一位帶領他走進西方文化最關鍵的人物。他們倆一開始交換讀書心得，彼此介紹好書。而胡適閱讀的自由主義經典作品如摩利的《論妥協》（John Morley, *On Compromise*，胡適譯為《姑息論》），就是韋蓮司借給他的。[44]後來胡適在寫給她的信中抄錄了大量此書裡的內容。胡適在1930

---

44 1914年11月26日胡適在寫給韋蓮司的信中說：「我用餘暇讀毛萊的《姑息論》（*On Compromise*），我非常喜歡。謝謝你把書借給我。我剛讀完講利用錯誤的那一章，這也是深合我心的一章」，參見：胡適著，周質平編譯，《不思量自難忘：胡適給韋蓮司的信》，頁7。有關摩利思想對近代中國的影響，及compromise一詞的翻譯問題，參見：黃克武、韓承樺，〈晚清社會學的翻譯及其影響：以嚴復與章炳麟的譯作為例〉，收入沙培德、張哲嘉主編，《近代中國新知識的建構》（臺北：中央研究

年代應報社之邀列舉推薦給青年人必讀的十本書時,他還把這本書寫進去了,可見胡適與韋蓮司之交往對他思想形塑的重要性。總之,如果不打通公私,就難以深入胡適性格、思想的複雜面向。

第四,文化迷霧。胡適處在中西歷史的交會時期,他受過中國傳統教育之薰陶,又接受了西方新式教育的啟迪。他原來在康乃爾大學讀農學,後來讀不下去,其中一個原因是因為蘋果的關係,美國的蘋果分類很多種,同是蘋果有十幾個名字,胡適也搞不清楚,心想學那麼多蘋果名字有什麼意思,「對我來說實在是浪費,甚至愚蠢」;此外胡適因為外務太多,1915年沒有得到「哲學系塞基獎學金」,這使他「從睡夢中驚醒」,決心「專心於學業」,所以後來轉到哥倫比亞大學讀哲學。[45]總之,胡適是中西歷史交會關鍵點上的一個人物,在他身上,既有中學又有西學,既有傳統又有現代。在思想內涵上,他強調「全盤西化」、反傳統,主張把傳統東西全部丟掉,所以他特別欣賞「隻手打倒孔家店」的老英雄吳虞。而且他的生活形態也非常西化,胡適紀念館保存了相當多胡適的衣著,他有時穿長袍,但較常穿西服,皮鞋一定要訂作,此外各種各樣身邊日用物品多是非常精緻的西式用品,他也喜歡喝威士忌酒。總之,他是一個受西化影響很深的人。然而如果從完全西化的角度來看,卻又很容易誤解胡適。胡適是站在中西文化的交界點上,他有中國文化的傳承,也有西方文化的薰陶,而且他對中國文化和西方文化都做了一番抉擇和取捨。他表面上是全盤推翻傳統,實際上他對中國傳統還有很強的依戀。只有看到東西文化在他身

院,2013),頁169-171。

45 參見:胡適口述,唐德剛譯註,《胡適口述自傳》,頁36-37。余英時,〈胡適「博士學位」案的最後判決〉,收入《重尋胡適的歷程:胡適生平思想與再認識(增定版)》,頁306-307。

上的衝擊和融合，才能看清真實的胡適。筆者所發表的〈胡適與赫胥黎〉一文，就指出胡適對赫胥黎、達爾文思想的認識與他對宋明理學、清代考據學與佛教與儒家的道德理想是交織在一起的。[46]這一種中西思想因素的交織乃至誤會，也表現在他對於杜威哲學的認識之上。[47]

胡適研究至少應穿透上述四種的迷霧，方有可能呈現出一個比較真實的胡適。

四、 以胡適檔案解決問題的一個案例：陳之邁致胡適函

為了更具體說明胡適檔案如何幫助我們解決胡適相關歷史議題，以下筆者擬以胡適的〈從《到奴役之路》說起〉一文中的一個疑點，來說明檔案的用處。這一篇文章是1954年3月5日下午4時，胡適在「自由中國社」於臺北青島東路的裝甲兵軍官俱樂部舉行歡迎茶會上的講話。此文曾刊登在3月16日出刊的《自由中國》之上。[48]1965年殷海光將海耶克（1899-1992）的《到奴役之路》一書中文版交給文星書店出版時，在附錄之中收錄了這一篇文章。[49]同一年文星書店出版的殷海光等著，《海耶克和他的思想》一書中也收錄了這一篇文章（該書後由傳

---

46 黃克武，〈胡適與赫胥黎〉，《中央研究院近史研究所集刊》，第60期（2008.6）頁43-83。

47 江勇振，〈胡適詮釋杜威的自由主義〉，收入潘光哲主編，《胡適與現代中國的理想追尋：紀念胡適先生一二O歲誕辰國際學術研討會論文集》，頁102-126。

48 胡適，〈從《到奴役之路》說起〉，《自由中國》，第10卷第6期（1954.3），頁4-5。

49 F. A. Hayek著，殷海光譯，《到奴役之路》（臺北：文星書店，1965），筆者手上的版本是《殷海光全集》的版本，參見：F. A. Hayek著，殷海光譯，《到奴役之路》（臺北：臺大出版中心，2009），頁183-189。

記文學出版社再版）。[50]對許多讀者來說，這一篇文章是介紹海耶克與
《到奴役之路》一書，主張對抗國營企業，捍衛資本主義、私有財產與
自由體制的一篇重要著作。

這一篇文章中有一個疑點，涉及胡適一位朋友對他認識海耶克
思想的影響。最早注意到此一疑點，並撰文解釋的可能是大陸學者邵
建。他在2009年發表〈隱名於胡適〈從《到奴役之路》說起〉之後的人〉
一文，文中指出：

> 1954年3月5日，胡適在《自由中國》雜誌社作過一個有關哈耶克
> 《到奴役之路》的講演。讀過這篇文字的人，不免會好奇，隱藏
> 在胡適這篇文字之後的人是誰。胡適在講演中說：「我今天帶來
> 了一點材料，就是在兩年前，我在外國時，有一位朋友寫給我
> 一封討論這些問題的長信（這位朋友是公務員；爲了不願意替
> 他闖禍，所以把他信上的名字挖掉了）」。如果注意全篇，胡適
> 的講話，與其是圍繞哈耶克的《到奴役之路》展開，毋寧說是圍
> 繞這位公務員的長信而展開。接下來，胡適大段徵引了那封信
> 的內容，然後從這裡生發開去，以至篇終。因此，這位埋名隱
> 姓的人乃是胡適這篇講話中的一個內在的主角，那麼，他是誰
> 呢？……南港中央研究院胡適紀念館……現任館長潘光哲博士
> 告訴我，那個人就是周德偉。

邵建接著推論：

> 1950年代，周德偉在給胡適的信中，依然對當年國民政府和相
> 關知識人的作爲耿耿於懷：「從前持這種主張最力的，莫過於翁
> 文灝和錢昌照；他們所辦的資源委員會，在過去二十年之中，

---

50 殷海光等著，《海耶克和他的思想》（臺北：傳記文學出版社，1979），頁149-156。

把持了中國的工業、礦業，對於私有企業（大都是民國初年所創辦的私有企業）蠶食鯨吞，或被其窒息而死。他們兩位（翁文灝、錢昌照）終於靠攏，反美而羨慕蘇俄，也許與他們的思想是有關係的。」胡適在《自由中國》的這次講演中，照章宣讀了包括上面這段引文在內的周信的主要內容，他其實是有針對性的。國民黨敗退臺灣之後，國民政府的經濟政策依然襲有大陸的習慣，所以，胡適在講演中指出：「現在的臺灣經濟，大部分都是國營的經濟，從理論與事實上來說，像哈耶克這種理論，可以說是很不中聽的」。哈耶克的經濟理論，並不適合國民黨初到臺灣的威權體制。……然而，這樣的控制直接遏制的就是自由。所以哈耶克用一句話指出了這種控制的必然結果：到奴役之路。周德偉1947年便獲得此書，非常喜歡，很想把它譯為中文，但最後的譯事卻是若干年後由殷海光完成的，這就讓胡適通過殷譯瞭解了哈耶克。當胡適完成了對哈耶克的認同之後，是否可以這樣說，這位原中國自由主義的標誌人物，才終於完成了他自1940年代開始的轉型，即從年輕時開始的「新自由主義」轉型為「古典自由主義」。這是胡適在自由主義內部自左而右的一次蛻變，周德偉在其中起到了一定的推手作用。[51]

　　邵建指出此文在胡適思想轉變的重要意義，並認為周德偉對他「從年輕時開始的『新自由主義』轉型為『古典自由主義』」產生了重要的影響。他的觀點受到其他學者的肯定。

　　2012年臺大的王遠義教授發表了一篇長文分析胡適的〈從《到奴役之路》說起〉一文在他思想變遷中的意義，認為該文是他早年與陳獨秀辯論「問題與主義」之後，最重要的一次思想轉變。他也同樣認定胡適

51 邵建，〈隱名于胡適《從〈到奴役之路〉說起》之後的人〉（2009年6月21日），「邵建的博客」：http://blog.qq.com/qzone/622007891/1245549612.htm。（2014.4.7檢索）

文中所說的「友人」就是周德偉，他說：

> 胡適1953年11月24日記所記殷海光翻譯海耶克《到奴役之路》一事，其實就是出自周德偉的引薦。此外，胡適在〈從「到奴役之路」說起〉提到：「兩年前，我在外國時，有一位朋友寫給我一封討論這些問題的長信。他這封信對於這個問題有很基本的討論，和海耶克、方米塞斯、殷海光、高叔康諸先生的意思差不多完全一樣。」這裡，「有一位朋友」應該就是指周德偉。由此可見周德偉影響了胡適對海耶克的重視。[52]

王遠義進一步解釋：「此處認定周德偉即為胡適文中所提之『有一位朋友』，係就當時胡適的文章與周德偉所留資料推敲出來，因為周氏的論述多處符合胡適文章的指涉內容。……。張世保也認定『有一位朋友』是即周德偉，但不見資料直接佐證」[53]。

由此可見目前學界幾乎都認為胡適文中那位影響他認識海耶克思想的朋友就是周德偉。他們主要的證據都是依賴1962年胡適過世時，周德偉所撰寫的〈我與胡適之先生〉（刊於《文星雜誌》，第10卷第1期，1962.5）。[54]然而該文雖提及周德偉在1940年代即注意海耶克的著作，並於1950年鼓勵殷海光翻譯海耶克的《到奴役之路》。周德偉也提到胡適在跟他討論完資本主義、社會主義之優劣後，請他回覆羅敦偉

---

52 王遠義，〈惑在哪裡——新解胡適與李大釗「問題與主義」的論辯及其歷史意義〉，《臺大歷史學報》，第50期（2012.12），頁229。

53 王遠義，〈惑在哪裡——新解胡適與李大釗「問題與主義」的論辯及其歷史意義〉，頁229，註148；張世保，〈「拉斯基」還是「海耶克」？〉，收入高瑞泉主編，《自由主義諸問題》（上海：上海古籍出版社，2012），頁12。

54 該文後收入周德偉的文集之中，參見：周德偉，〈我與胡適之先生〉，《自由哲學與中國聖學》（北京：中國社會科學出版社，2004），頁263-304。

對他的質疑。[55]這樣一來，周德偉在胡適從肯定社會主義到轉向資本主義的過程中的確起了重要的作用。

上述的兩篇文章對我們認識胡適思想的淵源均有幫助，又如邵建指出「胡適通過殷譯瞭解了哈耶克」，這應該也是正確的。胡適紀念館的館藏資料可以幫助我們了解胡適如何閱讀海耶克的《到奴役之路》。胡適紀念館的藏書中有 *The Road to Serfdom* (Chicago: The University of Chicago Press, 1950) 一書，扉頁有胡適題記：Hu Shih New York Dec. 8, 1953. —— A birthday present to myself. 顯示1953年12月8日胡適買了此書作爲送給自己的生日禮物。該書近250頁之中，胡適加上註記部分共有17頁（1-9、14、16、135-6、138-141），均爲畫底線，沒有批注文字，這似乎顯示胡適並未細讀此書。[56]據此推測，胡適對海耶克的了解很可能來自殷海光在《自由中國》上的譯介。

上述的研究對於胡適思想的來源雖然提出了解答，然仍有一些疑點。邵建與王遠義所引用周德偉的文章詳細地描寫了他與胡適論學的經過，包括1951年中，他寄給胡適的論文抽印本，[57]以及1951-53年他與胡適在臺北見面時的點點滴滴，[58]不過周德偉並沒有提到曾寫「長信」給胡適。這樣一來，影響胡適思想轉向的友人究竟是誰，並未得到

55　胡適發表〈從《到奴役之路》說起〉後引起他的學生羅敦偉的質疑。羅敦偉說：胡適「願意自動洗腦，因爲過去他主張社會主義不對，今日應該主張資本主義。我隨即寫封信給他，說認獨裁極權爲計畫經濟是誤會，而且是普遍的世界公共的誤會。」參見：羅敦偉，〈五四巨人最後歷程親記〉，《暢流》，第25卷第3期（1962），頁5。

56　《南港檔》，中央研究院近代史研究所藏，檔號：HS-N04F1-028-01。

57　參見：周德偉，〈我與胡適之先生〉，《自由哲學與中國聖學》，頁282；胡適紀念館藏有此封信，《南港檔》，中央研究院近代史研究所藏，檔號：HS-US01-038-002。該信的時間是1951年7月10日，並附有論文兩篇，一爲〈從經濟的分析批判階級鬥爭〉，一爲〈經濟與行爲——經濟學方法與人的行爲述評〉。

58　周德偉，〈我與胡適之先生〉，《自由哲學與中國聖學》，頁282-283。

一個確切的答案。

對於這一個問題我們首先需從胡適文章內部來考察。胡適在文中提到此信是「兩年前，我在外國時，有一位朋友寫給我」，由此可以推斷來信時間約為1952年左右。同時胡適徵引了該封信的內容，下面這段文字中引文部分是出自這一封信。胡適說：

> 因為這封信很長，我只能摘要報告。他首先說：「現在最大的問題：大家以為左傾是當今世界的潮流，社會主義是現時代的趨向。這兩句話害了我們許久。大家聽到這個很時髦的話，都以為左傾是當今的一種潮流，社會主義是將來必然的趨勢」。他就駁這兩句話，不承認社會主義是現時代的趨向。他說：「中國士大夫階級中，很多人認為社會主義是今日世界大勢所趨；其中許多受了費邊社會主義的影響，還有一部分人是拉斯基的學生。但是最重要的還是在政府任職的許多官吏，他們認為中國經濟的發展只有依賴政府，靠政府直接經營的工業礦業以及其他企業……」。他又說：「我們不相信共產主義的人，現在了解社會主義只是一種不徹底的共產主義。它的成功的機會，還遠不如共產主義為大」。[59]

根據上面的線索，在胡適的檔案中，我們找到了胡適在〈從《到奴役之路》說起〉中所提到的來信，共有兩封。這兩封信皆來自陳之邁（1908-1978），而非周德偉。第一封是1951年11月4日陳之邁致胡適函，共有25頁，檔號：HS-US01-079-004。第二封是1951年11月8日，陳之邁又有所感，再寫了一封信補充說明，計有6頁，檔號HS-US01-079-005。這兩封信在署名的部分都被削去，顯然是胡適帶去演

---

59 胡適，〈從《到奴役之路》說起〉，收入殷海光等著，《海耶克和他的思想》，頁151-152。

講時，爲避免洩露陳之邁身分而做的處置，然而從字跡來辨認毫無疑問地是陳之邁的來信。同時在這兩封信之前，胡適在一頁稿紙寫了一段話：「兩年前一個朋友給胡適的長信兩封」，這應該是帶去「自由中國雜誌社」茶會演講時兩封信的封面。（圖十：陳之邁致胡適函）

　　陳之邁在1928年從清華大學畢業後赴美國留學，獲哥倫比亞大學哲學博士學位。回國後曾任教於清華大學、北京大學、南開大學等校，並加入了胡適、蔣廷黻創立的「獨立評論社」。抗戰期間，他曾任教育部參事、行政院政務處參事等職。1944年出任中華民國駐美國大使館公使銜參事，後又歷任中國出席聯合國善後救濟總署副代表、聯合國糧農組織國際緊急糧食委員會中國代表等職。在1955年之前，陳之邁一直擔任中華民國駐美國大使館公使。[60]因爲陳之邁具有公務員身分，胡適擔心暴露此一身分會對他有所影響，而且陳之邁在第二封信的最後表示：「這兩封信所說的只是與先生的私信，恐怕不宜發表，人微言輕，發表了也不會發生什麼作用」，胡適才將信上的署名削去。

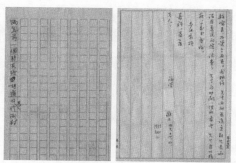

圖十：1951年11月4日陳之邁致胡適函
全信計25頁，此爲封面與最後一頁，署名部分被削去

60　有關陳之邁在美國從事外交工作之狀況，可參考：林品秀，〈從「知識菁英」到「實務官僚」：陳之邁及其早期外交（1944-1955）〉（臺北：國立政治大學外交學系碩士論文，2011）。

陳之邁的兩封信可以幫助我們瞭解胡適思想轉變的細緻過程。簡單地說，1954年胡適〈從《到奴役之路》說起〉一文所反映思想的轉折是由好幾個因素所促成的，他不但在1953年時受到殷海光與周德偉等人的影響，而在此之前1951年底，陳之邁寫的兩封信也帶給他非常重要的啟發。

五、結論

胡適在20世紀中國知識分子中與魯迅齊名，被譽為「二十世紀中國思想界的第一人」或「當今世界上最聰明的六個人之一」。[61] 他的一生涉及了中國政治、學術的各個領域，凡是討論近代中國的議題，大概都繞不過胡適。胡適研究的一個重要挑戰在於如何掌握史料，如上所述與胡適相關的檔案、往來書信、藏書批注、照片等，不但數量龐大，且複雜多元。本文簡單地介紹了胡適的歷史意義、胡適紀念館收藏檔案的概況，進一步分析解讀胡適檔案所面臨的挑戰，最後再以一個具體的例子說明胡適檔案如何能幫助我們解決歷史議題。筆者衷心地希望文中所述胡適檔案應用之心得，以及筆者對胡適研究之經驗，對有心透過胡適來了解中國近代史的讀者有些許的助益。最近有很多人提到「民國範兒」的說法，民國史上的確有不少風骨嶙峋的人格典範，值得我們追念懷想。我想深入地認識胡適之後，很多人可能會和我一樣，覺得將胡適譽為「民國範兒」，真是再恰當也不過了！

---

61 江勇振，《舍我其誰：胡適（第一部璞玉成璧）》，頁4。「當今世界上最聰明的六個人之一」是胡適的朋友、英國漢學家Arthur Waley（1889-1966）在1927年時的說法。

檔案、日記、回憶錄與外交史研究
—— 以巴黎和會中國代表團內爭爲例

唐啓華

東海大學歷史學系教授兼系主任

一、前言

外交史研究中，官方檔案與外交官的日記、回憶錄（自傳）等，都是重要的史料，各有特色，應互證參照使用。北洋外交史研究中，最重要的官方檔案是臺北中央研究院近史所檔案館收藏之《外交檔案》，[1]回憶錄中最常被使用的是《顧維鈞回憶錄》，[2]及《顏惠慶自傳》。[3]日記則以《顏惠慶日記》[4]爲最重要。本文介紹較少被使用的《顏惠慶日

---

1 《外交檔案》，外交部委託中央研究院近代史研究所檔案館收藏，現已完成數位化，可上網使用，檢索「顏惠慶」可得2231筆。

2 顧維鈞述，中國社會科學院近代史研究所譯，《顧維鈞回憶錄》（北京：中華書局，1983）。與北洋時期相關的是第1分冊。

3 此書有兩個中文版本：顏惠慶英文原著，姚崧齡譯，《顏惠慶自傳》（臺北：傳記文學出版社，1973），及顏惠慶英文原著，吳建雍、李寶臣、葉鳳美譯，《顏惠慶自傳：一位民國元老的歷史記憶》（北京：商務印書館，2003）。

4 顏惠慶著，上海市檔案館譯，《顏惠慶日記》，第3卷（北京：中國檔案出版社，1996）。

記》，並以巴黎和會中國代表團內爭為例，參證《外交檔案》、《顧維鈞回憶錄》與《顏惠慶日記》的史料價值與特色。

二、《顏惠慶日記》介紹

顏氏於1877年生於上海，1900年獲美國維吉尼亞州立大學（University of Virginia）文學士學位，旋返中國，任教於上海聖約翰書院，兼任商務印書館編輯，主編《英華標準雙解大辭典》。1906年清廷舉行第一次留學歐美畢業生考試，顏氏名列一等第二，賜譯科進士出身。次年隨陸徵祥赴海牙任駐荷蘭使館翻譯，進入外交界。1908年又隨伍廷芳赴美。1910年回北京，任外務部新聞處主事，不久升任參議。1911年辛亥革命後，顏氏升任外務部左丞。1912年南北統一，中華民國政府正式成立，唐紹儀組閣，陸徵祥任外交總長，薦顏氏為次長。1913年顏氏出使德國，1914年歐戰爆發，1917年中德絕交，顏氏轉駐丹麥首都哥本哈根。1919年巴黎和會期間，顏氏任中國代表團顧問。1920年8月顏氏回國出任外交總長，任內頗多建。1921年5月20日簽署《中德協約》，為民國以來第一次對外簽訂之平等新約。8月美國政府邀請中國參加華盛頓會議，顏氏代理內閣總理在國內坐鎮主持，與徐世昌總統合作無間，對我國代表團在華會中爭取國家權益，大有裨益。顏氏多次擔任外交總長與內閣總理，直至1926年6月退出北京政壇，移居天津英租界，致力於工商企業及文教服務事業。

國民政府定都南京後，1930年中原大戰期間，閻錫山曾邀顏氏出任其外交部長，為顏氏拒絕。1931年「九一八事變」爆發，國民政府在南京組「特別外交委員會」，邀集顏氏參加，不久受命前往日內瓦，出

席國際聯盟會議，爭取國際支持，同時與蘇聯接觸，促成中蘇復交。1933年任駐莫斯科大使，至1936年初退休，居於天津。1937年七七事變爆發，轉居上海法租界。1939年任中國代表團團長，赴美國參加「太平洋學會」年會，並訪問美國朝野要人，說明我國抗戰意義。在美時曾接蔣委員長重慶來電，邀其擔任外交部長，顏氏懇辭。顏氏回國後居於香港，1941年12月太平洋戰爭爆發，香港為日本攻占，顏氏及其他與重慶有關之「要人」被日軍「保護」。次年汪政權力邀顏氏出任外長，顏氏婉拒。

抗戰勝利後，顏氏以德高望重熱心公益，被任為聯合國「善後救濟總署」遠東區域委員會主席。1947年蔣總統邀顏氏任國民政府委員，1948年當選立法委員。1949年1月蔣總統引退，副總統李宗仁代行總統職權，在李宗仁授意下，2月14日顏氏率領第二批民間代表團到北京及石家莊，與毛澤東、周恩來等會晤，但談判未成，共軍渡江。不久大陸淪陷，顏氏留在上海，曾任華東軍政委員會副主席、中央人民政府政治法律委員會委員等職。旋於1950年5月23日病逝。

顏氏自1907年入外交界，至1936年於駐蘇聯大使任內退休，歷經清朝、北洋、國民政府，為其間歷任政權所重視，並積極參與金融界、實業界與社會服務工作，一生多采多姿，惟行事低調，一般人對他較為陌生。

《顏惠慶日記》由其子顏植生代表家族，於1985年捐贈上海市檔案館收藏。日記每年一冊，顏氏用鋼筆以英文草書於當時的「國民日記」本上。自1908年1月至1950年2月止，從未間斷，但因文革等原因，其中1910-1914、1920、1922-1923、1927、1931及1940年下半年部分，至今下落不明。上海市檔案館自1986年起，進行翻譯工作，歷時五

年，譯成195萬字，分裝成三巨冊出版。

此日記譯本，基本上按原文格式直譯，作了大量的文字辨識與考證，盡可能核實還原人名、地名等，工程浩大。出版前曾徵求顏氏家族意見，刪除了某些無價值的內容，和私人家庭生活的片段。

此日記雖有缺佚，而且記述簡略，但基本上忠實記錄顏氏長達四十餘年的生活經歷。時間上從清末、北洋政府、國民政府、日本占領到中華人民共和國。內容包括外交官生涯參與的國內外大事內幕，實業社會活動，及個人人際交往生活習慣等。對研究現代史，尤其是近代中外關係史的學者，此書是寶貴的一手史料。

《顏惠慶日記》與《顏惠慶自傳》相比較，後者只寫到1942年初，日軍攻占香港顏氏被拘為止，缺了1942-1950年一段。另外，自傳經過修飾，語多保留，《顏惠慶日記》較其自傳，分量多得多，而且記載真實，直言不諱，對研究北洋者，價值甚大。

民初外交官之回憶錄、自傳不少，如施肇基《施肇基早年憶錄》，但只至1914年。王正廷有583頁的回憶錄*Looking Back & Looking Forward*親筆手稿及打字副本 254頁，藏於其母校耶魯，近年已在日本出版，但該書記載簡略，錯誤甚多。顧維鈞則有12巨冊之回憶錄，記述詳盡，惟1931年以前僅憑記憶，記述較簡，只有一冊，對研究北洋外交者，為一大遺憾，而文中敘事難免為自己合理化，若無參照史料，學者不免受其引導。《顏惠慶日記》與其他外交官的回憶錄、自傳相比，更為翔實可靠。例如，依顧氏回憶錄，巴黎和會中顧、王之爭，顧氏對王多有微詞。顏氏日記中則提供一較客觀的角度。又如1923年顏、顧互爭外長一職，顧氏回憶錄中多語焉不詳，顏氏日記中則有對顧氏另一種面貌的描述，認為顧氏為爭外長，要了許多陰謀手

段。總而言之,研究者總希望一手史料出土越多越好,可有較全面的理解。

三、巴黎和會中國代表團的組建

1918年10月德國敗象明顯,和議迫近,駐歐各使紛紛建言早日派使,並注意南北統一。北京政府也積極籌組代表團,10月15日閣議內定由外交總長陸徵祥率代表團赴歐。陸氏先後邀約駐英公使施肇基、駐法公使胡惟德、駐美公使顧維鈞、駐義公使王廣圻、駐丹公使顏惠慶及駐比公使汪榮寶等為和會全權代表。

11月11日歐戰停火,14日北京內閣會議,決定派遣陸徵祥為中國參與和會代表。陸徵祥令施、胡、顧三使參加巴黎預備會議,[5]並確定邀自始參與籌備和會之魏宸組與會。[6]20日,陸徵祥電告汪、顏、王使,無法任命他們為全權代表。[7]25日,大總統發下陸徵祥等委任令五件,由國務院函送外交部轉發。[8]是則陸徵祥離北京啓程前,國務會議決定中國全權為:陸徵祥、胡惟德、施肇基、顧維鈞、魏宸組五人。[9]

12月1日陸徵祥一行離北京啓程,魏宸組另自上海搭船赴美,與陸

---

5 「發駐英施(法胡)公使電(極密)」(1918年11月15日晚八鐘),《外交檔案》,中央研究院近代史研究所檔案館藏,檔號:03-13-067-01-001。「陸總長16日來電」(1918年11月16日),《外交檔案》,檔號:03-12-008-02-040。

6 「發駐法胡公使電」(1918年11月19日),《外交檔案》,檔號:03-13-067-01-001。施肇基字植之。魏宸組字注東。

7 「發比丹義館電」(1918年11月20日),《外交檔案》,檔號:03-13-067-01-001。

8 「收國務院秘書廳函」(1918年11月25日),《外交檔案》,檔號:03-37-007-02-001。

9 參見:中國社會科學院近代史研究所《近代史資料》編輯室主編,《秘笈錄存》(北京:中國社會科學出版社,1984),頁68,按語。

氏一行會合後，一起赴歐。11日，施肇基、顧維鈞抵巴黎，[10]會合胡惟德，組成中國代表團先遣部隊。

當時中國南北分裂內戰不休，遭協約各國駐華公使聯名勸告，各駐外使節頻頻建議速謀南北統一。北京政府除籌備南北和議之外，也希望代表團中有南方成員，以示中國對外一致，但是不願出諸南北政府間之接洽，而是以個人名義邀請。11月6日，陸徵祥致電王正廷、郭泰祺及伍朝樞，邀請參加代表團。[11]三人皆婉拒。

廣州政府則希望南北對等合組代表團，11月10日，廣州軍政府主席總裁岑春煊電北京政府云：「頃聞已派陸子欣為專使，此間以事前未來徵同意，要求馳電反對陸使，群情激昂，並以非由南方推出極關重要之人赴歐列席不可，且謂南方縱不得獨占議席，然欲破壞則有餘」。[12]同日，廣州外交次長伍朝樞致北京總理錢能訓電，建議南北會同派遣代表。[13]12日錢能訓復電稱：「以對外而言，歷來外交，只承認中央惟一政府，不能自歧為二；以對內而言，則同為民國，本無南北之分，自無會同之必要」。[14]

廣州軍政府即於12月13日向非常國會提出咨文，擬任伍廷芳、孫文、王正廷、伍朝樞、王寵惠為中華民國全權大使，赴歐洲和平會

10 「顧公使19日來電」（1918年12月19日），《外交檔案》，檔號：03-12-008-03-027。

11 「陸總長來電」（1918年11月6日），《外交檔案》，檔號：03-12-008-02-020。「致伍梯雲電（交英館巴參贊發香港英領事館）」（1918年11月6日），《外交檔案》，檔號：03-13-067-01-001。

12 〈西南力爭派歐專使之駭聞──岑西林來電〉，《晨報》（北京），1918年12月21日，第2版。陸徵祥字子欣。

13 〈伍朝樞赴法問題〉，《晨報》（北京），1918年12月14日，第2版。

14 〈西南力爭派歐專使之駭聞──錢總理復伍朝樞電〉，《晨報》（北京），1918年12月21日，第2版。

議，締結和約。[15]並由軍政府外交部長伍廷芳致電美、法、英、義、日等國政府，請承認五人為列席和會代表。[16]

北京政府堅拒由南北雙方協派代表，但仍不斷與伍朝樞聯繫，力勸他參加代表團，報紙傳聞甚多。[17]12月下旬，伍朝樞到上海，北京政府派施愚南下與伍氏接洽，但仍未獲共識，伍氏南返。[18]就在此時，北京政府發表王正廷為代表團全權。

王正廷的任命，應係美國方面大力協調的結果。王正廷自稱歐洲休戰後，他向美政府運動對於南北兩方務當等量齊觀，不加歧視，進而要求中國簡派代表赴參和會，應兼南北兩派，卒承美政府之贊同，北京政府添派他為議和專使，偕陸徵祥前赴巴黎和會。「彼北京政府終肯讓步者，友邦調停之力為多」。[19]顧維鈞認為王氏是透過世界基督教青年會（YMCA）總會長穆德（Charles R. Mott）的協助，建議美國駐華

---

15 「廣州軍政府咨參議院」（1918年12月13日），收入中華民國史事紀要編輯委員會編，《中華民國史事紀要（初稿）—中華民國七年（一九一八）七至十二月份—》，（臺北：中華民國史料研究中心，1971），頁701-702。

16 「伍廷芳為要求協約國承認孫文等五人代表中華民國政府列席歐洲和平會議諸事致美、法、英、義、日等國政府的通電（稿）」（1918年底），收入李家璘、郭鴻林、鄭華編輯，《北洋軍閥史料（吳景濂卷）》，第3冊（天津：天津古籍出版社，1996），頁262-264。

17 〈伍朝樞由政府委派赴歐〉，《大公報》（天津），1918年12月26日，第1張。〈政府加派王正廷為赴歐專使〉，《大公報》（天津），1918年12月29日，第1張。〈施愚已由寧赴滬——奉命與伍朝樞接觸〉，《大公報》（天津），1918年12月29日，第1張。〈伍朝樞承命赴歐〉，《大公報》（天津），1918年12月31日，第1張。〈西南力爭赴歐專使再誌〉，《晨報》（北京），1918年12月22日，第2版。

18 〈北京特約通信——西南委員赴歐問題〉，《大公報》（天津），1918年12月25日，第1張。〈北京特約通信——伍朝樞由政府委派赴歐〉，《大公報》（天津），1918年12月28日，第1張。〈北京特約通信——伍朝樞承命赴歐〉，《大公報》（天津），1918年12月31日，第1張。

19 「王正廷致吳景濂等函」，1月5日大西洋舟次（二月底到），收入李家璘、郭鴻林、鄭華編輯，《北洋軍閥史料（吳景濂卷）》，第3冊，頁278-279。

公使芮恩施（Paul Reinsch）勸說徐世昌接受王氏爲和會代表。[20]

12月27日，陸徵祥正在美國赴紐約途中，接北京國務院電告：「主座以王正廷法律外交夙著才望，特加委爲專門全權大使，已電由顧使就近轉知王君，其委任令亦寄美館轉交，並希我公轉與接洽，諄勸擔任爲盼」。[21]28日，駐美使館代辦容揆電告顧維鈞：「國務總理電，赴歐議和，主座加派王正廷爲專門全權大使云云，陸總長明日下午抵紐約，揆明早往接，當就近訪王轉達」。[22]陸徵祥抵紐約後，與王正廷接洽順利，30日晚電告巴黎：「祥已與王君約定明日同行，將來究竟如何分配列席，諸容面商辦法」。[23]後又稱：「祥意此次赴歐參加議會，全賴國內統一，庶可免外人歧視，所以祥毅然決然允以所請，剋日同行」。[24]

准此，王正廷的任命應是徐世昌接受美方意見的結果，要陸徵祥到紐約後與王氏接洽敦促。過去的相關研究，認爲王正廷的任命是陸氏與王氏聯繫後，於途經美國時正式敲定；然而在檔案中看不到有陸、王接洽的記載，而陸徵祥在紐約停留的時間很短，此說應不能成立。

由於王正廷透過美方友人安排，接受北京政府邀請參加中國代表團，違背了廣州政府與北京對等協商合組代表團的立場，許多廣州同

20 顧維鈞述，中國社會科學院近代史研究所譯，《顧維鈞回憶錄》，第1分冊，頁177。

21 「收國務院27日來電」（1918年12月30日旅次紐約），《外交檔案》，檔號：03-13-067-02-001。

22 「電公使」（1918年12月28日），《外交檔案》，檔號：03-12-008-03-032。

23 「發法館電」（1918年12月30日旅次紐約），《外交檔案》，檔號：03-13-067-02-001。

24 「收法京陸總長14日電」（1919年2月19日），《外交檔案》，檔號：03-13-071-04-001。

仁非常憤慨。[25]30日王正廷致電廣州外交部，自稱係經美國安排，並傳聞廣州已同意，才答應與陸徵祥同行，若廣州不同意，將不列席。[26]

1919年1月1日，陸徵祥與王正廷同行赴法。5日於大西洋舟次，王正廷函告廣州國會議長吳景濂，備述苦衷稱：

> 顧此初非爲意氣體面而爭也，須知南方有人與會，則得與聞提議之內容，談判之顚末，與其影響於國利民福者奚若，庶使邦人君子咸曉然於當軸者之所爲，以昭示大公，慰我民望，吾黨之所爲斷斷者，固在此而不在彼也。將來集會中國應提議之事，條款頗多，而其綱領旨趣則不外乎主權之恢復，與夫領土之保全，此二大原則，謹當服膺弗失。舟次屢與陸專使談及其事，彼此所見相同，他日蒞會，自當協衷從事，共濟國艱。[27]

廣州對王氏之擅自接受北京任命赴歐相當不諒解，14日廣州〈中華民國國會第五次宣言〉鄭重聲明：「所有此次特派之外交人員，未經提交本國會依法同意認爲有媾和全權代表資格者，不得代表中華民國出席歐洲和平會議，其所協定之事件，或締結之條約，我中華民國人民概不能予以承認」。[28]

---

25 傅秉常稱：「中國代表團係南北政府聯合組成，推定代表五人，依「南二北三」之比例。南方代表爲王正廷與伍朝樞，北方代表爲陸徵祥、顧維鈞與施肇基。但北方代表藉口伍朝樞遲到，竟先發表魏宸組爲代表，軍政府因此對王正廷亦不諒解，因王不堅持原約定也。」參見：沈雲龍訪問，謝文孫紀錄，《傅秉常先生訪問紀錄》（臺北：中央研究院近代史研究所，1993），頁13。

26 「王正廷致軍政府外交部電」（1918年12月30日），收入李家璘、郭鴻林、鄭華編輯，《北洋軍閥史料（吳景濂卷）》，第3冊，頁274。

27 「王正廷致吳景濂等函」，1月5日大西洋舟次（二月底到），收入李家璘、郭鴻林、鄭華編輯，《北洋軍閥史料（吳景濂卷）》，第3冊，頁277-281。

28 「78廣州太田總領事致內田外務大臣電——軍政府派遣歐洲平和會議代表伍朝樞與米內山談話」（1919年1月18日），收入外務省編纂，《日本外交文書·大正期》，大正8年，第3冊，上卷（東京：外務省，1968），頁100-101。

　　18日巴黎和會開幕，陸徵祥偕王正廷代表中國出席。22日廣州參議院開會，討論軍政府提出參列歐洲媾和會議委員同意案，投票結果：孫文、伍廷芳雖經通過，而王正廷、伍朝樞、王寵惠俱被否決。[29]同日，美國駐廣州領事Albert W. Pontius致函芮恩施，稱軍政府拒絕批准北京委任王正廷為其官方代表，另派伍朝樞為代表赴歐。[30]顯然因美國方面表達關切，廣州政府駐美代表馬素隨即電伍廷芳稱：「若延緩承認王正廷為議和代表，則將於尊處進行有礙」。[31]25日廣東參議院與眾議院開會，協議歐洲議和代表問題同意案，通過孫中山與伍朝樞。[32]27日，廣州軍政府特任伍廷芳、孫文為赴歐和平會議全權大使，王正廷、伍朝樞、王寵惠為全權特使。[33]等於變相追認了王正廷的任命。伍朝樞也於2月初赴歐，2月20日，廣州軍政府特派郭泰祺、陳友仁為赴歐和平會議專門委員。[34]王、伍二氏及其隨員等人，亦先後由北京政府加以委任，加入代表團工作，完成所謂南北統一的聯合代表團。

　　王正廷之加入中國代表團，常被認為是南方代表。顧維鈞不以為然，稱：郭泰祺、陳友仁告訴他，雖然北京政府任命王正廷為全權代表南方，但實際上他們兩人才是軍政府所派代表，他們為王正廷不辭而別，隨陸徵祥赴法，極為惱火。後來到巴黎的汪精衛、伍朝樞也證

29 〈廣州舊參院之新聞〉，《晨報》（北京），1919年1月24日，第2版。

30 Pao-chin Chu, *V. K. Wellington Koo: A Case Study of China's Diplomat and Diplomacy of Nationalism, 1912-1966* (Hong Kong: The Chinese University Press, 1981), p. 14.

31 「馬素致伍廷芳電」（1月24日到），收入李家璘、郭鴻林、鄭華編輯，《北洋軍閥史料（吳景濂卷）》，第3冊，頁275。

32 〈廣東兩院最近會議內容〉，《晨報》（北京），1919年1月29日，第2版。

33 《軍政府公報》，修字第433號，1919年1月29日，收入蔡鴻源、孫必有、周光培編，《南方政府公報》，第一輯（石家莊：河北人民出版社，1987）。

34 《軍政府公報》，修字第50號，1919年2月26日，收入蔡鴻源、孫必有、周光培編，《南方政府公報》，第一輯。

實這一點。[35]

四、和會期間中國代表團的內爭

巴黎和會中國代表團自始內部矛盾重重，國內各種派系競爭與南北分裂，都影響到代表團的運作，導致風波不斷。過去研究常將代表團的問題歸咎於陸徵祥儒弱無能，對全權次序問題的處置失當，現在看來問題更加複雜。

（一）全權次序之爭

全權次序問題，過去學界多依據《顧維鈞回憶錄》及其他二手資料，大致描繪出事件之輪廓。若依據《外交檔案》及《顏惠慶日記》等重要史料，可更全面深入的理解當時的狀況。

1919年1月11日清晨，陸徵祥一行抵巴黎。《顧維鈞回憶錄》載：下午召開首次會議，得知中國在和會大會只有兩個席位，而陸徵祥「認為中國總可獲得五個席位的，所以不僅給我，還給其他約五、六名公使發出電報，邀請我們每人都參加代表團，並作為一名代表。現在，陸先生的處境十分困難」。[36]

13日，陸徵祥電告外交部，他已答應王正廷為第二位全權，稱：「王君正廷有南北關係，此次同來，歐美均認為南北融洽之證據，第二全權應派王君正廷，可無疑義。至對於胡、施、顧、魏各使如何加

---

35 顧維鈞述，中國社會科學院近代史研究所譯，《顧維鈞回憶錄》，第1分冊，頁179。
36 顧維鈞述，中國社會科學院近代史研究所譯，《顧維鈞回憶錄》，第1分冊，頁172。

入，俟祥爭到如何地步，即電請正式發表」。[37]

14日陸徵祥電駐丹顏惠慶、駐西戴陳霖兩公使，速來法襄助。[38]又與王正廷聯名電郭泰祺：「和議在即頭緒紛繁，請速來法襄助，行其先電示」。[39]

由於中國列席大會人數僅得二人，引發全權排名次序問題，人人競逐。顧維鈞回憶道：和會正式開幕前36小時，陸徵祥召集代表團開會，決定中國參加和會的正式代表，以便陸氏呈請大總統頒布任命。但此類涉及人事的問題，在座的公使沒有人願意提出任何建議，有人建議由總長決定。這時，陸氏情緒激動、躊躇不決，很是為難。但他最後終於宣布，為國家全局利益，並鑑於需要美國、英國及法國的幫助，擬請大總統任命五位代表。王正廷第二，顧氏第三、施肇基第四、魏宸組任第五。顧維鈞固辭後，陸氏宣布名單排列如下：陸徵祥、王正廷、施肇基、顧維鈞和魏宸組。[40]陸徵祥並將此名單次序正式開送大會。

17日陸徵祥電外交部：大會分配中國全權只有兩名可列席，他將力爭三席，他與各使再四斟酌，一面答覆法國外交部仍開送全權五人，以貫徹我主張國際平等之原則，一面擬於18日和會開幕時提出請大會取決；並呈請大總統將他及王正廷、施肇基、顧維鈞、魏宸組五

---

37 「發北京外交部電」（1919年1月13日），《外交檔案》，檔號：03-13-010-05-001。

38 「發駐丹顏日戴公使14日電」（1919年1月14日），《外交檔案》，檔號：03-13-010-05-001。

39 「發美館郭復初電」（1919年1月14日），《外交檔案》，檔號：03-13-010-05-001。

40 顧維鈞述，中國社會科學院近代史研究所譯，《顧維鈞回憶錄》，第1分冊，頁173-174。

人，用正式命令任爲議和全權委員。[41]

18日巴黎和會開幕，中國代表團由陸徵祥及王正廷代表出席。由於胡惟德未能列入全權代表，當天陸氏電外交部：「電中未將馨使列入，因彼再三謙讓，且駐在公使雖無全權字樣，而於辦事上並無窒礙之故，惟祥意仍請大總統命令發表特派駐法公使胡惟德襄辦議和事宜，較爲鄭重，希速轉呈」[42]。

19日，陸徵祥已感受到內外壓力，以生病爲由電北京請辭云：「因思病體勉擔重任，竭蹶異常，此次各國所派全權元老居多，威總統亦出席，事關重大，各國均以全力相爭，日本派西園寺赴歐，用意極遠。務請大總統續選素負元老重望精力強健之大員來法與會，並不爲遲，祥願爲幫手，期於大局有裨」[43]。

北京政府接到陸徵祥建議全權順序的電報後，徐世昌批交「外交委員會」決議，會長汪大燮認爲只有三個席位，陸氏無能力，王氏無外交經驗，且不知南方主張如何，施氏爲怕事官僚，恐不足以應付局面，秘書長葉景莘建議將顧氏升到第二，因他來電最多，與美國代表團接洽報告都是他打來的，對二十一條交涉過程熟諳；汪大燮接受，

---

41 「發外交部電」（1919年1月17日），《外交檔案》，檔號：03-13-010-05-001。

42 「發外交部18日電」（1919年1月19日），《外交檔案》，檔號：03-13-010-05-001。胡惟德字馨吾。23日國務院復電稱：「請胡公使襄辦一節，查赴會各國無此先例，我國似不宜獨異，且對外亦難措辭，除已逕電胡使囑其隨時相助外，特此電聞。」參見：「收國務院23日電」（1919年1月24日），《外交檔案》，檔號：03-13-006-01-001。惟〈北京特約通信——電命胡惟德襄辦和議〉，《大公報》（天津），1919年1月25日，第1張，載：「23日國務院電巴黎胡公使：奉大總統諭，務請我公協同陸使等襄贊辦理。」

43 「發外交部19日電」（1919年1月19、20日發），《外交檔案》，檔號：03-13-010-05-001。當時徐世昌總統任命梁啓超率團赴歐考察，盛傳將取代陸徵祥地位，詳見第四節。

與林長民同去請徐世昌核定，徐氏同意。⁴⁴20日，國務院電陸使：「奉大總統令：特委陸徵祥、顧維鈞、王正廷、施肇基、魏宸組充赴歐參與和會全權委員」。⁴⁵於是依總統命令，全權順序改爲：陸、顧、王、施、魏。

北京政府變更了陸徵祥建議的全權順序，讓他進退兩難。《顧維鈞回憶錄》載：陸氏接到大總統令，必須遵奉，「在北京政府心目中，如陸不能自始至終堅持工作，則應由我去代他爲中國辯護，⋯⋯鑒於國內政治情勢，如陸本人因健康關係不能經常參加會議，自然不便讓南方的代表王正廷博士來代表中國政府」。⁴⁶顧維鈞說他告訴施肇基此事，施氏十分不悅。⁴⁷

21日總理錢能訓慰留陸氏。⁴⁸22日有報紙質疑王正廷列席和會開幕式之事稱：開幕式我國列席表則爲陸徵祥、王正廷兩氏，最駭聽聞，因印鑄局所發布之命令，王正廷之名排在第三；又查命令發表之經過情形，則知爲20日閣議所通過：由此證明當王正廷列席之日，政府並未有電令，且閣議尚未通過。然則王正廷之列席孰主張之？孰委使之？殊不能令人無疑矣。媾和爲何等事，豈有未經政府明示或暗任之人竟貿然列席於開會禮式之理。⁴⁹

24日陸氏電北京稱：「二十日大總統特委命令敬悉，十八日正式

44 葉景莘，〈巴黎和會期間我國拒簽和約運動的見聞〉，收入《文史資料精選》編輯部編，《文史資料精選》，第3冊（北京：中國文史出版社，1990），頁551。
45 「收國務院20日來電」（1919年1月21日），《外交檔案》，檔號：03-13-006-01-001。
46 顧維鈞述，中國社會科學院近代史研究所譯，《顧維鈞回憶錄》，第1分冊，頁175。
47 顧維鈞述，中國社會科學院近代史研究所譯，《顧維鈞回憶錄》，第1分冊，頁176。
48 「收外交部21日電」（1919年1月23日），《外交檔案》，檔號：03-13-006-01-001。
49 〈王正廷已列席和會之駭聞〉，《晨報》（北京），1919年1月22日，第2版。按：《晨報》及「外交委員會」都與研究系關係密切。

開會,當以不及候命,先已開送全權陸、王、施、顧、魏五人,是日祥與王專使正廷出席,現在議會名單上因王專使業已出席,難於改動。惟施、顧兩全權次序,已遵令改列顧、施,此因時間匆促,擅作權宜,未識能見諒否,現在所列次序可否由公報口氣登載一次,乞裁定」。[50]於是陸氏又將全權順序改成:陸、王、顧、施、魏,正巧22日大會函請校對代表名單,陸徵祥就將修改後的全權順序以公文送出,[51]但是代表團內部多不知道有這個變化。

　　全權名單以及順序引發了許多紛爭,加上顧維鈞與美國代表團關係密切,又在山東問題發言一鳴驚人,更讓施肇基、王正廷眼紅。而胡惟德未列入全權,很不滿意,代表團內暗鬥不斷。《顧維鈞回憶錄》稱:「變更代表次序的後果極為不幸,在代表團內,特別是在以王正廷、施肇基為一方,以陸徵祥為另一方的雙方之間,造成了難以想像的糾紛。又稱:施、王經常對他有關國際聯盟委員會的報告提出質疑,看來主要是有意使陸徵祥和顧氏難堪。代表團會議於是變成為王、施二位全權吹毛求疵,肆意攻擊陸、顧的集會」。[52]

　　《顏惠慶日記》載:1月25日抵英後,從陳維城那裡獲悉,現在的代表是陸徵祥和王正廷,多麼奇怪的變更。[53]29日載:據胡說,現在的代表是陸、王、施、顧、魏,施揚言如果被擠出就辭職。[54]31日載:

---

50 「發外交部電」（1919年1月24日）,《外交檔案》,檔號:03-13-010-05-001。

51 「發外交部電」（1919年2月27日）,《外交檔案》,檔號:03-13-011-01-001。

52 顧維鈞述,中國社會科學院近代史研究所譯,《顧維鈞回憶錄》,第1分冊,頁180-181。

53 顏惠慶著,上海市檔案館譯,《顏惠慶日記》,第1卷,頁813,1月25日。顏惠慶於1919年1月29日-3月10日在巴黎。

54 顏惠慶著,上海市檔案館譯,《顏惠慶日記》,第1卷,頁815,1月29日。

施肇基說北京對和會幾乎沒有準備，代表團組織的又差，由於他的建議，才把我和戴請了來；胡惟德與施肇基發生了爭吵，施易激動又野心勃勃。[55]2月2日載，王廣圻說代表團內極其混亂，胡惟德為代表的席位赴倫敦進行活動。[56]2月上旬，施肇基在內部會議發脾氣。[57]

由於北京政府尚未發表明令，2月1日陸徵祥再電外交部：「二十四日業將議會名單次序王在先顧在後難於更改情形電達，惟祥意擬請國務院再來一電，大意謂議會名單次序已定，即請照此辦理，希查照等因，請煩執事面商郭秘書長，速辦為荷」。[58]

9日陸徵祥再度提出辭呈。[59]13日國務院復電慰留：「現在歐洲和會正在吃緊之時，樽俎折衝所關綦重，維公是賴，……勿萌退志」。[60]

---

55 顏惠慶著，上海市檔案館譯，《顏惠慶日記》，第1卷，頁815，1月30日。

56 顏惠慶著，上海市檔案館譯，《顏惠慶日記》，第1卷，頁817，2月2日。代表團會議錄則隱約其詞，如1月30日，中國代表團第5次會議，施肇基提議各處所來電報，似應設法傳觀，俾資接洽。參見：「巴黎和會中國代表團〈第5次會議錄〉」（1919年1月30日），收入張一志編，《山東問題彙刊》，上冊（北京：上海歐美同學會，1921），頁147-148。

57 顏惠慶著，上海市檔案館譯，《顏惠慶日記》，第1卷，頁825，2月18日云：「在施第一次大發脾氣後，陸已呈遞辭職書，但復電說，他不該想到這樣的事」。

58 「發外交部電」，（1919年2月1日），《外交檔案》，檔號：03-13-067-03-001。國務院秘書長郭則澐。

59 「收法京陸總長9日電」（1919年2月12日），《外交檔案》，檔號：03-13-071-04-001。「法京陸專使電」（1919年2月9日），收入《秘笈錄存》，頁78-79。

60 「國務院致陸專使電」（1919年2月13日），收入中國社會科學院近代史研究所《近代史資料》編輯室主編，《秘笈錄存》，頁79。該電後有按語，稱：陸專使稱病辭職，其因受外界種種刺激固居多數，而在代表團內部問題，亦一重要原因。先是王正廷由南政府派赴歐洲參與和會，經陸使接洽，電請中央委為專門委員。王使要求和會時中國全權無論幾人，渠須列席，陸使允之。及全權列席人數限定二人，陸使乃於1月17日以王正廷列為第二全權，電請中央發表。適法政府通知18日開會，陸使不及候命，以陸、王、施、顧、魏五人開單送會。迨奉中央命令，全權次序顧在王先，施居第四。王使未免有中央是否信任之疑、陸使對於王、施既感不安，又以交會名單變更為慮，對內、對外陷於困難境地。中央稔知其故，復電慰留。後又致電聲明，全權次序，仍以送會名單為準，並慰施、顧兩使。

然而代表團內鬥情況未有改善，14日，陸徵祥電告北京外交部：全權先後次序問題近日頗形困難，請大總統致電顧氏，溫語安慰；施氏處亦來一電表示慰藉；王氏方面由國務院來電說明即照會中全權次序列席；否則陸氏應付竭蹶，各使均有表示去志。[61]

《顏惠慶日記》載：2月14日，施肇基與朱誦韓秘書又為電報問題爭吵，耽誤了發表，內容不完善；陸氏一籌莫展，一味道歉，這顯然是施、顧二人之間的妒忌，不愉快的事情可能還在後面。[62] 15日，與顧維鈞共進午餐，他敘述了他被任命為全權代表的經過和施的暴躁，又談到陸受到法國政府的冷遇以及胡的牽線和最後失敗。[63] 17日，施亦支持王，無疑他倆在通力合作；據施說，他已電復總統，說唐紹儀是擔任代表團團長的最佳人選，因為陸的健康太差，這份電報錢與陸都曾看到；顧認為梁是來取代陸的，陸時運不濟，他是位笨伯；我的方針是力勸雙方節制，而不是使情況更糟。[64]

17日中午代表團第19次會議，議決以後收發文均應由五全權畫行繕發，各抄交一份。[65] 18日，陸徵祥電駐羅馬公使王廣圻：「近因辦事無人提總，以致進行遲滯，今公決請兄來法主持會務，一切由兄便宜行事，盼速來」。[66]《顏惠慶日記》該日載：解決全權代表之間內訌的辦

61 「收法京陸總長14日電」（1919年2月19日），《外交檔案》，檔號：03-13-071-04-001。
62 顏惠慶著，上海市檔案館譯，《顏惠慶日記》，第1卷，頁823。朱應指秘書朱誦韓。
63 顏惠慶著，上海市檔案館譯，《顏惠慶日記》，第1卷，頁824。
64 顏惠慶著，上海市檔案館譯，《顏惠慶日記》，第1卷，頁825。梁指梁啟超。
65 「巴黎和會中國代表團第19次會議錄」（1919年2月17日），收入張一志編，《山東問題彙刊》，上冊，頁165。
66 「發羅馬使館電」（1919年2月18日），《外交檔案》，檔號：03-13-011-01-001。

法似乎是召王廣圻來此；陸終究送來了更正前一份電文的電報。[67]

20日，代表團第21次會議中爆發嚴重衝突，會議錄載：

> 王全權問會議錄記載全權出席名次何以前後頗自參差，似應釐定以昭劃一。
>
> 陸總長云：因開送全權名單與北京所發表者微有不同故耳，頃已電請北京更正。
>
> 施全權問：全權名單開送和會共幾次？
>
> 陸總長答：正式開送大會不過一次，至何以大會所刊之單先後不符，因第一送後會中復送單前來，請將銜名查閱有無錯誤之處，當時擅將施、顧次序更調，未先與諸同事商量，實深抱歉，此後自當改弦更張，凡對諸君無不開誠布公，以謝前愆。但前之擅更，實屬一無私見，確為維持大局，俾同事之中，不至因此而生芥蒂，應可見諒。[68]

《顏惠慶日記》同日的記載可能更接近實情，稱：會上王正廷提出了名字排列順序問題，在王、陸、施三人之間引起爭吵，施肇基毫不留情的逼陸徵祥拿出密電來，指責他說假話，陸氏最後眼淚汪汪的被迫拿出最後一道電報了事；施氏發洩了他一肚子怨氣，顧維鈞以健康不佳為由退出。改變和會公報上的名字排列順序有困難，陸氏對王氏已有承諾在先。顧氏決定離開了，他反對執行總統關於更改名字順序的命令，因為這樣做容易使人誤解，並妨害他的地位。王正廷說：可以肯定顧在幕後操縱，想名列第二。這是在第一次召集會議討論膠州問題時王氏的失禮之言。施肇基準備在陸氏的書面道歉基礎上讓步，

---

67 顏惠慶著，上海市檔案館譯，《顏惠慶日記》，第1卷，頁825，2月18日。

68 「巴黎和會中國代表團第21次會議錄」（1919年2月20日），收入張一志編，《山東問題彙刊》，上冊，頁166。

把第二位讓給王；陸的軟弱是一切糾紛的根源。[69]次日，第22次會議錄載：施全權聲明，昨日所討論者係為辦事上手續問題，對於名次毫無意見。[70]

21日，北京國務院電：「此次全權人數及次序，係在臨時更定，遠道未及接洽，明令致出兩歧，各員皆一時茂選，同受國家付託之重，自必一心一德，無分畛域，應即照送會單開全權次序列席，希查照轉知各員為禱」。[71]國務總理並電施肇基及顧維鈞安撫，對施氏稱：「此次會議使席次序小有變更，執事為國宣勤，甘苦共喻，關懷大局，當略小端，深盼同心協力，折衝壇坫，用副倚任之殷，是為至望」。[72]對顧氏稱：「和會至關重要，主座素稔公才，明令次序，倚畀綦殷，惟開單送會在先，至涉歧異；事關對外，既經在會宣布，自以仍照單開送次序為宜；執事為國宣勤，甘苦共喻，當不沾沾小節，務希隨事匡持，同心幹濟，用副倚畀，是為至望」。[73]

北京政府雖然依照陸徵祥的意思發電，但是代表團內部風波不斷擴散，謠言滿天飛。《顏惠慶日記》載：2月21日，昨天軍事代表團與陸會談，他們表示不滿；和王家一起吃晚飯，聽到顧將與曹汝霖的幼女締姻；為了帝制運動，唐紹儀恨顧；顧遭到兩面夾攻，因為他發言

69 顏惠慶著，上海市檔案館譯，《顏惠慶日記》，第1卷，頁826-827。

70 「巴黎和會中國代表團第22次會議錄」（1919年2月21日），收入張一志編，《山東問題彙刊》，上冊，頁166-167。

71 「收國務院21日電」（1919年2月23日），《外交檔案》，檔號：03-13-006-02-001。

72 「國務總理致施專使電」（1919年2月21日），收入中國社會科學院近代史研究所《近代史資料》編輯室主編，《秘笈錄存》，頁79。

73 「國務總理致顧專使電」（1919年2月21日），收入中國社會科學院近代史研究所《近代史資料》編輯室主編，《秘笈錄存》，頁80。

反對日本，使在京的日本人士大爲不快，因此他病倒了。[74]22日，顧仍不來，陸花了不少時間研究大會上座位的安排問題。名字排列的順序問題解決了，王第二，顧第三。[75]23日，偕胡與顧去聖日爾曼，顧好像已經心平氣和了；國務院來電：同意陸提出的全權代表順序問題，並慰撫施與顧；顧並不十分滿意，希望說明一下他從不爭地位，我勸他不要這樣。[76]24日，陸因消化不良而病倒了；顧不露面，王要顧交出文件。[77]

25日，代表團第25次會議，陸徵祥因病不能出席，施肇基提議：推王正廷爲臨時主席，眾贊成。《顏惠慶日記》同日載：顧不來，陸要我出主意，我建議他去會見施與顧商議商議；胡要我再逗留一段時間，以便抑制施的野心；顧易於激動，難以控制自己。[78]26日，應邀去訪胡，他告訴我說，陸非常灰心喪氣，他建議任命孫寶琦來接替他，並且說他對政府已失去信心；胡堅持要我留在此地制約施；陸、顧二人都到會，緊張氣氛稍有緩和，全權代表之間爭地位。[79]

27日，陸徵祥致電外交部轉呈總理錢能訓，要求再將全權次序明白確認。[80]3月4日國務院復電：「全權委員次序，既經尊處斟酌改列，即照尊議，便宜辦理」。[81]至此，全權次序確定爲：陸、王、顧、施、

---

74 顏惠慶著，上海市檔案館譯，《顏惠慶日記》，第1卷，頁827。

75 顏惠慶著，上海市檔案館譯，《顏惠慶日記》，第1卷，頁828。

76 顏惠慶著，上海市檔案館譯，《顏惠慶日記》，第1卷，頁828。

77 顏惠慶著，上海市檔案館譯，《顏惠慶日記》，第1卷，頁829。

78 顏惠慶著，上海市檔案館譯，《顏惠慶日記》，第1卷，頁829。

79 顏惠慶著，上海市檔案館譯，《顏惠慶日記》，第1卷，頁830。

80 「發外交部電」（1919年2月27日），《外交檔案》，檔號：03-13-011-01-001。

81 「收國務院4日電」（1919年3月7日），《外交檔案》，檔號：03-13-006-03-001。

魏。

全權次序雖告確定，但裂痕已深，王正廷、施肇基聯手對付陸徵祥及顧維鈞，引起其他公使的反擊，要求參與代表團會議時有表決權。3月1日中午中國代表團第31次會議，會議錄未記載但《顏惠慶日記》寫道：會上決定致電外交部，對中日〈關於陸軍共同防敵協定戰爭終了之協定〉中有關時限一款的解釋提出抗議，這份電報顯然是針對參戰督辦段祺瑞的；給上海和議也發了同樣的電報；法國《時報》刊載顧的說帖，中國贊同公布密件，代表團的態度是一致的，而且得到全體中國人的支持。[82] 2日，偕胡與顧去凡爾賽，我一直勸顧留下支持陸；胡對致北京的電報表示十分憤慨，他說這將使段成了陸的敵人；在我看來施要陸下臺。[83] 3日，與汪榮寶交談，他和胡一致希望組織一個包括全體公使在內的委員會，討論同和會有關的一切問題，以便制止施的搞鬼；我對他說，無論如何我得動身赴倫敦；在晚上的會議上，他們再次勸我留下來。[84] 4日，胡與汪打算抵制王與施的勢力：全體公使都將是商討會議的成員，但只有五個人是全權代表；在晚上的會議上討論山東的損失應由德國賠償還是由日本賠償的問題，王與施反對顧的意見；關於表決的問題，汪問道：公使們是否有表決權。王答道：沒有。汪榮寶、王廣圻和胡惟德在我房內決定讓五位全權代表瞭解存在的問題，並要求陸致電北京要求批准我們的計畫，讓公使們有表決權。[85]

---

82 顏惠慶著，上海市檔案館譯，《顏惠慶日記》，第1卷，頁831-832。

83 顏惠慶著，上海市檔案館譯，《顏惠慶日記》，第1卷，頁832。

84 顏惠慶著，上海市檔案館譯，《顏惠慶日記》，第1卷，頁832-833。

85 顏惠慶著，上海市檔案館譯，《顏惠慶日記》，第1卷，頁833。

　　7日，陸徵祥突然獨自離開巴黎去瑞士，此事在代表團中間引起轟動，商議到凌晨三點。[86]《顧維鈞回憶錄》稱：代表們之間的摩擦日趨嚴重，2月初（按：應是3月初）代表團召開一次會議，王以代表南方身分，要與陸並列主席，王擅自宣布開會，會中不斷排擠陸的主席位置。翌日，陸總長稱病未到會，不久便離開巴黎，去向不明。代表團內明顯分成兩派：一派支持施肇基和王正廷，另一派同情陸徵祥。顧氏和魏宸組進行了一次簡短商議之後，召集了一些顧問和專家開會，顧氏堅持儘管總長缺席，工作還應繼續。這次會議沒有邀請代表參加，它實際上是在辦公室內舉行的一次私人性質的非正式會議。[87]

　　8日陸徵祥電外交部：「祥乘美總統未回巴黎前，暫赴瑞士休養數日」。[88]10日王正廷等電告北京：「陸總長近因體倦，於前晚赴瑞士休息，倘有辭職電報到京，請緩遞；廷等已推魏使前往慰問，並促早日回法；今晚又囑朱秘書官前往，特此密聞接洽」。[89]

　　《顏惠慶日記》載：3月8日，陸給王留了信，他離開去休息幾天；陸夫人對發生的事十分鎮靜，是否王廣圻與魏宸組將接他回來？[90]9日，全權代表們寫信要陸回來；增加四位公使的建議，陸不採納，他寧可選擇另一計畫：增加了兩位全權代表，即王廣圻與伍朝

---

86 顏惠慶著，上海市檔案館譯，《顏惠慶日記》，第1卷，頁834。陸徵祥與清末任駐荷蘭公使時，每年去瑞士避冬，休養一個月，遂在瑞士Maggiore湖畔，Locarno置一別墅，以陸夫人母親之名，取名為「益達別墅」（Villa Ida）。參見：羅光，《陸徵祥傳》（臺北，臺灣商務印書館，1967），頁63-67。

87 顧維鈞述，中國社會科學院近代史研究所譯，《顧維鈞回憶錄》，第1分冊，頁190-191。

88 「發外交部電」（1919年3月8日），《外交檔案》，檔號：03-13-011-02-001。

89 「法京王專使等電」（1919年3月10日），收入中國社會科學院近代史研究所《近代史資料》編輯室主編，《秘笈錄存》，頁114。

90 顏惠慶著，上海市檔案館譯，《顏惠慶日記》，第1卷，頁834。

樞，施反對這個計畫；陸夫人相信她的先生就要回來；魏宸組去瑞士，陸來電說，他已去羅迦諾，不在日內瓦；胡的企圖是想自己擠進去，提王廣圻等人只不過是個幌子。[91]

10日外交部慰留陸氏電稱：「尊體違和萬分馳念，會事正在吃緊，極峰信倚方深，中外興論對於我公均極推重，此時政府斷不肯聽公引退，致生各方面誤會；鄙見不妨在瑞靜養數日，俟稍痊再赴法，好在會事有諸全權出席，當可照常進行；務懇熟籌，仍盼電復」[92]。11日，在歐軍事委員唐在禮電致政府：「陸總長因提案批閱勞頓，幸獲就緒，而精神疲困，現赴瑞士養疴，近電呈辭職，各專使均不以爲然，現我國和會事宜，漸得佳境，美威總統准十四日回法，開會在即，如遽易生手，諸多不利，務乞鈞座迅電陸總長毅力維持，萬勿遽萌退志，以期告厥成功，全國幸甚」。[93]

11日總統及國務院慰留陸氏，電稱：「此時專使更迭於大局亦有不利，元首囑切電我公」。[94]同日總統府秘書長吳笈孫電嚴鶴齡：「頃接興老九日自瑞士來電辭職，主座甚爲愕然，前辭職已挽留，何以今又擬辭，又何以由瑞士來電，現會議吃緊，興老斷難諉卸，除專電慰留外，囑兄竭力代留，並將詳情剖示爲盼」。[95]

13日胡惟德電總理錢能訓稱：「和議關係綦重，若任陸總長辭去，一恐外人誤會政府信任不專，從前提案更難順手；二恐顧公使難

91 顏惠慶著，上海市檔案館譯，《顏惠慶日記》，第1卷，頁835。
92 「收外部10日電」（1919年3月12日），《外交檔案》，檔號：03-13-006-03-001。
93 「唐在禮報告歐議近情要電」，《大公報》（天津），1919年3月15日，第1張
94 「收國務院11日電」（1919年3月13日），《外交檔案》，檔號：03-13-006-03-001。
95 「致嚴參事眞電」（1919年3月11日），《外交檔案》，檔號：03-13-067-03-001。

以久留；三恐來法各使無法補救，相率引去；四恐別生枝節，牽動全國大局；德焦灼萬分，公明燭萬里，切懇碩畫維持，無任企禱」。[96]

代表團派魏宸組及朱誦韓秘書赴瑞士，敦請陸使回巴黎；經多日苦勸後，陸徵祥才稍微釋然。13日魏宸組電告巴黎代表團：「頃與總長商定辦法，俟星期六抵法面達」。[97]同日魏氏電告北京：「和會重要問題已逐漸提出，效果雖不可知，照目前情形而論，列強感情尚有多數贊同，惟內部無意識之爭論，層見日出，總長此次猝然赴瑞，中途辭職，原因即在於此；組與朱秘書官多方勸解，意稍釋然，詳情到法再達；組即晝回法，總長首肯數日內亦回法京」。[98]魏宸組返巴黎後，密電總統府秘書長吳笈孫，告以內情。[99]朱誦韓也電外交部稱：總長不得已赴瑞士，其中原因複雜，俱詳日前魏宸組致吳笈孫秘書長振密電內，請索閱即知，誦與魏使先後赴瑞士苦勸數日，總長已同意回法。[100]

13日，陸徵祥復電巴黎代表團稱：「祥多病才疏，不勝繁劇，公等所共見，此次猝然赴瑞，中途辭職，深恐貽誤國民委託，公等亦可共諒；頃經魏注使、朱秘書先後來述公等盛意，深爲可感，切盼公等以國事爲前提，勿以鄙人爲念，祥未奉大總統另派替人以前，必返法

96「法京胡公使致國務總理電」（1919年3月13日），收入中國社會科學院近代史研究所《近代史資料》編輯室主編，《秘笈錄存》，頁114-115。

97「收魏公使瑞士來電」（1919年3月14日），《外交檔案》，檔號：03-13-006-03-001。

98「收魏專使瑞士13日來電」（1919年3月17日），《外交檔案》，檔號：03-13-071-05-001。

99「收法京朱秘書28日電」（1919年3月31日），《外交檔案》，檔號：03-13-071-05-001。惟筆者迄今未得見魏使致吳笈孫密電。

100「收法京朱秘書28日電」（1919年3月31日），《外交檔案》，檔號：03-13-071-05-001。魏宸組字注東。

京一行,餘託注使面達」。[101]

14日,王正廷、施肇基、顧維鈞聯名電陸氏云:「威總統今日已抵巴黎,德國亦派出代表,草約簽字在即,政躬賢勞過甚,確應稍事休養,不過會期迫促,祇能盼望早日回巴,俾諸事秉承有自;國務院外交部來電,大總統懇摯留公,實以國家安危關係太大,且忌我者方蹈瑕伺隙之不暇,廷等均同此意見,願與我公共任艱鉅,全始全終」。[102]

16日,國務院電陸徵祥:

> 前電挽留久未得復,至念。歐會爲我國存亡所關,公爲國人推重,此行責任至重,當此吃緊關頭,豈可放手;各使雖皆茂選,而意見不一,自公赴瑞,歐會乏人主持,情形至爲可慮。元首囑切電我公以國家大局爲重,剋日力疾回法,始終□事,一切庶有補救,否則國步拈危,載胥及溺,政府固當任責,公亦何能恝然。外間傳聞我公辭職原因,其說不一,原不足據,惟此中究有何項爲難之處,不妨開誠詳示,共商挽濟,⋯⋯急盼電復。[103]

魏氏返巴黎後,傳達陸氏意思。17日,王正廷等復電:「魏注東兄昨日回法,欣悉壹是,尊意各節極表同情,總可遵辦,務懇不日命駕,愈速愈幸,統俟面陳,務祈鑒照,仍盼電示抵巴日期」。[104]24日,

---

101「收陸總長瑞士來元電」(1919年3月14日),《外交檔案》,檔號:03-13-006-03-001。

102「發陸總長14日電」(1919年3月14日),《外交檔案》,檔號:03-13-011-02-001。

103「收外部轉國務院16日來電」(1919年3月24日),《外交檔案》,檔號:03-13-006-03-001。

104「致瑞士陸總長17日電」(1919年3月17日),《外交檔案》,檔號:03-13-011-02-001。

外交部再電催：「主揆均以未得覆電為急，國內謠言日盛，和會前途不無可慮，無論內部情形如何，萬懇早日蒞法維持一切，急盼電復」。[105]

陸使於21日離瑞士，[106]22-24日之間回到巴黎。[107]28日國務院電：「奉大總統諭，派陸徵祥為全權委員長，所有和會事宜，即由該委員長主持一切，務當悉心妥籌辦法，以副倚任」。[108]又電云：

> 著派胡使惟德、汪使榮寶、顏使惠慶、王使廣圻均參預和會事宜，在內部討論時，准其一律列席，發抒意見，加入可決否決之數。各該使駐外有年，政府眷遇之殷與各全權視同一體，惟以全權人數，久經宣示中外，且以倚任之切，不便有所增加，所有各該使權限職務，即由陸委員長酌量支配，呈明備案。討論事件多關重大，未經討論決定以前，委員長得便宜行事外，在會人員概不得以個人名義對外擅行發表，以昭慎重。[109]

30日，外交部轉大總統面諭：完全信任陸氏。[110]總理錢能訓亦電：「我公體念時艱，回法任務，……頃商承元首於電內加入胡使等駐外有年，……與各全權視同一體云云，與尊意當能脗合」。[111]

《顧維鈞回憶錄》載：3月上旬（應係23日左右），陸總長回來

105「收外交部24日電」（1919年3月29日），《外交檔案》，檔號：03-13-006-03-001。

106「收駐瑞汪公使來21日電」（1919年3月23日），《外交檔案》，檔號：03-13-006-03-001。

107朱誦韓秘書電北京稱：陸氏已於22日回法，參見：「收法京朱秘書28日電」（1919年3月31日），《外交檔案》，檔號：03-13-071-05-001。《顏惠慶日記》載：3月23日，汪從伯爾尼來電說陸已回巴黎。24日載，胡來電也說陸已在巴黎；參見：顏惠慶著，上海市檔案館譯，《顏惠慶日記》，第1卷，頁840。

108「收國務院28日來電」（1919年4月1日），《外交檔案》，檔號：03-13-068-01-001。

109「收國務院28日電」（1919年4月1日），《外交檔案》，檔號：03-13-068-01-001。

110「收外交部30日電」（1919年4月2日），《外交檔案》，檔號：03-13-068-01-001。

111「收錢總理來電」（1919年4月3日），《外交檔案》，檔號：03-13-068-01-001。

了；他在瑞士時和北京有過通訊往來，現在得到的電稿表明，他一直在和北京就提高團長權力，俾便處理代表團內部問題進行商談。他重返巴黎，帶著代表團全權委員長的頭銜，同時擁有必要時可不經其他四名全權代表同意自己決定任何問題的權力。我料想這一著棋是專爲對付那兩位同僚的，他們在代表團內給他造成極大的困難。陸徵祥回來以後，在代表團會議上，代表們個人之間的關係並未改進，隔閡並未消除，對立更爲隱蔽，而在偶而暴露對立之時，矛頭所指更多的卻是我，而非陸總長了。[112]隨著陸徵祥權威上升，王正廷、施肇基的影響力大幅度稀釋後，中國代表團內部的爭執，至少在表面上算是平息了。

（二）南北之爭

同時，代表團內部還有南北之爭。廣州軍政府一直堅持與北京政府對等協商合組代表團，不滿於北京逕自任命全權，結果在美國斡旋下，王正廷以南方代表自居，隨中國代表團赴歐，並以南北對外一致之象徵，取得第二全權的地位。廣州內部反對此事之聲浪頗高，但在美國關切及大局考量之下，勉強追任王正廷之地位，另外又派遣伍朝樞赴巴黎。

伍朝樞當時任軍政府外交次長，曾多次與北京協調合組代表團，並婉拒北京邀請以個人身分加入。1月18日巴黎和會開幕，伍朝樞與日本友人談及軍政府因要求國會同意北京政府派遣之和會代表，及國際關係複雜，處境困難，廣州通過之五人中，孫文及伍廷芳全無意願，

---

112 顧維鈞述，中國社會科學院近代史研究所譯，《顧維鈞回憶錄》，第1分冊，頁192。

王正廷已赴美，剩下伍氏及王寵惠，他有意於問題解決後出發，但擔心時機已失。[113] 27日，軍政府特任伍廷芳、孫文為赴歐和平會議全權大使，王正廷、伍朝樞、王寵惠為全權特使。[114] 伍朝樞終得以廣州軍政府所派全權特使名義，於2月3日啟程，攜傅秉常、伍大光、黃凱等三隨員赴歐，[115] 3月13日抵達巴黎。

得知伍朝樞將要抵達，3月3日陸徵祥電外交部：伍氏「到後如何待遇，不得不先行決定，若由此間派為專門委員，不甚合宜，如在五全權中抽去一人，以彼補入，則孰去孰留亦頗難定；現與各專使商酌，仿葡萄牙六全權之例，加派一人，於對內對外或有裨益，是否有當，候示遵行」。[116]

北京政府對於加派伍朝樞為全權表示種種疑慮，9日復電稱：

> 伍朝樞以廣東所派全權名義，此事須慎加斟酌，一則廣東所謂
> 軍政府者，中央並未承認，代表應否予以承認；二則廣東所謂
> 軍政府並未經列邦承認，當然不能以此名義列席；三則如由中
> 央復加委派，原議五人外忽加一人，對外是否妥協；四則伍係
> 受軍政府委任，若經加派，恐仍係代表軍政府性質，不啻無形
> 中承認軍政府，於中央反有不利；五則粵中原有派孫文等為專

113「78廣州太田總領事致內田外務大臣電——軍政府派遣歐洲平和會議代表伍朝樞與米內山談話」（1919年1月18日），收入外務省編纂，《日本外交文書‧大正期》，大正8年，第3冊，上卷，頁100-101。

114《軍政府公報》，修字第43號，1919年1月29日，收入蔡鴻源、孫必有、周光培編，《南方政府公報》，第一輯。

115「軍政府令本府總務廳廳長伍朝樞印鑄科科長傅秉常前由外交部調充赴歐議和隨員既經事竣返國自應准予銷差并飭回原職文」（1919年9月18日），〈公文〉，《軍政府公報》，修字第110號，1919年9月27日，收入蔡鴻源、孫必有、周光培編，《南方政府公報》，第一輯。

116「法京陸專使等電」（1919年3月3日），收入中國社會科學院近代史研究所《近代史資料》編輯室主編，《秘笈錄存》，頁115-116。

使之說,此後陸續加派,何以應之;六則伍前商中央派往,議
而未成,此行難保不多方簧鼓。加派與否,其中利害得失孰爲
重輕,以上各節希詳晰密籌速復。[117]

然而,收到此電時陸徵祥已離巴黎赴瑞士。

13日伍朝樞抵巴黎,以廣州軍政府所派全權名義,自認爲是應北
京政府邀請而來。同日,陸軍代表唐寶潮致陸軍部轉段督辦電稱:「陸
使因各國頗難於應付,遽往瑞士,會事多由王正廷主持;陳友仁、郭
泰祺、伍朝樞均在法,南北形勢若變,恐南方或利王地位有所活動,
乞預注意」。徐樹錚批復:「隨時留意,遇事贊襄顧使」。[118]

對於伍朝樞的任命,王正廷等擬定辦法,待陸徵祥回法,26日以
陸徵祥名義電外交部,建議接受伍氏。[119]27日王正廷電廣州眾議院副
議長褚輔成等,告以種種苦衷,建議廣州接受伍朝樞如同王廣圻、胡
惟德等地位,但無全權名分。[120]同日,伍朝樞電總統府秘書長吳笈孫
及國務院秘書長郭則澐,表示:他此行,曾由錢能訓總理及徐世昌總
統再三敦促,是北京政府邀請而來,堅持要加委爲全權,強調:「此不
特對弟個人宜然,即對於南方,亦爲至當不易之辦法;南方原有一部

117「收國務院9日電」(1919年3月12日),《外交檔案》,檔號:03-13-006-03-001。

118「唐寶潮密報關於陸徵祥因各國難於應付遽往瑞士會事多由王正廷主持恐南方或利
王地位有所活動致陸軍部等電」(1919年3月13日),收入中國第二歷史檔案館編,
《中華民國史檔案資料匯編》,第三輯,第4冊(南京:江蘇古籍出版社,1991),頁
404。

119「發外部轉國務院電」(1919年3月26日),《外交檔案》,檔號:03-13-011-02-001。
中國社會科學院近代史研究所《近代史資料》編輯室主編,《秘笈錄存》,頁116亦
有此電,但字句略有增刪,暗示此電是王正廷之意。伍朝樞字梯雲。

120「王王正廷就伍朝樞列席巴黎和會事致褚輔成等電」(1919年3月27日發,31日
到),收入李家璘、郭鴻林、鄭華編輯,《北洋軍閥史料(吳景濂卷)》,第3冊,頁
294-296。

分主張單獨派遣代表赴和會者，弟以爲一致對外，無分畛域，免蹈俄國兩敗俱傷無人列席之覆轍，故有此行；……若不列席之全權，非驢非馬，騰笑中外，個人關係甚輕，影響南北甚大，弟雖無似，決不受任」。[121]

29日，陸徵祥電北京政府：伍君現既來法，與王正廷等再四討論，擬請明發任命，或由元首特電以伍君爲參預和議，除對外仍由五全權列席外，其內部一切，同以全權待遇，查上擬辦法對外不生問題，對內表示融洽，似於重輕之間，尚覺權衡得當，乞鈞裁電示。[122]

伍朝樞的名義，經多方折衝協調，31日國務院復電，奉大總統諭：「派伍朝樞參預歐洲和會事宜，除對外全權人數業經派定，應仍由各全權列席外，所有內部討論伍朝樞應與胡、汪、顏、王諸使一併列席加入可決否決之數；該參議久辦外交，中央倚畀長才，與各全權視同一體」。[123]另外，4月5日吳笈孫、郭則澐也電伍氏安撫。[124]

伍氏對此結果雖不滿，但「第恐蹈俄覆轍，兩敗俱傷，轉辜鈞府一致對外之心，更非古人鬩牆禦侮之義；況其時和會開幕已經兩月，特使王正廷既列席發言，亦足代表南方主張一切，豈宜以一人之位置，牽動全國之進行」，[125]勉強接受這樣的安排。他因抵歐較晚，對於

121 附錄「伍朝樞與府院秘書長電」（1919年3月22日），收入中國社會科學院近代史研究所《近代史資料》編輯室主編，《秘笈錄存》，頁116-117。然電尾押感字，應係27日電。徐世昌號菊人，又號東海。李純字秀山。

122「收法京陸總長26日電」（1919年3月29日），《外交檔案》，檔號：03-13-071-05-001。

123「收國務院31日電」（1919年4月2日），《外交檔案》，檔號：03-13-068-01-001。

124 附錄「府院吳郭秘書長復伍朝樞電」（1919年4月5日），收入中國社會科學院近代史研究所《近代史資料》編輯室主編，《秘笈錄存》，頁117。

125「赴歐議和全權特使伍朝樞呈報由法回粵陳述和議經過情形並附政見請察核文」（1919年9月9日），〈公文〉，《軍政府公報》，修字第108號，1919年9月20日，收入蔡鴻源、孫必有、周光培編，《南方政府公報》，第一輯。

中國在和會之外交，並沒有發揮什麼作用。

至此，中國代表團內部因全權次序，以及南北代表引發的紛爭，總算告一段落；陸徵祥地位鞏固，除全權代表可列席和會之外，增加胡惟德、汪榮寶、顏惠慶（未到）、王廣圻及伍朝樞可加入內部討論，有投票權，其中南北勢力的平衡顯然是北京政府考量的一個要點。

五、結語

由上述巴黎和會中國代表團內爭的個案考察，《外交檔案》、《顧維鈞回憶錄》及《顏惠慶日記》各自提供了不同的視角，可相互參證大致還原史實。

三個史料展現了不同的性質，《外交檔案》最可靠，可作為重建史實的主要依據，但係官方文書，往往只呈現結果，隱蔽了各方妥協之內幕及形成政策之歷程，失之乾澀且欠缺人味。

《顧維鈞回憶錄》個人色彩濃，內容有趣，明白揭露個人恩怨及許多內幕，但係事後回憶，常以日後的語境與歷史脈絡重組史實，難免扭曲失真。加以回憶錄是寫給他人看的，常有為自己辯護及攻擊政敵的主觀成見，使用時要十分小心，宜當成佐證，作為輔助史料，增添檔案的趣味深度及官方之外的個人觀點，但一定要多和其他史料對照，不可作為主要或唯一之證據。

《顏惠慶日記》介於兩者之間，記載可靠同時也有趣，有個人觀點也保留當時語境與歷史脈絡。但因記載簡略，且用英文書寫，若對當時語境不清楚時，難免常有錯譯，如1918年11月1日條，將王廣圻誤譯為王正廷。1919年1月30日條，將章（宗祥）誤譯為張。使用此材料

時要小心，多與檔案對照使用，以免以訛傳訛。

　　三個史料互用，則可呈現歷史事實不同的面相與層次，豐富我們對當時歷史語境的理解。外交史研究特別注重史實之精確，依據多重檔案對照研究，盡可能還原史實之後，史家庶可做出比較貼近歷史脈絡的詮釋。

由日記與檔案所見的林獻堂

許雪姬
中央研究院臺灣史研究所研究員

一、前言

　　林獻堂（1881-1956），15歲以前是大清帝國的臣民，接受傳統儒學教育；15歲時清廷敗戰割臺灣給日本，他在1897年後成為擁有日本籍的「臺灣籍民」，65歲時統治他50年的日本戰敗，臺灣被中華民國接收，他成為中華民國國民（1945年），1956年他客死日本。如果他只是一介平民，也許自由自在地過一輩子。然而他是世家子弟，是行政當局注目的對象，而他也對自身、自家、臺灣的處境有著憂慮和憧憬，於是他致力於提升臺灣文化，為同胞爭取應有的參政權，但進入戰爭時期，他再被指定為府評議員、[1] 皇民奉公會中央本部參與，必須為日本宣傳「如何配合政府武裝精神以面對戰爭」，[2] 到1945年4月後被選為

1　許雪姬，〈反抗與屈從：林獻堂府評議員的任命與辭任〉，《國立政治大學歷史學報》，第19期（2002.5），頁290。

2　許雪姬，〈皇民奉公會的研究：以林獻堂的參與為例〉，《中央研究院近代史研究所集刊》，第31期（1999.6），頁186

貴族院議員，[3]這一系列的任務，使他在戰後面對中華民國政府時，頗為難堪。1949年國民黨政府兵敗如山倒，臺灣情勢也岌岌可危，他決定離開臺灣到日本觀望，不料卻客死日本。他不是個激烈的民族運動者，而是一個溫和的民主運動者；他心中沒有暴力和共產思想，他的一生代表著臺灣人的良心。有人稱他是「有良心的員外」，有人說他是「臺灣議會之父」，有人稱他是「出錢出力的社會改革者」。總之，不管在國家、社會或霧峰林家，都不能忽視他的存在。本文的參考資料以《灌園先生日記》為主，當代相關人物的回憶錄、報章雜誌的相關資料為輔，來探討林獻堂生存於中、日夾縫中的一生。

二、家庭教養與自我修練

做為一個家中的長子，在臺灣傳統社會中，林獻堂必須要接受多重的訓練，形塑其人格特質，而後才能擔任家族所託付的重任。

（一）世家子弟的教育：臺灣中部的霧峰林家在清末是臺灣第二大家族，僅次於臺北的板橋林家。霧峰林家分為頂厝（林奠國系，行次）與下厝（林定邦系，長子），林獻堂屬頂厝，他的父親林文欽，於1893年中舉人，是霧峰林家唯一的，也是林家頂厝由武人轉為文士的關鍵性人物；同時他與下厝林朝棟合作經營「林合」，[4]以熬樟腦、賣樟腦為家族帶來了不少財富，因此說林獻堂為世家子弟也不為過。他和當時臺灣大家族中的小孩一樣，自小送入書房，學習科舉之道與書法，

---

3 林獻堂著，許雪姬主編，《灌園先生日記（十七）一九四五年》（臺北：中央研究院臺灣史研究所、近代史研究所，2010），頁118。

4 林獻堂編，《林氏族譜》（霧峰：自刊本，1936），頁10-11，〈先考文欽公家傳〉。

期待揚名場屋。此外為培養領導能力，當他年方15歲，遇日本領臺，其父林文欽為照顧其祖母（羅蕉娘）而留臺，他率一家40多人避難泉州，[5]這是訓練他在亂事中的領導能力和判斷力最好的機會。

（二）培養多方面的興趣：他不僅會彈傳統的三弦琴，還會彈鋼琴；下象棋，舉辦全臺象棋大賽，在自行車剛傳入臺灣時，他就學會騎，還參加過比賽；也學打高爾夫球，更在家中設小型高爾夫球場，他極愛看書、電影、戲劇、歌舞，[6]這些成為他終身的興趣。

（三）終身學習、重視教育：雖然他未受日本教育，但他經常自習日文，且要媳婦們和他用日語交談，以便增加聽、說的能力；重視子、姪教育，為了不受殖民教育，送他們到日本讀書。他也倡建臺中中學，[7]不僅如此，他還利用林家的基金會支助青少年赴日讀書，據他晚年的秘書估計，他一生大概支助過3000個人唸書。[8]第一個被支助的就是甘得中，往後從事政治運動得力的幫手如莊垂勝、蔡培火、葉榮鐘都是。戰後他捐地在霧峰設萊園中學（今明台中學），乃其教育理念又一落實。

（四）對家人具有深厚的情感：他因15歲時帶著小他3歲的弟弟

5　林獻堂先生紀念集編纂委員會編，《林獻堂先生紀念集（年譜‧遺著‧追思錄）》，收入沈雲龍主編，《近代中國史料叢刊續編》，第十輯（臺北：文海出版社，1974），頁8，總頁17。

6　僅舉其看電影之史料一則以概其餘。參見：林獻堂著，許雪姬主編，《灌園先生日記（二十）一九四八年》（臺北：中央研究院臺灣史研究所、近代史研究所，2011），頁360，1948年8月31日。當天開省政府委員會，又去了臺灣省通志館，晚上結伴到北投吃飯，然後同往大世界看電影。

7　張正昌，《林獻堂與臺灣民族運動》（臺北：自刊本，1981），頁75-78。

8　許雪姬訪問、紀錄，〈林瑞池先生訪問紀錄〉，收入許雪姬編著，許雪姬、王美雪紀錄，《霧峰林家相關人物訪談紀錄：頂厝篇》（豐原：臺中縣立文化中心，1998），頁175。

以及家人避難泉州,而培養出濃厚的兄弟之情,對於遇人不淑的妹妹過世,他後悔將他嫁入新竹李家,[9] 鍾愛亡姊的兩個兒子呂磐石、呂靈石,使兩人在林家幫忙辦事。姪子蘭生13歲腦膜炎過世,從他發病到病故,都一路相幫,協助亡兄之寡妾共渡難關。[10] 對起家產爭執的已故四弟家族,為其分家、排解遺產糾紛。[11] 唯其對家族有深厚的情感,他才得成為真正的家長,也為了保護家人,因此行事平穩,與當政者保持良好的關係。

三、投身政治運動
「奔走二十年」、「所得雙鬢白」

林獻堂投身政治運動20年,最重要的是領導臺灣議會設置請願運動和成為臺灣文化協會的總理。

(一)擔任6年區長,埋下未來參加政治運動的種子

由於父親過世,1900年林獻堂被指定擔任臺中廳的參事兼區長。《臺灣列紳傳》說他這6年「諸般公務,事無大小,鞠躬盡瘁」,所以

9　林獻堂著,許雪姬主編,《灌園先生日記(十二)一九四〇年》(臺北:中央研究院臺灣史研究所、近代史研究所,2006),頁228,1940年8月19日。

10　林獻堂著,許雪姬、何義麟主編,《灌園先生日記(三)一九三〇年》(臺北:中央研究院臺灣史研究所籌備處、近代史研究所,2001),頁19,1930年1月16日、頁52,1930年2月15日。林獻堂著,許雪姬、呂紹理主編,《灌園先生日記(六)一九三三年》(臺北:中央研究院臺灣史研究所籌備處、近代史研究所,2003),頁31,1933年1月21日。

11　林獻堂著,許雪姬、何義麟主編,《灌園先生日記(三)一九三〇年》,頁24,1930年1月21日。林澄堂在1929年12月3日過世後,四房乃有分產的問題,1930年整年日記中留下不少協助處理遺產的記載。

頗受有識者的信賴。[12]這6年的觀察，他認為日人的施政，在交通和水利方面，確可為人民帶來利益，但在教育方面則沒有太大的進展，對言論予以壓迫，不重視自由、民權。[13]此時正是日俄戰爭日本戰勝之後，而中國則因保皇黨護皇改政不成功，康、梁等人避居海外、創設報刊，林則飽讀當時發行於上海的《萬國公報》、梁啓超的《清議報》、《新民叢報》，再讀革命黨人汪精衛等人創刊的《民報》，使其民族、民權思想日益磅礡，思有以改善臺灣的教育，廢除過去的惡習、嗜好、提升臺灣的文化。因此他禁絕鴉片、剪除辮髮、呼應「解纏足會」，並參加風俗改良各團體。[14]

（二）與梁啓超的邂逅，強化不流血的抗日抉擇

　　梁啓超是立憲派的成員，流亡在日本，1907年林獻堂在日本巧遇梁啓超，談起臺灣的現況，梁啓超告訴林獻堂，未來十年中國無法救臺灣，臺灣應該學愛爾蘭厚結英國朝野以減少英國對愛爾蘭的壓迫，並可漸獲參政權，與英人分庭抗禮。亦即臺灣人不要再從事無謂的武裝抗日，應以厚結日本中央官員或議員，以減少臺灣總督府對臺灣的壓迫。[15]梁啓超此語正和林獻堂的想法相合。林一直是溫和的改革者，

12　鷹取田一郎，《臺灣列紳傳》（臺北：臺灣總督府，1915），頁194。

13　林獻堂，《海上唱和集》，收入葉榮鐘編，《林獻堂先生紀念集卷二》（後收入高志彬主編，《臺灣先賢詩文集彙刊》，第一輯，第9冊〔臺北：龍文出版社，1992〕），頁16，〈述懷〉：「……施政每偏重，不脫愚民策，交通與水利，誰說非利澤，教育則何如，固步ми疇昔，民權重自由，言論加壓逼，……」

14　甘得中，〈獻堂先生與同化會〉，《林獻堂先生紀念集（年譜・遺著・追思錄）》，收入沈雲龍主編，《近代中國史料叢刊續編》，第十輯，頁24，總頁511。

15　甘得中，〈獻堂先生與同化會〉，《林獻堂先生紀念集（年譜・遺著・追思錄）》，收入沈雲龍主編，《近代中國史料叢刊續編》，第十輯，頁28，總頁520。

他最重視的毋寧是「惟祈民眾勿犧牲」，[16]不流血的革命。其次，林家在清代就有聯合京官及福建省的官員，抵抗來自臺灣地方官員壓迫的經驗，因此更確定了林獻堂從政的路線。[17]在日本統治下臺灣人最痛苦的是「差別待遇」，亦即以民族來決定待遇。林獻堂在1913年服膺板垣退助「同化會」，就是為了取得和日本人一樣的待遇。在全臺各地一連串的響應下組織「臺灣同化會」，使臺灣總督府、在臺日人恐慌，因而宣布加入同化會為非法，使此會於1915年煙消雲散。[18]不過這已是林獻堂政治運動的開端，而臺灣同化會是日治以來臺灣第一個具有近代意義的合法社會組織。

（三）推動臺灣議會設置請願運動

　　1915年噍吧哖事件可說是日本治臺後，漢人最後一次的武裝抗日，和前述的臺灣同化會一樣都在總督府的壓制下結束。但日本統治下的臺灣人，仍希望爭取應有的政治權利和取消差別待遇。臺灣第一個較重要的政治團體就是「新民會」，在東京組成。主要目的有三：一是要開始實行臺灣政治改革運動，二是發行宣傳的機關刊物，三是尋求與中國同志多接觸之途徑。新民會何以在此時發生？除了從同化會、噍吧哖事件以來，臺灣知識界，尤其留學生界受威爾遜倡導的

16　林獻堂，《東遊吟草》，收入葉榮鐘編，《林獻堂先生紀念集卷二》（後收入高志彬主編，《臺灣先賢詩文集彙刊》，第一輯，第9冊），頁23，〈聞廣播有感〉：「……自愧老衰已無用，惟祈民眾勿犧牲。」

17　許雪姬撰、三澤真美惠譯，〈林獻堂〉，收入和田春樹等編集，《東アジア近現代通史　第4卷　社会主義とナショナリズム——1920年代》（東京：岩波書店，2011），頁380。

18　吳三連、蔡培火、蔡榮鐘、陳逢源、林柏壽合著，《臺灣民族運動史》（臺北：自立晚報社出版部，1971），頁30。

「新自由主義」、朝鮮「三・一事件」的影響，不滿日人統治臺灣，喊出「臺灣是臺灣人的臺灣」，希望改革臺灣的政治外，另一個原因是日本的大正民主，且原敬組閣，並派來了田健治郎爲第一任臺灣文官總督，臺灣人也才有政治活動空間。新民會成立後，林獻堂在東京四處拜訪日本的政要，希望得到撤廢總督府用來箝制臺灣人的「六三法」。往後在林呈祿呼籲下改爲採取自治權，鼓吹在臺灣設置議會，以牽制臺灣總督府之權力，林獻堂擔任會長，逐漸推行「臺灣議會設置請願運動」的進行，自1921年起迄1934年止，共進行14年、15次的請願，但都沒有成功，主要因日本政府視其舉動有「獨立」之嫌，因而予以否決。[19] 日本部分國會議員何以支持林的行動？主要基於三個原因，一是請願是日本憲法賦予人民的權力，二是在臺灣不要求獨立脫離日本之下，才會支持保持臺灣獨特性的自治主義，三是林獻堂原本主張設立臺灣議會，到後期已變成追求與日本內地同樣的地方議會。在這麼多次的請願運動中，得到青年學生、地方有力人士支持，是此一運動最大的收穫。

（四）領導臺灣文化協會

1921年10月以蔣渭水爲首的臺灣新一代知識分子組織文化協會，推穩健、有領導能力、又能挹注經費的林獻堂爲總理，展開日治50年間臺灣最重要的民族運動。文化協會對臺灣的文化啓蒙運動用力甚多。林大力支持臺灣議會設置請願運動，當時的總督田健治郎對請願一事抱極大的反感，認爲在東京臺灣學生思想的變化是林獻堂等人煽

---

19 台湾総督府警務局編，《台湾総督府警察沿革誌》，第3編（東京：綠蔭書房，1986），頁327-330、425-426。

動所致，[20]當時《臺灣日日新報》以大標題刊載「獨立運動革命的張本人（首謀）林獻堂」爲文大加批判。[21]文化協會每年辦夏季學校，介紹臺灣的歷史、當代的思想，做爲臺灣青年的知識補給站，也成爲講師與青年學生接觸的好機會。

由於文協的活動，吸引不少大眾，引起總督府恐慌，因此採取以臺制臺方式，策動辜顯榮、林熊徵等人出而組織公益會、有力者大會，批評林獻堂的政治運動，希望總督予以取締。[22]唯因此等攻擊文協、請願運動，不得民心，不久就停止運作。但眞正讓臺灣文化協會減少能量的是1927年臺灣文化協會分裂，左翼連溫卿得勢，林獻堂、蔣渭水一系選舉敗北，紛紛退出文協，林獻堂爲大局起見，續任委員到1927年5月赴歐美旅遊止。[23]

文協分裂後，右翼人士積極再籌組政治結社，排除萬難（如修改綱領，使無復民族主義）成立臺灣人第一個合法政黨「臺灣民眾黨」後，林獻堂等人已不參加實際運作黨務成爲「顧問」。林見蔣渭水派逐漸走向階級革命，乃極力鼓吹成立地方自治聯盟，促使臺灣總督府實施地方自治，此點與臺灣民眾黨宗旨相合，頗有搶地盤的味道，因而

---

20 田健治郎著，吳文星、廣瀨順皓等主編，《臺灣總督田健治郎日記》，中冊（臺北：中央研究院臺灣史研究所，2006），頁116，1921年4月2日、頁121，1921年4月6日。

21 《臺灣日日新報》（臺北），1921年2月10日，第7版，〈臺灣議會の張本人 林獻堂は〉。

22 田健治郎著，吳文星、廣瀨順皓等主編，《臺灣總督田健治郎日記》，中冊，頁344：「辜顯榮……且談近時思潮惡化之禍害，論嚴禁之必要。」（1921年10月9日）；頁449：「辜顯榮來訪，寬話，又述對林獻堂臺灣議會設置請願意見，大憤其輕舉妄動，誤青年學生前途，請行相當取締。」（1922年1月18日）。

23 林獻堂著，許雪姬主編，《灌園先生日記（一）一九二七年》（臺北：中央研究院臺灣史研究所籌備處、近代史研究所，2000），頁16，1927年1月3日。

備受臺灣民眾黨攻擊。1931年林獻堂辭去該黨顧問一職。[24]

1930年8月臺灣地方自治聯盟雖然在標榜和在臺日人聯手下成立，比起文協、臺灣民眾黨，他的訴求端在實施臺灣地方自治上，且受左翼的臺灣文化協會、農民組合，甚至是臺灣共產黨的夾擊。

1931年臺灣民眾黨欲修改綱領，傾向以農工階級為中心的民族運動，總督府乃於2月下令解散臺灣民眾黨，距林辭顧問不到一個月的時間。

臺灣地方自治聯盟可以說是日治時期領導右翼臺灣民族運動的強弩之末，[25]但是在民眾黨、左派臺灣文協、臺灣共產黨大檢舉，臺灣議會設置請願運動在1934年中止後，它成為當時唯一的臺灣人合法組織，在這一點上仍有其意義。1935年11月，總督府舉行了「改正地方自治選舉」之後，雖被稱為「半自治」或「假自治」，但自治聯盟的使命也告完結，林獻堂賈其餘勇力推再組政黨，[26]但不獲通過，於是日本統治臺灣50年間的右翼臺灣民族運動至此告終。

四、提升臺灣文化及臺灣人的自治能力

林獻堂對提昇臺灣文化的貢獻，絕不下於對政治運動的影響力，

---

24 林獻堂著，許雪姬主編，《灌園先生日記（四）一九三一年》（臺北：中央研究院臺灣史研究所籌備處、近代史研究所，2001），頁23，1931年1月18日。

25 吳三連、蔡培火、蔡榮鐘、陳逢源、林柏壽合著，《臺灣民族運動史》，頁488-489。

26 林獻堂著，許雪姬主編，《灌園先生日記（八）一九三五年》（臺北：中央研究院臺灣史研究所籌備處、近代史研究所，2004），頁151，1935年5月1日；林獻堂先生紀念集編纂委員會編，《林獻堂先生紀念集（年譜・遺著・追思錄）》，收入沈雲龍主編，《近代中國史料刊續編》，第十輯，頁59，總頁118；吳三連、蔡培火、蔡榮鐘、陳逢源、林柏壽合著，《臺灣民族運動史》，頁486-487。

「一新會」是最重要的組織，櫟社則是維繫漢文命脈的組織。

（一）對櫟社的貢獻

　　櫟社在文學界的角色與地位已有定評，此社非常注重文化的傳承，不僅發行《臺灣文學叢誌》，而且在櫟社第一代成員不斷凋零後，鼓勵舊社員的子姪加入，並予以必要的詩作訓練，俾利加入成會員，且在戰爭期間甚至戰後都一直持續著，而親自為新成員授課的就是林獻堂。戰後社長傅錫祺過世，他繼任為社長，繼續領導直到1949年去日本。林獻堂與前社長傅錫祺共編《櫟社沿革誌略》及《櫟社第一集》、《櫟社第二集》，留下不少重要的史料。[27]林獻堂努力維繫櫟社，除了集結一些志同道合的文人之外，也透過外圍詩社如鹿港的大冶吟社、彰化的應社結成一個更大的漢詩社群，隱隱然在維繫漢文化；其次重視社員的氣節、行為，不媚日，在此原則下逾矩的社員就被開除，如林子瑾、連雅堂，以及其姪子林金生。[28]第三是部分社員對民族運動的投入，不墨守舊學，也做傳播新文化、啟迪新思想的工作。

（二）創立一新會

　　1932年3月一新會創立，這是林獻堂、林攀龍父子兩人醉心於促進農村文化向上所創，其目的在「促進霧峰庄內之文化而廣布清新之氣

27　許雪姬，〈林獻堂與櫟社〉，《兩岸發展史研究》（國立中央大學歷史研究所），第2期（2006.12），頁56-62。

28　林獻堂著，許雪姬、何義麟主編，《灌園先生日記（三）一九三〇年》，頁76，1930年3月6日、頁360，1930年10月28日；傅錫祺，《櫟社四十年沿革志略》（臺中：自刊本，1943），頁17-18；林獻堂著，許雪姬主編，《灌園先生日記（十六）一九四四年》（臺北：中央研究院臺灣史研究所、近代史研究所，2008），頁103，1944年3月23日、頁177，1944年5月17日。

於外，使漸即自治之精神，以期新臺灣文化之建設」。[29]這個地方的社團，在當時臺灣可說是最具特色的一個團體，組織健全，分為調查、衛生、社會、學藝、體育、產業、庶務、財務等部，經費來源完全是由林家捐助，主力成員為林家族人，但加入者和參加者約500人，大抵來自霧峰及其附近的村莊，如北溝等，女性也占了不少。該會主要活動多元，如書畫展、工藝展、演講、評論會、雄辯會、讀書會，又設一新義塾，教導學習中文與日文；一新詩會培養寫詩的能力與技巧，還設有夏期學校，以推廣世界新知為目的；在社會工作方面，對老人、兒童、留學生都有懇親會、親睦會；在體育活動方面，舉辦各種球賽、運動會，參觀者很多，還舉辦棋會、電影欣賞會、音樂會、舞蹈會等活動。活動之多，可說一個星期中每一天都有。這樣頻繁、有深度的各項活動，在當時非常少見，即使是今日臺灣的社區總體營造也比不上。林獻堂出錢出力、親力親為所為何來？可以以其演說「臺灣青年應該走的路」做為結論。

> ……必須設法建設比現在更美麗的臺灣、更新的臺灣。為此，須要不屈不撓的努力。我們不可忘記要捨棄依賴心，在獨立獨行中鞏固團結來面對事情，並且要以互相扶持之精神指導我們的同胞。[30]

---

29 林獻堂著，許雪姬、周婉窈主編，《灌園先生日記（五）一九三二年》（臺北：中央研究院臺灣史研究所籌備處、近代史研究所，2003），頁88，1932年2月24日。

30 許雪姬，〈林獻堂先生與臺灣社會活動：以霧峰一新會為中心〉，《臺灣文獻》，第50卷第4期（1999.12），頁100-101。台灣總督府警務局編，《台灣總督府警察沿革誌》，第3卷（臺北：台灣總督府警務局，1934；臺北：南天書局，1995），頁153-154。

（三）撰寫《環球遊記》、《灌園先生日記》

　　《環球遊記》是林獻堂在臺灣文化協會分裂後，所做的歐美參觀旅行，記下其所見所聞而成。他自1927年5月15日起到1928年5月25日抵日本橫濱止，約1年時間，將其見聞寫成《環球遊記》，於1927年8月28日開始在《臺灣民報》連載，一直到1931年10月3日止，共連載152回。由於他在臺灣人唯一的報紙刊載，因此成為宣揚他自己理念與啟發讀者吸收歐美地區相關知識的好書。在書中不斷藉由參觀英、美，而頌讚歐美的民主政治，推崇其獨立、平等、自由，尤其到法國自治公國的摩納哥時，他指出只要有自治能力，世界上無一民族、無一土地不可獨立。[31]就文學方面而言，《環球遊記》中充滿抗議、人道的精神，更發揮其幽默、勤謹之風格，又不忘破除迷信，可說是文如其人。《臺中縣文學發展史》中即指出，他所留下的「都將使臺灣新文學更為輝煌絢爛」。[32]

　　他對臺灣還有最大的貢獻是留下1927到1955年（中缺1928、1936）共27本日記：《灌園先生日記》，其內容為目前為止最重要的臺灣民間資料，有異於臺灣總督府、中華民國政府產生的檔案和印刷品，對用臺灣人的角度來看日本、中華民國政府的統治，有莫大的助益。即使他個人從事的民族運動，其貢獻與重要性也不能超過這一部跨越兩個

31　林獻堂，〈環球遊記（四七）〉，《臺灣民報》（臺北），第272號，1929年8月4日，「法國見聞錄：摩納哥公園（下）」。

32　施懿琳、許俊雅、楊翠，《臺中縣文學發展史》（豐原：臺中縣立文化中心，1995），頁154。

時代的臺灣人日記。[33]

（四）共同創辦《臺灣民報》

　　與同志共創《臺灣民報》（後改為《臺灣新民報》），成為啓發民智、促進臺灣民族運動最重要的出版品。1923年《臺灣民報》在東京創刊，初為半月刊，後為旬刊，雖在海外發行，再移入臺灣，但臺灣人熱烈支持，到創刊一週年時發行已突破一萬份，1927年獲准在臺灣發行，主導本土的輿論，具現代報紙的規模與功能。1930年擴大資金，改名為《臺灣新民報》，林獻堂為董事長，1932年4月15日正式發行日刊（後亦有夕刊），以中文為主，三分之一為日文。1937年時廢止中文欄，1941年迫於時勢更名為《興南新聞》，1944年3月被合併入《臺灣新報》，[34]林獻堂在1932年後以不懂日文請辭社長之任，但他對該報的影響力仍未減少。

五、戰時對日本的傾斜與自我堅持

　　林獻堂面對戰時中的臺灣，有不得不協力日本的壓力，但他仍有做為漢民族的堅持。

（一）協力日本政府的戰時施政

　　到日本拜訪政要，詳述總督府的對臺施政不當，以博取同情，為

33　許雪姬，〈《灌園先生日記》的史料價值〉，收入林獻堂著，許雪姬主編，《灌園先生日記（一）一九二七年》，頁（1)-（17)。

34　楊肇嘉，《楊肇嘉回憶錄》（臺北：三民書局，2007，3版2刷），頁410-436。

林獻堂在臺受壓迫後的避禍模式。1936年發生的祖國事件[35]後，林辭府評議員到東京避居。[36]但其退隱生活亦不爲總督府所喜，東京憲兵隊隊長及臺灣日日新報社記者曾前來試探、勸說，林亦有事實上不得不回之況，因此在1938年底回臺，但1939年4月隨即再返東京，又因傷足，在日本居住一年，以減少戰時臺灣總督府要他做種種配合的困難。1941年3月臺灣總督府承日本內地設大正翼贊會而在臺灣設皇民奉公會，有專責機構及相關人員，要透過社會動員來執行各項配合戰爭的工作，主要任務是在內務官僚指導下統轄、指導各民間團體；並到各處宣傳「聖戰」。林獻堂和板橋林家的林熊祥，被任命爲中央本部參與。[37]由上可知林獻堂涉入之深，也可見總督府如何利用大家族的家長來爲戰爭賣力。

　　大多數的臺灣中、上層階級領導人，紛紛被任命爲各個不同層級的皇民奉公會成員，協力戰爭。林必須要開許多不同層級的會，到各處去演講，大半的主題是如何增產糧食、如何協力政府，他之所以能在往後4年多的時間平穩度過，我認爲有以下原因：1.林較具妥協性格，不具革命家氣魄，因不願爲難臺灣總督府而做出配合；2.他是霧峰林家代表人，他的家人就是「人質」，爲了減少戰爭中來自總督府的壓力，不得不然；3.同意協助日本戰爭，主要是那時臺灣人的命運和

---

35 林獻堂參加臺灣新民報「華南考察團」在上海對華僑團體演講時，說到「此番歸來祖國視察」，因說出「祖國」兩字，回臺後遭軍部嚴厲責難，當年6月17日在臺中參加始政紀念日園遊會上，遭軍部使流氓賣間善兵衛批林之頰，謂之「祖國事件」。

36 林獻堂著，許雪姬主編，《灌園先生日記（廿三）一九五一年》（臺北：中央研究院臺灣史研究所、近代史研究所，2012），頁18-19，1951年1月12日。由於沒有林獻堂1936年的日記，故引他晚年滯留日本時所留下的「略歷」中的敘述。

37 林獻堂著，許雪姬主編，《灌園先生日記（十三）一九四一年》（臺北：中央研究院臺灣史研究所、近代史研究所，2007），頁140，1941年4月11日、頁152，1941年4月19日。

日本勝敗息息相關，協力日本保衛臺灣不被侵犯，是他重要的考慮；
4.他對協力皇民奉公會，將使總督府改善日臺人間的差別待遇有所期
待，亦即以協力來換取取消「差別待遇」。又或雖然做出這樣的妥協，
但他心中自有方寸，而總督府也爲了釘牢他，仍舊處處監視他，予以
必要的打擊，以阻止林在戰爭期做出對總督府不利的事。[38]

（二）來自日人的多重壓迫

眾所周知，皇民奉公會成員在臺人方面除過去的御用紳士外，
有以林獻堂爲中心、臺中州成員爲主的羅萬俥、黃朝清、陳炘等人，
也有各大家族的領導人，利用有力者是皇民奉公會成員組成的一大特
徵。[39]林獻堂除本人不能不加入外，長子林攀龍、次子林猶龍等家人也
都被捲入，紛紛擔任不同的職務。[40]但就在林獻堂擔任參與不久，即
有人密告林家還有日本領臺時未交出的武器、林獻堂本人占買、演講
時用語不當……，不斷被告發，這也是當局的手段之一，藉著林的不
斷釋明，被要求更多的協力事實。如徵收林家在坑口的土地做爲皇奉
會支部的訓練道場。[41]1942年發生的《環球遊記》事件又是一端，亦即
《環球遊記》在《南方雜誌》分期重刊，但因其中有讚美英國強盛，女王

38 許雪姬，〈皇民奉公會的研究：以林獻堂的參與爲例〉，《中央研究院近代史研究集
　　刊》，頁186-188。

39 許雪姬，〈皇民奉公會的研究：以林獻堂的參與爲例〉，《中央研究院近代研究所集
　　刊》，頁190-191。

40 長子林攀龍1944年7月15日回臺，9月7日被命任支部訓練部長；而其前任爲其弟林
　　猶龍，三子雲龍響應申請當志願兵未果，女婿高天成志願當海軍軍醫，姪孫良子赴
　　香港任看護婦，姪子津梁到海南島當警察，姪孫垂訓、光正、鍾正陸續入伍。

41 林獻堂著，許雪姬主編，《灌園先生日記（十七）一九四五年》，頁84，1945年3月3
　　日。

平民化等記載，而1941年底日本已對英美宣戰，因此重刊著作是冒大不韙，故被舉發。林獻堂不斷應當局需要寫諸如〈大東亞戰爭吾人之覺悟〉等三篇文章，答應長谷川總督盡力於皇民奉公會，好不容易才平息此一風波。[42]此外，在戰爭中編輯《櫟社第二集》時遭到種種挑剔，一再刪減部分有「問題」的詩稿，卻仍以不合時局為由被迫廢刊。[43]雖然總督為了戰爭，對臺大唱「一視同仁」，但在臺灣的日本右翼，仍不願與臺人平起平坐，而不斷地攻擊臺人。這些來自軍部、日人右翼的壓迫，令臺人忐忑難安。[44]

（三）隱忍中保留做為漢人的堅持

當時臺人屬日本籍，受命擔任皇民奉公會的職務，至少林獻堂既無歡喜之情、亦無慚愧之意，在協力配合政府之餘，亦有做為漢人最後的堅持，亦即仍有自身漢文化的驕傲。他絕不配合1940年2月起的改姓名，當姪輩問他要不要改時，他的回答是絕對不改；地方警察、特務逼迫時，他辯稱，日本人也有不少人姓林，「既言欲同化吾輩，何故不能姓林」一再拒絕，[45]終日治之世，他的妻、子女都沒有人改姓名。為延續漢文命脈，在戰時中仍繼續進行詩會、編詩集已如上述，葉榮

42 林獻堂著，許雪姬主編，《灌園先生日記（十四）一九四二年》（臺北：中央研究所臺灣史研究所、近代史研究所，2007），頁168，1942年6月25日、頁171，1942年6月29日。

43 林獻堂著，許雪姬主編，《灌園先生日記（十五）一九四三年》（臺北：中央研究院臺灣史研究所、近代史研究所，2008），頁342，1943年10月11日、頁343，1943年10月12日。

44 許雪姬，〈皇民奉公會的研究：以林獻堂的參與為例〉，《中央研究院近代史研究所集刊》，頁196-197。

45 林獻堂著，許雪姬主編，《灌園先生日記（十二）一九四○年》，頁322，1940年11月18日。

鐘在《臺灣民族運動史》中認為漢文的保存是民族意識之表現，而日本費半世紀的工夫，終不能同化臺人，主要原因在於無法滅絕漢文。[46] 如上，林雖是皇民奉公會的一員，但只要心中有所堅持，對同化有所區隔，即可坦然進行皇民奉公會要求的任務。

（四）1945年被勅選為貴族院議員

就在終戰那一年的4月4日，新聞報導林獻堂和許丙、簡朗山（日名綠野竹二郎）一起被勅選為貴族院議員，這是繼辜顯榮被指定後再一次的指定。做為日本人，此一榮譽是最高的，因而被任命後，各界恭喜之聲不斷。當《臺灣新報》來訪問林，要知其感想時，因林不在，報社就代作了。[47] 11日被總督招待於官邸，由他宣讀許丙寫的謝辭。[48] 雖被勅選，但因已到戰末，他等三人從未有機會到東京參加貴族院的會議。但此一頭銜，卻也和「皇民奉公會中央本部參與」的頭銜如影隨形跟著他，為戰後他的處境帶來難以避免的困擾。

六、戰後的困境與掙扎

戰後林獻堂因戰爭中對日協力，因此面對國民政府和當時的社會，他的立場是尷尬的。

---

46 吳三連、蔡培火、蔡榮鐘、陳逢源、林柏壽合著，《臺灣民族運動史》，頁12。

47 林獻堂著，許雪姬主編，《灌園先生日記（十七）一九四五年》，頁120，1945年4月3日：「新報社以電話來問新任貴族院議員之感想，適余不在，八時餘以電話問之，他已代寫感激之辭一段，正在印刷也。」

48 林獻堂著，許雪姬主編，《灌園先生日記（十七）一九四五年》，頁132，1945年4月11日。

（一）協助治安卻蒙上謀求臺灣獨立之嫌

日本投降後為了穩定社會秩序，進一步打聽臺灣的未來，1945年8月20日他和許丙、藍家精（國城）等人到總督府見總督安藤利吉，請教三個問題，一是維持治安需不需要臺人協助？二、日、臺人往後將如何合作？三、要日華親善是否需要協助。林在得到總督暫時不需要協助治安及希望林盡力於日臺融合、日華親善後乃回霧峰。[49]不過此時臺人許丙、辜振甫等，已和日本軍參謀中宮悟郎等見面，討論臺灣是否可以走第三條路，不歸中國、日本而獨立，此即所謂「臺灣獨立事件」（或稱臺灣自治事件），但因總督不支持，因此臺紳不再有排拒中國接收臺灣的動作，反而開始籌備如何歡迎國軍。[50]日本方面想與被任命為臺灣行政長官的陳儀會面，以便了解其對在臺日人的看法，林獻堂乃在軍部安排下赴南京、上海試圖與陳儀見面。但除了見到長官公署秘書葛敬恩，得到安藤總督、日本人都不能再在臺灣的說法外，並未能見到陳儀本人。[51]林回臺後，雖採消極觀望的態度，但被罵為侍奉清朝、日本、國民黨的「三朝元老」，[52]這使得林獻堂行事更為低調。1946年初臺灣行政長官公署進行「全省漢奸總檢舉」，要全省民眾盡量告發過去日本統治時期漢奸的罪惡，2月先逮捕有關「臺灣自治事

---

49 林獻堂著，許雪姬主編，《灌園先生日記（十七）一九四五年》，頁250，1945年8月20日。

50 王育德，《台湾——苦悶するその歷史》（東京：弘文堂，1984年4版），頁138；《大公報》，1947年7月29日，1版；富沢繁，《台湾終戰秘史——日本植民地時代とその終焉》（東京：いずみ出版，1984），頁227；伊藤金次郎著，財團法人日本文教基金會編譯，《臺灣不可欺記》（臺北：文英堂出版社，2000），頁20-21。

51 林獻堂著，許雪姬主編，《灌園先生日記（十七）一九四五年》，頁261-289，1945年8月31日-9月13日。

52 邱永漢著，朱佩蘭譯，《濁水溪》（臺北：允晨文化，1995），頁155。書中謝萬傳的角色指的是林獻堂。

件」的嫌疑者，如辜振甫、許丙、林熊祥等。據說還要逮捕100多名嫌疑者，[53] 林獻堂經任職警總的姪孫林正澍的協助下，先期疏通才未被捕。[54]

（二）打擊皇民奉公會成員，欲停止公權一至五年

陳儀的逮捕行動雖在監察委員丘念台等人勸阻下未繼續實行，但是年8月公布「臺灣省停止公權人登記規則」，規定曾任日本統治時代皇民奉公會重要工作經查明屬實者必須停權一至五年。[55] 此一打擊面更大，使正在參選臺灣省參議員的林獻堂惴惴不安，後向臺中縣打聽，確認他不在其內；林茂生當過皇民奉公會戰時生活部長，也不敢前往抽籤放棄資格（參政員），幸得丘念台上書中央，認為若不制止這種條例，將使全臺灣沒有一人可以用，則各機關非全用外省人不可。[56] 陳儀因而取消此規定。1947年二二八事件發生後，政府認定皇民奉公會分子懷有獨立、國際共管之謬思，故建議將日治時代的御用紳士如皇民奉公會成員予以剷除，故監察院的十八附件中，就有「皇民奉公會人員參加二二八事件調查表」，[57] 指出相關名單，但調查結果參與者極少。

---

53 《大公報》，1946年1月19日，第3版；1946年2月1日，第3版

54 林獻堂著，許雪姬主編，《灌園先生日記（十八）一九四六年》（臺北：中央研究院臺灣史研究所、近代史研究所，2010），頁32，1946年1月24日、頁66，1946年2月20日。

55 徐瓊二（淵琛），《台灣の現實を語る》（臺北：大成企業出版部，1946），頁24-25，〈停止公權の問題〉。

56 〈臺灣省二二八事件經過（有關皇民奉公會參加起事文件）〉，丘念台，〈臺灣公署勿輕訂條例苛究日寇統治時代工作人員以安定人心鞏固統治一案〉，國家發展委員會檔案管理局藏，原檔號：八（2），23。

57 陳興唐主編，《南京第二歷史檔案館藏台灣「二‧二八」事件檔案史料》，下卷（臺北：人間出版社，1992），頁649，〈十八、「皇民奉公會」人員參加「二‧二八」事件者調查表〉。

（三）「臺灣議會之父」做不了議長

臺灣省行政長官公署在治臺後即用間接選舉方式選各縣市參議員，再由前者選省參議員，林獻堂都當選了。他鑒於戰後治安、官員貪汙問題，頗有當議長來「監督」政府行政的宏願，但陳儀卻屬意於有中國大陸經驗，任臺北市長、當選省參議員的黃朝琴。爲此國民黨黨部主委李翼中明白告訴林獻堂陳儀之想法，[58]林獻堂被迫在選議長前聲明退選，黃朝琴因而當選。林亦知省參議員只有諮詢權而沒有質詢權，因此在第一次省參議會閉幕時，就已決定辭參議員，而後他又獲選省參政員（訓政時期最高民意機關），[59]但又因二二八事件後，行政長官公署改爲省政府，被任命爲省府委員，而必須放棄省參政員。[60]

除了擔任民意代表外，林獻堂在1945年8月16日與杜聰明、黃朝清等人發起組織「臺灣建設協進會」，翌年獲准成立，主要關注點即有關施行憲政，施行地方自治，教育、軍備、人才任用，重要產業、國債、公司債及股票之處置，但因「臺灣獨立事件」，有些幹事被捕，會務中斷。1947年1月正想積極進行會務並改爲「臺灣政治研究會」重新出發之際，二二八事件發生，此後林獻堂斷了其在政治上的念頭，轉而致力經營彰化銀行。[61]

---

58 《民報》（臺北），1946年5月2日，第2版。

59 林獻堂著，許雪姬編，《灌園先生日記（十八）一九四六年》，頁281，1946年8月16日。

60 林獻堂著，許雪姬編，《灌園先生日記（十九）一九四七年》（臺北：中央研究院臺灣史研究所、近代史研究所，2011），頁256，1947年4月30日。

61 許雪姬，〈二二八事件中的林獻堂〉，收入《20世紀臺灣歷史與人物：第六屆中華民國史專題論文集》（臺北：國史館，2002），頁1004-1007。

（四）二二八事件的衝擊

陳儀的重用外省人，對臺灣人有成見，且不能制止部分外省官員的貪汙與軍人不法的行為，如不當向民間取米，[62]更何況取去的糧食不付錢，使得糧食問題更為嚴重，當時不僅林獻堂住的霧峰，全臺各地農村都有糧食不足的問題，這其實是二二八事件的導火線之一。

1947年2月27日，距陳儀來臺接收約14個月，因取締私煙擊傷女販林江邁又誤擊觀看民眾陳文溪所引起的事件，史稱二二八事件。事件中林獻堂盡力救助財政處長嚴家淦等人，且推舉臺中師範體育教師吳振武，出而削弱原臺共謝雪紅之領導權，因此林雖被列入逮捕名單，終因上述立功而未被逮捕。[63]事後他被市長黃克立指定籌備國軍入臺中的歡迎事宜，因而臺中的國軍並未肆行殺戮。

林獻堂直指二二八發生的原因大半在陳儀的施政不當，因此在二二八事件告一段落，他奉陳儀之命北上見面後，一般半山或參議員如省參議會議長黃朝琴，還想擁護陳儀任省主席時，他即堅決反對。[64]他認為陳儀視臺人「全為反人」印象不佳，又利用財閥、官僚資本，剝削臺灣的經濟，性格專橫、跋扈、自誇日本通，採用日人剝削臺人的制度，實無再留臺灣的必要。

二二八對林獻堂而言，他的摯友林茂生、左右手陳炘、林連宗等人均於事件中死於非命，令他感慨萬千。因此當他在日本誤聽到陳儀

---

62 林獻堂著，許雪姬主編，《灌園先生日記（十八）一九四六年》，頁98，1946年3月14日。

63 林獻堂在〈臺灣二二八臺民叛亂臺北區叛變名冊〉中名列榜首，但因「僅被叛徒扶持捏名為委員未實際參加工作」而得無事。參見：簡笙簧等編，《二二八事件檔案彙編（十六）——國家安全局檔案》（臺北：國史館，2004），頁94。

64 林獻堂著，許雪姬主編，《灌園先生日記（十九）一九四七年》，頁177，1947年3月21日。

在1949年12月被槍決時，說陳儀虐殺林茂生、陳炘、施江南、林連宗等千餘名，「彼因應受之報，茂生等有知當含笑於地下矣！」[65]

在左派人士的眼光看來，林在事件中支持吳振武，又救嚴家淦、歡迎國軍，因而被說成是「老臺奸」，吳濁流則認為林是「附和權威，而汲汲於謀取私利之輩」，[66] George H. Kerr（葛超智）也認為林獻堂性格軟弱，[67]但這都無損於林獻堂在二二八期間的作為所應得的評價。

七、滯留日本胡不歸

林獻堂因對臺灣地位的憂心而前往日本，何以中日和約簽訂、韓戰結束後，他仍滯日不歸？

（一）以醫病為由赴日逃避

1949年在中國的共黨勢力大張，政府有撤退來臺、中共有進攻臺灣之趨勢，他對臺灣未來的前途憂心不已，但他毫無力量。他怕中共一來又一次改朝換代，將不知死於何所？因此以觀察日本戰後復原的情況以為臺灣借鏡並醫病為由，於1949年9月赴日，[68]從此不再返臺，直到1956年9月病逝日本，前後共7年之久。

林獻堂抵日後，實則並未立即展開醫療之事，他原有暈眩之疾，

---

65 林獻堂著，許雪姬主編，《灌園先生日記（廿一）一九四九年》（臺北：中央研究院臺灣史研究所、近代史研究所，2011），頁456，1949年12月20日。

66 吳濁流著，鍾肇政譯，《台灣連翹》（美國：台灣出版社，1987），頁162-163。

67 George H. Kerr（葛超智）著，陳榮成譯，《被出賣的台灣》（臺北：前衛出版社，1991），頁89。

68 林獻堂著，許雪姬主編，《灌園先生日記（廿一）一九四九年》，頁356，1949年9月23日。

後又因心臟病、血壓高和攝護腺腫大，不斷地就醫。日本醫術固然高明，但臺灣也不至於沒有醫生可醫，生病並非他滯留日本的唯一理由，但卻是當局派丘念台、蔡培火等人往勸回臺，林表面上不回臺的理由。

由於處於兩個不同時代，對於統治效率差的後來的政府不免失望，尤其政府為了收復人心以及在臺灣沒有官員個人的私產，因此進行公地放領、三七五減租、耕者有其田政策，削減地主的田產，放領給可望支持政府的佃農，切割佃農和地主間原來緊密的關係，使地主在地方的領導權減弱，甚至喪失，對政府而言可謂一石數鳥。又買收大戶餘糧，[69]即以低價收買糧食，尤其李連春所實行的糧食政策為地主所詬病。為免與這些官員打交道，一方面也為切割自己的婚外情，襲日治時期的故智，先到日本避避風頭是有必要的。他當時並未有一去不回的打算，豈知他到日本後，1949年底中華民國政府撤退到臺灣，大量的外省人遷臺，美國不支持國府，臺灣的地位未定，又隨時有被中共占領的可能性。更何況1949年後政府發布戒嚴令，又發布戡亂時期臨時條款、懲治匪諜條例。白色恐怖開始，臺灣也被國府關入另一種鐵幕，使他在日本為回臺事百般躊躇，終究不再回臺。

(二) 對臺灣的未來沒有信心

1950年年初，美國宣布不介入臺灣防衛，6月韓戰爆發，之後美國總統杜魯門宣布臺灣海峽中立化，而國府此際表示要派部隊投入韓

---

69 何鳳嬌，〈戰後初期臺灣收購大戶餘糧問題：以《灌園先生日記》為中心的討論〉，收入許雪姬總編輯，《日記與臺灣史研究：林獻堂先生逝世50週年紀念論文集》，下冊（臺北：中央研究院臺灣史研究所，2008），頁524-538。

戰，但為美國國務院所拒，而後麥帥在7月來臺訪問兩天，8月美國遠東司令部派調查團到臺灣調查，以了解臺灣防禦的需要，這時中共也向聯合國控告美國侵略臺灣，11月聯合國大會決議擱置有關臺灣問題的評論。在之前的10月中國已派「志願軍」加入韓戰，美國與之對戰失利，至是11月麥克阿瑟發動終結戰爭的攻勢，但最終聯軍棄守平壤，往北緯38°線以南撤退，這時麥克阿瑟希望利用國府的軍隊援韓，但華府拒絕。進入1951年，聯合國在美國主導下通過停火決議，但中共要求停火談判條件要包括美國撤離臺灣與臺灣海峽。2月聯合國指中共為侵略者，同月美國與國府簽訂軍事援助協定，4月麥克阿瑟遭杜魯門解職。美國國務院經研究，認為臺灣可成為美國對中共重要的彈性工具，但前提是臺灣必須是中國的一部分，於是臺灣對美國原是負債，反而變成了資產。這年7月開始停火談判，1951年美國也開始主導盟國與日本簽訂對日和約，即舊金山和約，日本在和約中放棄臺灣，但未明言歸屬，此為今日臺灣地位未定論的起源。1952年在美國斡旋下，日本與國府簽中日和約（日華條約），限制國府主權行使區，10月停戰談判休會。1953年美國鑒於臺灣戰略地位重要、政治價值提高，開始援臺，使蔣介石對臺灣的控制更為穩固。3月中共願意恢復談判，7月韓戰停火協議簽字，亦即藉著韓戰結束，美國也確立了他正式的對臺政策，將臺灣做為解決中共問題的政治工具，但持續模糊化臺灣的法律地位。[70] 林獻堂1950到1953年的日記對美國、聯合國、國府、中共在韓戰中的行事，只要報紙記載，他必抄錄之，可知他關心韓戰之餘，其實是關心臺灣的地位、臺灣的安危，中日和約簽訂、韓戰的停火，

---

70 張淑雅，《韓戰救臺灣？解讀美國對臺政策》（新北：衛城出版，2011），頁219-226。

臺灣的地位雖模糊，臺灣的安全已有保障，但林獻堂仍未回臺。

（三）親朋喪生白色恐怖，使他回臺倍感躊躇

　　林獻堂的姪孫林正亨是被國府以匪諜嫌疑槍斃在臺北馬場町最早的臺灣人，林正亨是下厝林季商之子，他早年在中國，戰後回臺，1947年二二八事件時不斷鼓動蔣渭川趁機推翻國府。[71]4月他轉入行政長官公署警務處擔任第四科經濟調查股長，後在長安西路開「建成行」皮鞋店。但到1949年已無法經營，8月臺灣警總宣稱破獲奸匪組織，領頭的是林正亨，罪名是「組織非法團體，所謂臺灣高度自治，勾結奸匪，意圖顛覆政府並著手實行，證據確鑿，罪無可逭。」林家雖經援救，但無效，遂在1950年1月30日被槍斃。[72]林獻堂在日本聞知頗為吃驚，他一直重視林正亨的才情，不料慘遭毒手。

　　他的甥女婿林祿山（為妹婿呂琯星的女婿），涉入臺灣省工委會中部山地組織等叛亂案，當時擔任霧峰鄉農會副幹事，據稱於1949年1月加入中共組織，而在1950年4月29日被捕，為案頭，判處無期徒刑。[73]李友邦與嚴秀峰夫妻都與林有交情，1952年李有邦因匪諜案而遭處決。[74]他的朋友莊泗川，在自日本回臺下機後即被逮捕，也引起他的懸念。[75]

71　蔣渭川，《2‧28事變始末記》（臺北：蔣氏家族，1991），頁41-120。

72　1949年12月27日宣判，〈臺灣省保安司令部判決（38）安潔字第840號〉；1950年1月30日行刑，參見：《中央日報》（臺北），1950年1月31日，第4版。

73　李敖審定，《安全局機密文件：歷年辦理匪案彙編》，上冊（臺北：李敖出版社，1991），頁80-81。

74　李敖審定，《安全局機密文件：歷年辦理匪案彙編》，上冊，頁126-127。

75　林獻堂著，許雪姬主編，《灌園先生日記（廿三）一九五一年》，頁122，1951年3月28日。莊泗川被捕於1951年3月26日。

　　林獻堂面對這些白色恐怖案件，未免兔死狐悲，不知他回臺灣，政府是否會羅織一些罪名而將他逮捕。即使不是被逮捕，也將永遠不再能出國「透透氣」，有這一層顧慮，因此即使臺海的情勢穩固了，但他仍滯留不歸。尤其他因年邁，早已對政治沒有興趣。

（四）在日本參加獨立運動是坊間說他滯日不歸的原因

　　誠如上述，因臺灣地位未定，對臺灣的未來極度關心、對國府不抱希望的臺灣知識分子有集結在日本，從事臺灣由聯合國託管、或臺灣獨立運動的作為。廖文毅當時在日本從事臺灣獨立運動，極力慫恿林獻堂加入，林獻堂總是與之把酒言歡，但對此事並不積極。按廖文毅，西螺人，其弟廖溫進娶林烈堂孫女林桑琴，因此有較遠的姻親關係。廖於1950年赴日本成立臺灣民主獨立黨，以美軍接管臺灣、公投票決臺灣前途為訴求，並在1955年成立臺灣共和國臨時政府，自任大統領（1965年聲明放棄獨立運動歸臺）。[76]廖鑑於林在日治民族運動領袖的地位，又富資產，若能遊說林參加，將提高獨立運動的聲勢，故不斷拜訪林，1953年創刊日文版《臺灣民報》，一再請林題字，林始終不為所動；另一獨派原與廖合作的黃南鵬，彰化芬園人，擔任過汪政權第一方面軍第二集團軍司令，也曾在京阪一帶以「林公望」（林的化名）已加入臺獨組織做為宣傳，[77]但國民黨相關文書顯示，黃已被國民

76 張炎憲，〈廖文毅、台灣共和國與島內活動〉，收入張炎憲、胡慧玲、曾秋美採訪記錄，《台灣獨立運動的先聲：台灣共和國》，上冊（臺北：財團法人吳三連台灣史料基金會，2000），總論頁1-18。

77 林獻堂著，許雪姬編註，《灌園先生日記（廿七）一九五五年》（臺北：中央研究院臺灣史研究所、近代史研究所，2013），頁225，1955年4月30日、頁228，1955年5月2日、頁253，1955年5月17日。

黨收買,進行分化臺獨組織。[78]林獻堂羈旅寂寞,表面上與這些人來來往往,自可稍解其心中的寂寞;但林見多識廣,了解這一個活動不可能成功,沒有人才、沒有經費、沒有國際奧援,自立尚不可能,遑論獨立,因而採取若即若離、來則不拒的態度。

此一說法之所以甚囂塵上,主要因林獻堂已不是日本國民,長期居留日本有其困難,因此必須向外交部申請護照延期,在1951年前又非得G.H.Q.同意不可,而日本外務省方面也因他有「政治關係」,才會批准他延長在日期間。[79]林獻堂雖不參加獨立運動,但他頗願臺灣獨立成為共和國,則是不爭的事實,這是他對臺灣最大的期許。當1952年葛超智問林獻堂對臺灣前途的看法時,林獻堂委婉如昔,表示他希望臺灣和菲律賓一樣能成為「共和國」。[80]

(五)在日本的生活

林之所以留在日本生活,有以下原因:

1.可減少來自政府的「關心」:戰後臺人要受到政府重視,就必須在日治時期抗日、親近祖國,如果不是左翼,最好坐過牢,又死在1941年皇民奉公會成立之前,林獻堂不具上述資格,但仍有可利

---

78 黃南鵬已被國民黨政府收買。參見:楊欽堯,〈二二八事件前後廖文毅思想轉變之研究〉(臺中:國立中興大學歷史學系博士論文,2013),頁151,「圖4-2:臺灣再解放聯盟組織架構」。

79 林獻堂著,許雪姬主編,《灌園先生日記(廿三)一九五一年》,頁43,1951年1月30日。在申請延長居留時,在黃南鵬協助書寫「申請書」時,將林獻堂列為「獨立黨的顧問」,林雖覺得不妥,但也無力拒絕。

80 林獻堂著,許雪姬主編,《灌園先生日記(廿四)一九五二年》(臺北:中央研究院臺灣史研究所、近代史研究所,2012),頁51,1952年2月4日。此為回答葛超智的問題,當時在日臺灣獨立黨的看法是「臺灣如菲律賓受美國保護而獨立」參見:林獻堂著,許雪姬主編,《灌園先生日記(廿一)一九四九年》,頁442,1949年12月8日。

用之處。他到日本後，雖對駐日代表處保持一定關係，但畢竟已減少來自層峰的關注。林到日本後猶未辭彰銀董事長、文獻會主委，即使辭去，政府官員過年過節均有賀卡，多少勸他回臺，以免政府大失面子，林總是說「等病好了就回去」，主要是他認為臺灣是危邦、亂邦，豈可入居。臺灣沒有法律「一任蔣氏之生殺與奪，我若歸去，無異籠中之雞也」。[81] 而政府派蔡培火、丘念台來日極力勸說，蔡甚至為了交差還告訴林獻堂，他將如何回覆嚴家淦。[82] 而丘念台更是在林人生的最後一年來訪視，判斷林已病，且在日本沒有影響力，已不足為「患」。由於林的大半家族都在臺灣，因此對駐日代表處、大使館來的邀宴也從未拒絕，因為他護照的延長還需經此管道，故始終保持一定的關係。

2.在日本的霧峰鄉親或親朋不時見面，能稍慰其思鄉之念：前已述及姻親廖文毅以及傾向臺獨的朋友，會到林獻堂處吃住、聊天；另同是霧峰人林錦順的兒女即林以文、以德、玉枝，尤其林以文涉足娛樂事業，只要有新鮮的節目，林一定去觀賞。林也出資林以文兄弟的東南商事，也將錢「借」給公司以賺利息，而在無法自臺匯款時，也可向林以文周轉，林獻堂過世後在日本的日記就寄存在林以文家。佃農林萬壽之子女，常感念頭家的善待，招待林會食、週轉金錢；還有經營柏青哥的蔡金豬。這些鄉親後來還組織了霧峰鄉友會。另外下厝林季商之子林水、堂兄林烈堂之子林垂立、親家楊子培都在日本，因此並不寂寞。

---

81 林獻堂著，許雪姬編註，《灌園先生日記（廿七）一九五五年》，頁473，1955年10月14日。

82 林獻堂著，許雪姬編註，《灌園先生日記（廿七）一九五五年》，頁481，1955年10月22日。

但林在日本生活也有其不便之處，來自於日語不熟練。平常秘書林瑞池不在，有人來訪，林就只好請對方改天再來，看電影時也必須有人在旁解說；辦任何公事都必須有人相隨，尤其辦在日本居留的手續時。葉榮鐘為了說林的「偉大」，說他不說日語、不吃味噌湯、不穿和服，然而林氏不說日語，是因他的日語不便給，味噌湯也許不合他的口味，也許不穿和服，但他也穿日式的浴衣，因此只能說他不在公開場合穿和服。

林獻堂始終忍受在日本的不便，期間1954年兒子林猶龍過世後，一度想回家，但終因親族的勸阻，且身體不好，想回臺已不可行，遂終身留在日本。

八、結論

林獻堂是世家子弟，性格溫和，以家族、臺灣為重，具有當代知識人的教養，這樣的家世和性格，使他口才雖好，但只擅於說理，不善於煽動。林在政治上最重要的時期是領導臺灣議會設置請願運動時，同時也是1927年以前的臺灣文化協會總理時期，其餘就不足論。他對臺灣最重要的貢獻是在提升臺灣文化，重視教育、設立學校、資助年輕人求學，以加強臺灣文化的實質內容，絕不放棄漢文化，致力於櫟社的傳承。《環球遊記》，雖不是臺灣第一部世界遊記，但卻是第一部連載在臺灣人報紙的遊記，讓當代沒有旅遊經驗者，可透過他來看世界。其長達27年的日記，至今視之，可說是為臺灣人所留下的頂級資料，同時也是最重要的一部日記。

由於經過兩個朝代，在日本統治後期，他協力日本政府任皇民奉

公會中央本部參與、日本貴族院議員，使他面對仇日、以日為敵為意識型態的中華民國，不免難堪，臺灣獨立事件、漢奸總檢舉，幸好未波及他。他期望政府實施憲政，還政於民，給臺灣高度自治，由臺灣人來擔任省長，但尚未實行就爆發了二二八事件。他原來是在整肅名單中的第一位，幸得營救嚴家淦、不支持謝雪紅而逃過一劫。由於當時國共內戰波及臺灣，他對政府的糧食、土地政策又有不滿，乃藉觀光、醫病而留在日本。而後韓戰爆發、中日和約簽訂、韓戰停火，臺灣在美國保護傘下一時不會有安全的問題，但臺灣早已進入白色恐怖時期，他的有些親友因此喪生或被捕，而故一直留在日本。在日本期間國府、獨立派、親共派他都有往來，尤其與獨立派廖文毅等來往更令國府側目，他雖不參與廖等活動，但他也告訴葛超智，他希望臺灣如戰後菲律賓一樣成為共和國，但終未能如願而客死在日本。

1949年前張羣與蔣中正之關係
—— 兼介紹張羣《中行廬經世資料》的史料價值

劉維開
國立政治大學歷史學系教授

一、前言

　　張羣，字岳軍，四川省華陽縣人，生於1889年5月9日（清光緒15年4月10日），1990年12月14日病逝臺北，享年102歲。

　　張羣畢業於日本陸軍士官學校，早歲獻身革命，國民革命軍北伐統一後，歷任上海特別市市長、湖北省政府主席、外交部部長、中央政治委員會秘書長、軍事委員會秘書長、行政院副院長、國防最高委員會秘書長、四川省政府主席、行政院院長、西南軍政長官、革命實踐研究院主任、總統府資政、總統府秘書長等黨政要職。張羣於1907年就讀通國陸軍速成學堂時，與蔣中正同時被選派赴日留學，自此建立起長達68年的深厚交誼，深受蔣氏倚重，論者謂：「他是先總統蔣公的同窗好友，也是長年與先總統如驂如靳、分憂分勞的幃幄首輔」。[1]

1　秦孝儀，〈張岳軍先生與對日抗戰學術討論會開會詞〉，收入中華民國史料研究中心

　　張羣在民國史上有其重要地位，但是相關的學術研究不多。臺灣方面，中華民國史料研究中心曾於1992年5月8日舉行「張岳軍先生與對日抗戰學術討論會」，發表5篇學術論文，對張羣在抗戰前後作為有深入探討，亦是目前僅有的關於張羣系統研究；[2]大陸方面，近年出版兩本張羣傳記：楊鴻儒、李永銘合著《張羣傳》及楊躍進著《蔣介石的終身幕僚張羣》，兩書均為通論性敘述，取材自前述論文及張氏相關回憶等資料。[3]外界對於張羣的印象，集中在兩個方面，一是中日關係，一是他與蔣中正的交誼，而張氏所留存的資料，亦以此兩方面為主。張氏生前曾將其從政期間重要資料彙集整理成編，總其名為「中行廬經世資料」，送交中國國民黨中央委員會黨史委員會（簡稱「黨史會」）保存。[4]這些資料雖然概括張氏從政各個重要階段，較為全面，但仍以中日關係及與日方人士交往資料為多。此外，國史館庋藏《蔣中正總統檔案》中，亦存有大量與張羣相關的文件，可資查考。

　　張羣生前曾就其與日本的關係及所參與對日外交工作，著有《我與日本七十年》一書，記述頗為詳實；[5]並曾接受陳香梅之訪談，內容

　　編，《中國現代史專題研究報告》，第十五輯（臺北：中華民國史料研究中心，1993），頁245。

2　5篇論文為：唐振楚，〈張岳軍先生之思想行誼〉、蔣永敬，〈張羣與調整中日關係〉、李雲漢，〈張岳軍與抗戰初期之政府決策（一九三七—一九四〇）〉、呂實強，〈張羣與四川對抗戰的貢獻〉、陳鵬仁，〈張羣與戰後中日關係〉，收入中華民國史料研究中心編，《中國現代史專題研究報告》，第十五輯，頁243-458。

3　楊鴻儒、李永銘，《張羣傳》（武漢：湖北人民出版社，2006）；楊躍進，《蔣介石的終身幕僚張羣》，修訂版（北京：團結出版社，2011）。按：該書由團結出版社於2007年初版。

4　中國國民黨中央委員會黨史委員會於2000年改制為中國國民黨文化傳播委員會黨史館，所保存《中行廬經世資料》目前未對外開放。

5　張羣，《我與日本七十年》（臺北：中日關係研究會，1980，再版）。

亦以所經歷對日外交工作爲主。[6]此外，張氏曾將其歷年發表關於蔣中正的文稿18篇，彙爲《至德管窺錄》一書，內容大多爲其親身經歷之回憶，具有相當史料價值。[7]除此之外，少有相關回憶。秦孝儀主持黨史會時，曾多次提議爲其進行口述歷史，皆未獲同意。[8]事實上，張羣一生黨政經歷豐富，且因其與蔣氏之密切關係，使其所擔任職務，無論對內對外，成爲蔣氏在人事布局上的一著活棋。本文擬以1949年政府遷臺前的張、蔣關係之建立與發展爲主，探討張羣在1949年之前的政治生涯以及其所歷任職務與蔣中正人事布局之關係，兼介紹張羣所遺存《中行廬經世資料》的史料價值。政府遷臺後，張氏長期擔任總統府秘書長一職，前後達十八年之久，由於相關資料尚待公開，不在本文討論範圍。

二、同學、同志、部屬

張羣嘗自述：「在保定，在日本，同學校，同聯隊，同學軍事。武昌起義，我跟著總統一道回國。參加辛亥、癸丑、丙辰三次革命，我們都同在江、浙。民國七年以後，我回四川服務，到民國十三年，我參加國民軍在河南的工作。這幾年，總統是奉國父之命，在閩、粵一帶，多所謀畫與部署。這幾個年頭，我雖然沒有跟總統在一起；但是我們所從事的，都是反北洋政府的革命工作。民國十五年，我到

6　張羣口述，陳香梅筆記，《張岳公閒話往事》（臺北：傳記文學出版社，1978）。

7　張羣，《至德管窺錄》（臺北：近代中國出版社，1986）。按：該書初版於1976年，中央文物供應社發行。

8　秦孝儀發言，收入中華民國史料研究中心編，《中國現代史專題研究報告》，第十五輯，頁292。

廣州。國民革命軍誓師北伐，總統是總司令，我奉命擔任長江一帶聯絡工作。隨後總司令部進駐南昌，總統派我爲總司令部總參議。定都南京以後，蒙總統隨宜任使，我在中央、在地方，工作一直沒有間斷過。總計四十年來，我是常常侍從在總統左右」。[9]他與蔣中正從同學、同志進而爲其部屬，自青年、中年以至晚年，交誼深厚，前後長達68年。

張羣與蔣氏的關係，源於河北保定之通國陸軍速成學堂，但兩人分屬不同科別，張氏爲步科、蔣氏爲砲科，在校時並無往來。1907年底，清政府陸軍部選派學生赴日留學，應試合格者約65人，兩人列名其中。合格者先入留學生預備班學習，然後同往大連乘船前往神戶，換乘火車到東京，進入振武學校。[10]張羣表示在這段赴日途中與蔣氏結識，兩人「一開始便很投契，每每相互暢談國勢，蔣公認爲我是可與他興趣相合的青年」。[11]

振武學校是日本政府爲中國留日學習軍事學生特別設立的一所學校，修業期限三年，爲進入士官學校前的預備學校。張羣與蔣氏爲該校第十一期學生，在校期間，兩人往來更爲密切，蔣氏學習砲兵，張羣原本準備學習步兵，可是爲了能與蔣氏共同學習，於是改爲砲兵；[12]並共同加入了在同盟會會員中的軍事留學生們所組成的一個祕密團

9　張羣，〈爲總統的人生境界作證〉，收入張羣，《至德管窺錄》（臺北：近代中國出版社，1986），頁103-104。

10　鄭志廷、張秋山等，《保定陸軍學堂暨軍官學校史略》（北京：人民出版社，2005），頁140-144。

11　張羣，《我與日本七十年》，頁11-12。

12　古屋奎二編著，中央日報譯，《蔣總統祕錄》，全譯本，第2冊（臺北：中央日報出版部，1986），頁58-59；張羣口述，陳香梅筆記，《張岳公閒話往事》，頁8-9。

體一「丈夫團」。[13]1910年畢業後，共同分發至高田陸軍野砲兵第十三師團第十九聯隊見習，預定至1911年12月1日期滿，成績合格，即進入陸軍士官學校就讀。但是見習期滿前，武昌起義發生，在無法獲得師團長長岡外史同意返國參加革命的情形下，張羣與蔣氏及同學陳星樞等藉請假外出機會，自行離隊，於10月30日由長崎登輪返國，參加由陳其美領導的江浙起義，張羣留在上海，蔣氏則返回浙江，投入光復杭州的行動。

上海光復後，陳其美任滬軍都督，張羣爲都督府軍務處軍械科科長；蔣氏於杭州光復後，返回上海，協助陳氏，並編練步兵一團，爲滬軍第五團，任團長，隸第二師。第二師改編爲第二十三師，以黃郛爲師長；蔣氏第五團改爲八十九團，仍任團長；張羣任參謀，旋因蔣氏離任，代理團長一職。黃郛與蔣、張爲振武學校先後同學，在校期間即有交往，並共同創辦《武學雜誌》，「闡革命之義，論軍人職志」。[14]三人交誼甚深，黃、蔣兩人曾與陳其美結拜異姓兄弟，[15]亦有稱黃、蔣、張三人在此之後亦結拜兄弟，[16]唯此一說法，未見諸當事人相關記載，無法證實。

二次革命失敗後，張羣亡命日本，適日本政府准許中國方面因辛亥革命發生而未能入學之士官候補生，包括因革命而遭受處分者在內，進入陸軍士官學校，張氏遂繼續學業，於1915年畢業，次年初返

---

13 古屋奎二編著，中央日報譯，《蔣總統秘錄》，全譯本，第2冊，頁56-57。

14 沈雲龍，《黃膺白先生年譜長編》，上冊（臺北：聯經出版事業公司，1976），頁18-19。

15 沈亦雲，《亦雲回憶》，上冊（臺北：傳記文學出版社，1968），頁228。

16 楊鴻儒、李永銘，《張羣傳》，頁23；楊躍進，《蔣介石的終身幕僚張羣》，修訂版，頁19。

國，參加反袁行動。1917年，孫中山倡議護法，在廣州成立軍政府，張羣與蔣氏同受任爲大元帥府參軍。1918年，張羣代表中華革命黨主辦之《民國日報》及《中華新報》，隨同上海報界人士訪問日本。除與朝野人士接觸，並曾會見日本主持對華政策之參謀次長田中義一，返國後，即以「中日親善之疑雲」爲題，撰文發表於報紙，指摘日本對華政策，是爲張氏致力中日關係之開端。

　是時西南各省倡言護法，但內部意見紛歧，張氏於軍政府成立後，奉派赴四川聯絡協調，與楊森等在重慶組織川事維持會，反對北洋軍入川，嗣以北京政府下令通緝，得重慶鎮守使熊克武掩護脫險，返回廣州，旋轉往上海。1919年，張羣奉命再赴四川，調停督軍熊克武與省長楊庶堪兩派之對立。張與熊、楊均爲舊識，並在雙方同意下，出任四川省警務處長兼省會警察廳長，以利斡旋。但雙方意見始終未能一致，最終楊氏結合不滿熊氏之川軍，迫使熊氏出走，張羣以任務無法達成，決定返回上海。[17] 1922年北上，隨黃郛任職北京政府，至1923年因政局變化，返回上海。

　而自1913年二次革命至1924年，蔣中正始終參與孫中山所領導之革命運動，且逐漸受到重視，於1924年受命在廣州黃埔創辦陸軍軍官學校。蔣氏於創校工作開始，曾請王柏齡至上海，邀請昔日同學前往幫忙。張氏以父親病故，未能成行。是年11月，第二次直奉戰爭後，國民軍第二軍軍長胡景翼出任河南軍務督辦。張羣與胡爲留學日本時的舊識，乃應邀北上，擔任河南省警務處長兼省會警察廳長，至1926年春，直、奉兩系聯軍擊敗國民軍後離任。是年7月，蔣氏在廣州就任

---

17 吳相湘，〈張羣注意對日外交〉，收入吳相湘，《民國百人傳》，第4冊（臺北：傳記文學出版社，1980），頁74-76。

國民革命軍總司令,率軍北伐,張氏應邀前往協助,開始長期追隨蔣氏的生涯。

1927年4月,國民政府奠都南京,張氏任國民革命軍總司令部總參議;8月,蔣中正爲促成中國國民黨黨內合作而下野,張氏隨行赴日本訪問,並偕同拜訪時已擔任內閣總理大臣兼外務大臣之田中義一。1928年4月,北伐軍進入山東,日軍以保護當地日僑爲由,出兵山東,意圖阻礙國民革命軍北伐。5月3日,駐濟南日軍與北伐軍發生衝突,爲「濟南慘案」,張羣除奉命赴日會晤田中義一,說明國民革命軍的立場,並奉派與日方代表松井石根談判善後事宜。

張羣從1924年到廣州,至1928年北伐軍事結束,四年間掛名國民革命軍總司令部,作爲蔣氏部屬,運用其與日本之淵源,協助處理對日相關事務。1928年10月,五院制國民政府成立,張羣任軍政部政務次長兼兵工署署長。軍政部主管全國軍政,是時因海軍及航空行政尚未分離獨立,該部職權較日後僅掌管陸軍行政爲重。部長馮玉祥、常任次長鹿鍾麟均出身國民革命軍第二集團軍,即西北軍系,以與蔣氏關係密切之張羣爲政務次長,應爲顧及派系平衡,且該部主任參事馬曉軍,亦爲蔣氏留日同學,更可看出其中的意義。

1929年3月,張羣受任上海特別市市長。是時中日兩國關係緊張,民眾反日情緒高昂,上海與日本商業利益密切,地位敏感,張氏一方面要應付日本之壓力,一面要防制上海市民反日行動之越軌,同時又必須避免過度壓抑民氣,處境頗爲艱困。[18]1930年,中原大戰發生,張

---

18 吳相湘,〈張羣注意對日外交〉,收入吳相湘,《民國百人傳》,第4冊,頁79;〈張岳軍年譜〉,收入張岳軍傳略與年譜編纂委員會編著,《張岳軍傳略與年譜》(臺北:中日關係研究會,1991),頁98。

羣於6月奉命赴瀋陽致送張學良陸海空軍副司令印信，隨即長駐東北，策動東北軍入關協助南京國民政府對抗閻錫山、馮玉祥勢力。[19] 1931年，九一八事變發生後，民氣激昂，張氏盡力防止激烈反日行動擴大為全面衝突，及各大學學生團體逾越常軌之行動，「艱辛肆應，詆毀倍嘗，煞費苦心」。[20] 1931年底，蔣中正下野，國民政府改組，張氏於次年1月辭市長職，由吳鐵城繼任。

　　1932年3月，蔣中正就任國民政府軍事委員會委員長兼參謀總長，5月，兼任豫鄂皖三省剿匪總司令，決定繼續進剿中共。張羣應蔣氏之請，任豫鄂皖三省剿匪總司令部黨政委員兼政務指導委員會常務委員，策劃對盤踞該地區中共之政治作戰。8月，行政院院長汪兆銘不滿北平綏靖公署主任張學良作為，以辭職表達其意見，張羣奉命協調，勸告張氏以大局為重辭職，另設軍事委員會北平分會，蔣中正兼任委員長。蔣以不能常川駐平為由，請張學良以委員長全權代表名義，代為處理一切。張羣受任軍事委員會北平分會委員，協助張學良，策劃北方軍政大計，應付日軍進一步對華北之侵略。[21] 1933年7月，張羣受任湖北省政府主席。時天災不斷，先是長江大水，沿江各省受災嚴重，復遭旱災為患，張氏任職期間，以救濟災民，平衡預算，整頓稅收，振興工業為主要任務。1935年12月，行政院改組，蔣中正任院長，以張氏為外交部長，專意改善中日關係。

---

19 陳進金，《地方實力派與中原大戰》（臺北：國史館，2002），頁143-144。

20 〈張岳軍年譜〉，收入張岳軍傳略與年譜編纂委員會編著，《張岳軍傳略與年譜》，頁99。

21 吳相湘，〈張羣注意對日外交〉，收入吳相湘，《民國百人傳》，第4冊，頁80；〈張岳軍年譜〉，收入張岳軍傳略與年譜編纂委員會編著，《張岳軍傳略與年譜》，頁100。

三、調整對日關係的執行者

1934年底，第五次圍剿中共軍事行動結束，中國內部形勢出現新的變化，為因應此一變化可能對日本侵略行動產生的影響，蔣中正於1935年1月，以徐道鄰的名義在《外交評論》發表由其口述、陳布雷筆錄之〈敵乎？友乎？——中日關係的檢討〉一文，檢討中日關係的過去以及未來應有的發展，提出應該調整自1932年一二八事變以來，國民政府所遵行「一面抵抗，一面交涉」的對日外交政策的訊息。5月17日，中、日兩國政府同時宣布，派駐對方國的公使升格為大使，兩國關係出現改善的契機。然而隨之而來的日本在華軍事當局在河北、察哈爾之一連串擴張行動，使國民政府在華北的勢力減到最小限度，「華北實已等於滅亡」。[22]是時對日外交由行政院院長汪兆銘負責，但是外界更為關注駐節成都的蔣中正之態度，然而蔣氏以督師剿共為由不發表意見，張羣以其與蔣氏之關係及長期參與對日事務，遂成為各方探尋蔣氏對日態度之管道。[23]張羣對於蔣氏之作法頗為不解，曾致電隨蔣氏在成都之軍事委員會委員長武昌行營秘書長楊永泰表達他的主張，認為蔣氏如不明白表示對河北事件之態度，將引發外界疑慮，招致詰難。[24]實際上，蔣氏認為日本在華北尋釁，目的全在與其正面交鋒，為避免落入日方圈套，乃採迴避策略，謂：「倭寇華北之挑釁，其目的全

---

22 「蔣委員長致何應欽部長商今後對日方針電〉（民國24年6月21日），收入中華民國重要史料初編編輯委員會編，《中華民國重要史料初編——對日抗戰時期》，緒編，第1冊（臺北：中國國民黨中央委員會黨史委員會，1981），頁688-689。

23 「張羣致楊永泰電」（民國24年6月16日），〈特交檔案－中日國交調整－各方意見〉，《蔣中正總統文物》，國史館藏。

24 「張羣致楊永泰電」（民國24年6月16日），〈特交檔案－中日國交調整－各方意見〉，《蔣中正總統文物》。

在求我個人與之直接當衝,使遂其欲,孰料撤兵華北,避其兇鋒,不中其計,無怪其痛恨更切也」。[25]

　　是時形勢嚴峻,政府對於日軍在華北之行動,只有在「隱忍」與「決裂」兩途選擇其一,此外別無他法。[26]7月5日,張羣在上海見報載日本外務省擬藉河北事件、張北事件解決之時機,根本調整中日關係,改變以往消極解決懸案為主的作法,由政治、經濟兩方討論積極政策,已以東亞局為中心,草擬具體方案,確立對華政策之大綱。張氏以日前與日本駐華大使有吉明談話時,有吉表示本擬於兩國互換大使後積極進行中日親善,因河北事件發生而無從著力,俟此類事件了結後,當努力進行等,與此則報導主旨相似,遂致電蔣氏,謂:「可知彼方轉身積極政策,已成不可掩事實,挾全力以臨我,不達目的不止。故今後對日外交路線,除妥協與決裂兩途外,不容我再有他路徘徊。……情勢異常急迫,無法再事敷衍拖延,為個人人格計,寧為玉碎不為瓦全,但為國家利害計,年來內憂外患,元氣已傷,若再斷損,更無救亡圖存之力」,繼稱:「滬上抗日空氣最烈,現鑑於情勢,聲已消沉,抗日論者亦認為能妥協則妥協為宜,此真一髮千鈞,存亡所繫,務祈鈞座宸衷英斷,速定國是,為整個之決策,並負責領導全黨全國,以總動員之力量表示最大之決心,不以一時之曲直為衡,而以永久之安危為慮,復興前途,庶幾有豸」。[27]此一主張與蔣氏實相一

25 《蔣中正日記》(民國24年7月6日),史丹佛大學藏。

26 汪兆銘致電蔣中正,曰:「目前形勢如此,決裂與隱忍只有任擇其一。」參見:「汪兆銘致蔣中正電」(民國24年6月8日),〈特交檔案—中日戰爭—華北局勢〉,《蔣中正總統文物》。

27 「張羣致蔣中正電」(民國24年7月5日)〈特交檔案—中日國交調整—各方意見〉,《蔣中正總統文物》。

致，1935年6月，張北事件解決，中日雙方簽訂「秦（德純）土（肥原）協定」，蔣氏記道：「對倭宗旨，非至最後之時，不與決裂，則此時應以保全國脈爲先，而犧牲一切爲最後之處置也」。[28] 所謂「此時應以保全國脈爲先，而犧牲一切爲最後之處置」，實爲採「隱忍」態度的說明。

蔣氏以爲「制敵之道，不在傷其有形之實力，而在破其無形之目的」，[29] 思考對日策略，以「今日形勢主動將在於我也：甲、以退爲進，乙、穩定基點（立定腳跟）」，[30] 循外交途徑，改善中日關係實爲根本方法。1935年12月，國民政府改組，蔣中正擔任行政院院長，以張羣爲外交部長，貫徹其外交方針。張氏於12月18日就職後，首度接見中外記者的談話中，即明白表達出此項意義，曰：「此後中國政府對於任何外國——尤其對於關係最深切之國家——仍當竭誠相處謀國際關係之調整，與國際局面之更新」。[31]

張羣就任後，立即改變對日外交策略，交涉方式上，一反以往避免政府與政府間直接交涉的方式，採取主動與日本外交當局談判的策略，凡是兩國外交事件，一概由兩國外交官用外交方式處理，對於過去將地方事件交由地方當局談判的作法，改爲所有涉外事件，都由中央辦理；兩國關係上，主張要有一個整體的調整，不能支離錯綜，一無準繩，兩國應該在東亞和平基礎上，彼此本平等互惠的原則，根本

---

28 《蔣中正日記》（民國24年6月27日）。

29 《蔣中正日記》（民國24年7月6日）。

30 《蔣中正日記》（民國24年7月5日）。

31 「張外交部長今日接見中外新聞記者之談話」（民國24年12月18日），《中行廬經世資料》，中國國民黨文化傳播委員會黨史館藏油印原件。

尋求一個共同可行的方案。[32]同時以日本駐華大使為交涉對象，展開調整兩國關係的談判。

談判工作前後進行了將近一年，歷經有吉明、有田八郎、川越茂三位駐華大使，由於雙方各有立場，對於所提問題，始終未能獲得結論。張羣深感挫折，認為這個交涉「可以說是毫無結果」，同時認為一年以來的對日外交，仍是「補救的外交、應付的外交」。所謂「補救的外交」，是指有許多事，經對方曲解，而社會上一般人亦不加深察，如果放任下去，便有將無作有，積非成是的危險，外交部不能不用正式的或非正式的聲明，或其他方法來糾正，來補救；「應付的外交」，則是日本利用一些突發事件，提出若干政治問題，要求即時一併解決，而中國方面只得盡量闡述自身立場，並對日方要求各項問題，分別說明見解，以為應付。這兩種外交方式，都是無補於國家的，「如何由補救的、應付的外交，進而為自主自動的外交，是一個應當考慮而努力的重大問題」。[33]不過就日本方面而言，則認為這次的交涉，在開始時即對中國方面之態度「估計錯誤」，以致「始則其調甚高，終乃遺尾大不掉之誚」。[34]而在整個交涉過程中，中國方面所顯示的嚴正立場，亦使日方了解中國當局之不易威脅，甚至有應該自我反省的主張出現，[35]

---

32 張羣，《我與日本七十年》，頁49-50。

33 張羣，「最近之國際動向與我國對日外交」，〈中國國民黨五屆三中全會外交報告〉（民國26年2月17日），《中行蘆經世資料》，中國國民黨文化傳播委員會黨史館藏毛筆原件。

34 「東京大使館來電」（民國25年11月15日），收入中華民國外交問題研究會編，《蘆溝橋事變前後的中日外交關係》（臺北：中華民國外交問題研究會，1966），頁83-84。

35 「上海方唯智來電」（民國25年11月13日），收入中華民國外交問題研究會編，《蘆溝橋事變前後的中日外交關係》，頁82。

並指出交涉工作「如忽視中國之歸嚮，則中、日國交之調整將永不可期」。[36]有學者指出「經過這次的談判，中國對日政策和抵抗日本侵略的決心，固已真相大白，其對民心士氣的振奮，國際同情的增加，日本侵略行動的顧忌，都產生了極為顯著的效果」。[37]

　　1937年2月，日本內閣改組，對華政策改變，中日兩國直接談判完全停頓，張羣請辭外交部長職，由王寵惠繼任。張氏擔任外交部長一年又三個月，他認為這一年多的生活，「戒慎緊張，苦惱甚多，而且未能有效的實際改善中日關係，未符最初期望」，[38]然而他在這段期間的表現，已使其成為蔣氏倚重的對外政策執行者，稱「外交能代謀略者岳軍也」。[39]

四、政治上的重要助手

　　張羣辭卸外交部長後，於1937年3月出任中國國民黨中央政治委員會秘書長，同時兼任中央政治委員會外交專門委員會主任委員，負責外交事務之審查及設計事宜。中央政治委員會為訓政時期政治最高指導機關，對中央執行委員會負責，重大決策及重要人事案，按例先由中央政治委員會討論決定後，再提出於中國國民黨中央執行委員會常

---

36 「東京大使館來電」（民國25年11月15日），收入中華民國外交問題研究會編，《蘆溝橋事變前後的中日外交關係》，頁83-84。

37 蔣永敬，〈張羣與調整中日關係〉，收入中華民國史料研究中心編，《中國現代史專題研究報告》，第十五輯，頁311。

38 張羣，《我與日本七十年》，頁85。

39 《蔣中正日記》（民國26年8月4日）。

務委員會核備，是項任命，實爲張氏參與中央決策的開始。[40]7月，盧溝橋事件發生後，建立戰時體制，8月，設置國防最高會議，爲全國國防最高決策機構，對中央政治委員會負責，張氏任秘書長。9月，軍事委員會取代原本預定組織之大本營，成爲戰時最高統帥部，並修正組織大綱，增設正、副秘書長各一人，以張氏爲秘書長、陳布雷爲副秘書長。此時，張羣同時擔任中央政治委員會、國防最高會議及軍事委員會三大機構的秘書長，處於聯繫黨政軍三方面的樞紐地位，亦使其成爲抗戰初期最具政治影響力的人物之一。[41]

　　1937年11月，上海失陷，南京情勢危急，國民政府決定西遷，自12月1日起在重慶開始辦公，國防最高會議、軍事委員會、行政院及其他與軍事相關之機關，則暫時集中武漢辦公。此後至1938年10月國軍撤退，武漢陷落，十個月間，武漢實爲中華民國政治軍事中心。政府西遷後，爲長期抗戰準備，中央軍政機構權責再度進行調整，俾能發揮戰時體制之功效。1938年1月，行政院改組，孔祥熙爲院長，張羣出任副院長；軍事委員會組織系統及其所屬機構亦同時進行調整，不再設正、副秘書長，張羣隨之解除秘書長一職。論者稱張氏在政府西遷及改組過程中，是蔣氏的主要助手之一，亦即少數參與決策的高級官員之一。[42]

　　1938年1月，四川省主席劉湘病逝，中央以四川爲抗戰根據地，亟

---

40 李雲漢，〈張岳軍與抗戰初期之政府決策（一九三七－一九四〇）〉，收入中華民國史料研究中心編，《中國現代史專題研究報告》，第十五輯，頁336。

41 李雲漢，〈張岳軍與抗戰初期之政府決策（一九三七－一九四〇）〉，收入中華民國史料研究中心編，《中國現代史專題研究報告》，第十五輯，頁342。

42 李雲漢，〈張岳軍與抗戰初期之政府決策（一九三七－一九四〇）〉，收入中華民國史料研究中心編，《中國現代史專題研究報告》，第十五輯，頁350-351。

需派駐夙有聲望且與川人有密切關係之大員接任，以穩定後方，遂任命張羣繼任。未料此項任命，引起川軍將領反對，張氏遂未到任，以緩和局勢。8月，行政院任命王纘緒為四川省主席，張羣改任軍事委員會委員長重慶行營主任，坐鎮重慶，協調各方，至武漢陷落前，實際上為重慶最高負責軍事長官。張羣改任行營主任一事，蔣氏早在省主席人事案受阻時即已決定，目的以張在重慶實際掌控省政，之所以遲至半年後始發布，係避免再起風波。[43] 1939年11月，行政院改組，蔣中正任院長，孔祥熙改任副院長，張氏卸除副院長職。

　　1939年1月，中國國民黨第五屆中央執行委員會第五次全體會議（簡稱「五屆五中全會」，以下均用簡稱）決議設置國防最高委員會，統一黨政軍指揮，並代行中央政治委員會職權，委員長由中國國民黨總裁，即蔣中正擔任。2月，國防最高委員會成立，國防最高會議結束，張羣改任國防最高委員會秘書長，統籌相關事務。是時軍事委員會亦決定調整川康軍政機構，撤銷委員長重慶行營，另設成都行轅及西昌行轅，張氏隨之卸除行營主任職，專任秘書長，至1940年11月，四川省政府改組，出任省主席而去職。張羣任國防最高委員會秘書長，前後達一年九個月，該會既為統一指揮黨政軍最高決策機構，加上蔣氏對於重慶及周邊地區之地方事務亦不時有所指示，因此張氏之秘書長工作十分繁雜，但「以其深沈之智慧與豐富經驗，肆應多方」，獲各界肯定。[44]

　　張氏自1940年11月受任為軍事委員會委員長成都行轅主任，兼四

43　蔣氏於1938年1月31日日記記道：「川情只有緩和處之」，「岳軍兼行營主任職，在渝組織省府」。參見：《蔣中正日記》（民國27年1月31日）。

44　李雲漢，〈張岳軍與抗戰初期之政府決策（一九三七─一九四○）〉，收入中華民國史料研究中心編，《中國現代史專題研究報告》，第十五輯，頁361-362。

川省政府主席，負責川省省政，至1947年4月出任行政院院長離職，前
後長達六年又五個月，是張氏在大陸時期任職時間最長的一個職務。
四川情勢複雜，將領各擁地盤，抗戰前中央進行川康軍事整理，略有
成效，抗戰發生後，川軍亦多出川抗戰，然彼此間仍或有所衝突。張
羣到任後，協調各方，力求省政和諧安定，至其離任，四川未再發生
任何重大事故或政潮。[45]主政期間，張氏突破地方政治受軍政人物影
響，政令不易貫澈的困境，每年召開一次全省行政會議，溝通意志，
齊一步驟，並且重視實行方法，提高行政效率，對於中央要求之糧食
供應、財力貢獻、兵員徵集以及動員民工等，均能順利達成。[46]先後徵
調川籍壯丁480餘萬人；爲建築空軍基地及軍事交通，動員民工150餘
萬人；爲供應軍糈公糧，徵購糧食6620萬餘石，獻糧234萬餘石，獻金
17110餘萬法幣；爲便利戰時運輸而修築之公路3478公里，對於安定後
方支持抗戰，關係重大。[47]

　　抗戰時期，四川地位重要，張羣以地方行政首長，參與重大決策
之制定，並被指派與各黨派連絡，團結各方，求取戰時之合作。抗戰
勝利後，國民政府與中共進行談判，張羣與王世杰、張治中、邵力子
等奉派擔任政府代表，與中共代表周恩來、王若飛等會商軍政問題，
長達41天，於1945年10月10日簽定「政府與中共代表會談紀要」。1946
年1月，張羣代表政府參加軍事三人小組，與中共代表周恩來、美國

---

45 呂實強，〈張羣與四川對抗戰的貢獻〉，收入中華民國史料研究中心編，《中國現代
　　史專題研究報告》，第十五輯，頁390。

46 呂實強，〈張羣與四川對抗戰的貢獻〉，收入中華民國史料研究中心編，《中國現代
　　史專題研究報告》，第十五輯，頁398-399。

47 〈張岳軍年譜〉，收入張岳軍傳略與年譜編纂委員會編著，《張岳軍傳略與年譜》，頁
　　115。

杜魯門總統特使馬歇爾（George C. Marshall）會商國軍與中共軍隊停止軍事衝突問題，商定停戰協議。4月，張羣請辭政府代表職，由陳誠繼任。

1946年12月25日，國民大會三讀通過〈中華民國憲法〉，1947年1月1日，國民政府公布〈中華民國憲法〉及〈憲法實施之準備程序〉，進入由訓政達至憲政之過渡時期。3月23日，中國國民黨六屆三中全會通過〈憲政實施準備案〉，規定：「自中華民國憲法公布之後，至依據憲法召集國民大會之日為止，本黨之政治設施，應以從速擴大政府基礎，準備實施憲法為中心。」「本黨與國內其他和平合法之政黨，應切實合作，共同完成憲法實施之準備程序。」[48]據此，國民政府於4月17日公布〈國民政府組織法〉，擴大政府組織，容納各黨派參與；蔣中正以國民政府主席身分，選任張羣為行政院院長。張羣出任行政院院長，除了政治閱歷豐富，與各黨派間皆有一定關係，能肆應憲政準備時期相關事宜外，還是建立在與蔣氏長期以來的良好關係上，另一方面，蔣氏並非僅以張羣為憲政準備時期的行政院院長，真正的目的在為行憲作準備，如果張氏施政平順，即由其出任行憲後首任行政院院長。

張羣清楚蔣氏的用意，但是他也了解政治的現實，於1948年2月8日，即行憲第一屆立法委員選舉完成後二週，謁見蔣氏陳述對於時局應注意情勢發展相關問題，明確表明「決不再任行政院長」。[49]關鍵在於他已經注意到行政院院長一職在訓政時期與憲政時期，因產生方式不同，以及行政院與立法院關係變化所產生的影響。訓政時期，行政

---

48 〈憲政實施準備案 —— 民國36年3月23日中國國民黨第六屆中央執行委員會第三次全體會議通過〉，《中華民國重要史料初編 —— 對日抗戰時期》，第七編，第2冊（臺北：中國國民黨中央委員會黨史委員會，1981），頁772-773。

49 《蔣中正日記》（民國37年2月8日）。

院院長由國民政府主席選任；[50]憲政時期，行政院院長由總統提名，咨
請立法院同意任命。[51]訓政時期，行政院院長對國民政府主席負責；[52]
憲政時期，行政院有向立法院提出施政方針及施政報告之責；立法委
員在開會時，有向行政院院長及行政院各部會首長質詢之權；立法院
對於行政院之重要政策不贊同時，得以決議移請行政院變更之。[53]因此
行憲後行政院院長一職，總統僅有提名權，立法院則有同意權。總統
提名的行政院院長，必須經過立法院行使同意權，以出席委員過半數
之同意，方得任命。[54]而即將組成的立法院，實際上是中國國民黨各派
系實力的縮影，彼此間的利益衝突，會影響院長人選，張氏長期以來
被外界視為政學系的主要人物，因此在這個問題上有所考慮。[55]張氏從

---

50 〈國民政府組織法〉，第十五條：「國民政府五院院長、副院長，由國民政府主席選
　　任之。」

51 〈中華民國憲法〉，第五十五條：「行政院院長由總統提名，經立法院同意任命之。」

52 〈國民政府組織法〉，第十五條：「國民政府主席對中國國民黨中央執行委員會負
　　責，五院院長對國民政府主席負責。」

53 〈中華民國憲法〉，第五十七條規定：「行政院依左列規定，對立法院負責：一、行
　　政院有向立法院提出施政方針及施政報告之責。立法委員在開會時，有向行政院院
　　長及行政院各部會首長質詢之權。二、立法院對於行政院之重要政策不贊同時，
　　得以決議移請行政院變更之。行政院對於立法院之決議，得經總統之核可，移請立
　　法院覆議。覆議時，如經出席立法委員三分之二維持原決議，行政院院長應即接受
　　該決議或辭職。三、行政院對於立法院決議之法律案，預算案，條約案，如認為有
　　窒礙難行時，得經總統之核可，於該決議案送達行政院十日內，移請立法院覆議。
　　覆議時，如經出席立法委員三分之二維持原案，行政院院長應即接受該決議或辭
　　職。」

54 〈立法院組織法〉第十二條：「立法院會議之決議，除憲法別有規定外，以出席委員
　　過半數之同意行之，可否同數時取決於主席。」

55 政學系或稱為「新政學系」，與民國初年的「政學會」相區別，研究者稱：「所謂新
　　政學系，是中國國民黨內其他自以為孫中山嫡系政治派系對這個曾經反對過孫中山
　　政治派系的一個貶稱，說政學會是新政學系的前身。」構成政學系的成員須具備兩
　　個條件：一是與政學會成員有直接或間接聯繫；二是曾在北洋政府時期議會或內閣
　　任職，具有北方政治背景者。通常被稱為政學系的成員有黃郭、楊永泰、張羣、翁
　　文灝、吳鼎昌、張嘉璈、王世杰等。參見：林緒武，《由政學會到新政學系——國
　　民黨體制內的資產階級自由派研究》（天津：天津人民出版社，2009），頁148-149。

不承認有所謂的「政學系」，但是他知道如果接受行憲後行政院院長之提名，在立法院行使同意權時，能否獲得過半數的立法委員支持，爲一大問題，爲避免困擾，遂先向蔣氏表達不願續任的意願。不過蔣氏對此不以爲意，反向張氏表示：「本黨派別平時不必過於統制，若到最後則可使必歸一致無疑」。[56] 4月19日，蔣氏當選總統，正式考慮行政院院長人選，於21日上午召見張羣，請其準備繼續負責，張則詳陳理由，請蔣另行考慮人選。[57] 蔣氏見張「辭意堅決，似難挽留」，頗感困擾，「以繼任無人爲苦」，[58] 但亦並未放棄請張氏續任之想法。

　　1948年5月8日，行憲後首屆立法院自行集會，宣告成立。蔣氏於7日，即立法院開議前一天中午，在官邸約見立法委員具有中國國民黨中央常務委員身分者25人，討論行政院院長人選及立法院正副院長如何選出等問題。出席者對於蔣氏欲提名張羣爲行政院院長雖然有不同意見，但是在蔣氏的強力主導下，一致同意支持。[59] 次（8）日，蔣氏約見張羣，面告會談情形，囑其勿再言辭職事，張勉強應允考慮，[60] 但以黨籍立法委員受黨內派系競爭影響，情勢十分複雜，甚至有部分委員挾同意權之行使，要求過問行政院人事，黨中央亦無法控制。[61] 張羣深覺院長一職絕不可爲，除面陳外，並致函蔣氏，懇辭提名，語意堅

---

56 《蔣中正日記》（民國37年2月8日）。

57 《張羣日記》（1948年4月21日），原件由家屬典藏，影印件由中國國民黨文化傳播委員會黨史館藏。

58 《蔣中正日記》（民國37年4月21日）。

59 黃宇人，《我的小故事》，下冊（香港：吳興記書報社，1982），頁69-71。

60 《張羣日記》（1948年5月7日）。

61 蔣氏記道：「在此民主口號之下，立法院中之黨員已不復爲黨之組織所控制，其中不法黨員更放肆囂張，明目張膽爲叛徒矣。」參見：《蔣中正日記》（民國37年5月14日、民國37年5月17日）。

決，有「泛察輿情，決難勉強，依違則進退失據，偏向又心所不安」等語。[62]事實上，蔣氏在張氏最初表達辭意後，曾經考慮提名何應欽出任，但在研議過程中，內部有以不宜由軍人任行政院長反對，[63]且何氏亦表達不願接受。因此蔣氏仍希望張羣能打消辭意，及聞黨籍立法委員決定於21日對行政院院長人選進行假投票，以為事有所轉圜，遂約見張羣，表示如果假投票得多數同意，即提出立法院，請其勿再堅辭。張氏當即痛陳不能接受之理由，並於21日一早搭機離京赴成都，以示堅辭之決心。[64]實則假投票一事侵犯總統的提名權，但是蔣氏未有所警覺，反而於假投票當日一早召見陳立夫，指示支持張羣。[65]假投票之結果，不出張羣所料，確定無法得到黨籍立法委員之支持，除少數立委「棄權」外，僅得94票，何應欽得259票最高。[66]蔣氏對此結果，十分沮喪，謂「提張既不可能，而提何又不願就，殊無術以處之」。[67]經過一天的思考，至22日晚，蔣氏決定不理會黨籍委員假投票之結果，在張、何之外，另提第三人，即時任資源委員會委員長之翁文灝，獲立法院同意為行憲後首任行政院院長。而由此事發展過程來看，可見張羣對於職務之去就實有其個人定見，知其不可為而不為，並非完全遵照蔣氏安排。事後有立法委員反思此事，表示：「如當時執政黨內部

---

62 《陳布雷先生從政日記稿樣》（民國37年5月18日），第5冊，頁987，國史館藏，入藏登錄號：1280023310005B。

63 據王世杰表示：「行憲政府成立時，因我極力反對以軍人為行政院長，于是何應欽未被請組閣。」參見：《王世杰日記》，第6冊（臺北：中央研究院近代史研究所，1990），頁178-179。

64 《張羣日記》（1948年5月21日）。

65 《蔣中正日記》（民國37年5月21日）。

66 再次為吳鐵城85票，孫科5票，黃紹竑5票，谷正綱3票，張厲生3票，王世杰3票。《華北日報》（華北），民國37年5月22日，第2版。

67 《陳布雷先生從政日記稿樣》（民國37年5月22日），第5冊，頁988。

意見不分歧,岳公得以繼續擔任行政院院長,以岳公與最高當局相知之深,加上岳公圓融的政治手腕,以其元老重臣的地位,政局或不致如後來那般惡化。撫今追昔,能不感嘆再三?」[68]

五、關鍵時刻的建議

張羣辭卸行政院院長後,於1948年8月以總統代表身分赴日訪問三週。訪日期間,曾在東京與駐日盟軍最高統帥麥克阿瑟(Douglas MacArthur)會談四次,並聽取日本朝野各政黨領袖與各界重要人士與學者的意見,同時赴廣島、京都、奈良、大阪等地考察,實地了解日本戰後情形。[69]11月,中國國民黨中央政治委員會秘書長陳布雷逝世,中央常務委員會選派張羣繼任;12月,行政院院長翁文灝辭職,由孫科繼任,延請張氏出任行政院政務委員。

1949年1月21日,蔣中正宣布下野,副總統李宗仁代行總統職權;蔣氏以西南及東南地區關乎日後局勢發展,於下野前先行完成兩地區軍政人事的部署,西南方面,決定以張羣為重慶綏靖公署主任,穩定該地區。[70]4月5日,行政院會議特派張羣為西南軍政長官;5月1

---

68 梁肅戎,〈元老重臣是東方政治中的傳統——悼念黨國元老張岳公〉,收入張岳軍傳略與年譜編纂委員會編著,《張岳軍傳略與年譜》,頁264。

69 張羣,《我與日本七十年》,頁97-98;〈張岳軍年譜〉,收入張岳軍傳略與年譜編纂委員會編著,《張岳軍傳略與年譜》,頁122。

70 是項人事案尚包括以余漢謀任廣州綏靖公署主任;裁撤衢州綏靖公署,改設福州綏靖公署,以朱紹良為主任;原衢州綏靖公署主任湯恩伯,調任京滬杭警備總司令。並調整福建、江西兩省主席,由朱紹良兼任福建省政府主席,方天為江西省政府主席。以強化兩省之軍事部署,此外,廣東省主席宋子文於二十日謁蔣請辭,蔣氏同意,決定以薛岳繼任,並增設海南島特區行政長官一職,以張發奎擔任。蔣氏對此表示:「地方政治上人事之布置,至此已告完成。」參見:《蔣中正日記》(民國38年1月18日)。

日，西南軍政長官公署成立，統一管理川、康、滇、黔、渝五省市軍
政事宜，張氏實際上為西南地區最高軍政首長。

　　1949年4月，國共北平和談破裂，共軍渡江，南京失守，政府遷
至廣州，西南地區日形重要。是時西南各省，以雲南情勢最為複雜，
中共分子公開活動，省主席盧漢之動向尤居關鍵。張羣在協助蔣中正
爭取雲南省主席盧漢支持中央政府，穩定西南局勢的過程中，出力甚
多。[71]10月15日，廣州失陷，中央政府已先於12日宣布遷往重慶辦
公，情勢日益惡化。11月14日，蔣中正應李宗仁之請，自臺北飛抵重
慶，以共同維護大局。未料李宗仁於20日以治療胃疾為由，自南寧經
海口飛抵香港，中樞無主，蔣氏遂以中國國民黨中央非常委員會主席
的身分，指揮剿共軍事，張羣則協助處理相關政務。

　　此時除剿共軍事外，更為關鍵的問題是重慶一旦不守，中央政府
應將遷往何處？11月26日，綦江失守，重慶危急，27日上午，蔣氏約
見行政院院長閻錫山及張羣，商談政府遷移的地點，主張依原訂計畫
擬遷往西昌，但以該地尚未有所準備，便決定先遷移成都辦公。[72]西昌
為西康的政治中心，抗戰期間國民政府軍事委員會委員長西昌行轅所
在地，蔣氏曾於1945年9月底偕夫人親蒞巡視，停留9天，對該地地方
行政與風土民情等，有相當程度的瞭解，因此思考以該地為重慶之後
的下一個據點。1949年11月初，蔣氏接見川陝甘邊區綏靖公署主任胡
宗南時，曾對其表示如重慶危急，政府再遷，以至西昌為宜，指示速
運一師兵力至西昌，以作準備。[73]不過張羣對於蔣氏的主張，持反對態

71　劉維開，《蔣中正的一九四九》（臺北：時英出版社，2009），頁226-234。
72　《蔣中正日記》（民國38年11月27日）。
73　胡宗南著，蔡盛琦、陳世局編輯，《胡宗南先生日記》（民國38年11月19日），下冊

度，認為：「西昌可為對外抗戰根據地之一，而決非剿匪之最後據點，以匪用滲透戰術，無孔不入，故西昌亦不能久安也」。[74]蔣氏對於張羣之顧慮十分重視，並私下提出一個新方案，即政府直接遷移臺灣，而在大陸設立大本營，專為軍事機構，自己親自在大陸指揮，徵詢張氏意見；對此，張羣表示同意。[75]28日，蔣氏再度召見張羣，商討政府駐地及今後大計，[76]並於當日日記後頁的「本星期預定工作課目」中記道：「政府遷移地點之研討，臺灣？西昌？」[77]亦可以看出張羣的意見對於蔣氏考慮政府遷移地點事上，有相當影響。

11月29日，行政院在成都正式辦公；次日，蔣氏自重慶飛抵成都，重慶失陷。中央政府從重慶遷至成都，只是權宜措施，成都一旦失守，將遷往何處，是照原定計畫立即遷往西昌，還是再暫時先移其他地點，未有進一步討論。12月4日，蔣氏分別與張羣、閻錫山商討遷都地點及相關事宜，決定中央政府仍以遷往西昌為宜。[78]6日上午，張羣等舉行會報，商討政府遷移事宜及蔣氏啟程時間；[79]但是至6日當晚，蔣氏接獲報告，稱西昌以南之甯南縣受雲南巧家縣之中共勢力威脅，情勢甚為危急，而深感不安，之後雖然再得確切訊息，知此事為誤傳，然而對照之前張羣反對遷移西昌的理由，遂確定：「西昌決不能

（臺北：國史館，2015），頁166-167。

74 張羣持反對意見事，亦見徐永昌日記記載：「（閻錫山）並言蔣先生擬遷西昌，張岳軍不可。」參見：《徐永昌日記》（民國38年11月27日），第9冊（臺北：中央研究院近代史研究所，頁467。

75 《蔣中正日記》（民國38年11月27日）。

76 《蔣中正日記》（民國38年11月28日）。

77 《蔣中正日記》（民國38年11月28日後「本星期預定工作課目」）。

78 《蔣中正日記》（民國38年12月4日。

79 《張羣日記》（1949年12月6日）。

作政府駐在地,乃可斷言」。[80] 思考是否能遷往昆明,指示張羣前往與盧漢商議,可否以昆明作爲中央政府駐地或設置大本營;並於7日上午指示閻錫山籌畫一切,作好當晚離開成都之準備。[81]

張羣於12月7日下午1時許抵達昆明,即與盧漢商議中央政府駐地及設置大本營問題。張氏提出三個方案:第一、行政院遷臺灣,大本營設昆明;第二、行政院設西昌,大本營設昆明;第三、行政院遷昆明辦公。[82]但盧氏謂保衛雲南所必需之各項請求,皆未獲解決,雲南即無法保衛,只有作向西撤退打算,政府遷昆明實爲徒勞。張氏明白盧漢之態度後,除允諾就其所提問題,商請主管單位設法予以解決,鼓勵其積極努力,共赴艱鉅外;並將談話情形立即致電蔣氏,建議政府遷臺,曰:「與永衡洽商結果,因昆明情形複雜,政府遷臺,大本營設西昌,在昆不設機關,仍可給予各種便利」。[83]蔣氏得報後,決定政府遷移臺北,指示行政院召開緊急會議。[84]7日當晚8時,行政院舉行會議,通過政府遷設臺北,在西昌設大本營案,隨即發布總統令:「政府遷設臺北,並在西昌設大本營,統率陸海空軍在大陸指揮作戰。此令」。[85]閻錫山則於8日上午10時,偕副院長朱家驊、政務委員、各部

80 《蔣中正日記》(民國38年12月6日):葉健青編,《蔣中正總統檔案‧事略稿本》,第82冊(臺北:國史館,2013),頁422。

81 《蔣中正日記》(民國38年12月7日):葉健青編,《蔣中正總統檔案‧事略稿本》,第82冊,頁424。

82 陶希聖,〈危難中之奮鬥〉,收入周開慶編著,《川康淪陷經過》(臺北:四川文獻月刊社,1972),頁56。

83 「張羣呈蔣中正雲南局勢演變經過」(民國38年12月7日),〈革命文獻──京滬撤守前後之戡亂局勢(二)〉,《蔣中正總統文物》,典藏號:002-020400-00032-178。按:盧漢字永衡。

84 周宏濤口述,汪士淳撰寫,《蔣公與我──見證中華民國關鍵變局》(臺北:天下遠見出版公司,2003),頁160。

85 蕭良章、程玉鳳編,《中華民國史事紀要(初稿)-中華民國三十八年(一九四九)

會首長及總統府秘書長、參軍長等14人乘美齡號專機離成都，於下午6時抵臺北松山機場；9日，行政院舉行遷臺後首次院會，正式在臺北辦公。

張羣於8日下午4時，自昆明返抵成都，向蔣氏報告與盧漢會面情形，蔣氏決定先返臺北，指導政府之安頓，同時囑張氏再赴昆明一行，並召見與張氏同行之李彌、余程萬、龍澤匯三位軍長，期勉三人合力保衛雲南。[86]9日中午，張羣遵蔣氏指示再赴昆明，答復盧漢所提問題，並續予商談，李、余、龍三位軍長同行；張於行前曾勸蔣氏即日離開成都，不必至西昌、昆明，直飛臺北，蔣表示將於次日起程。[87]下午2時左右，蔣氏接獲昆明方面報告盧漢下令禁止機場飛機起飛，知情勢發生變化；至當晚，與昆明方面電話、電報皆不通，更覺事態嚴重。[88]當（9）日，西康省主席劉文輝、西南軍政長官公署副長官鄧錫侯、潘文華等率所部於彭縣通電投共；次（10）日，昆明方面電訊接通後，收到之第一通電報，為盧漢在昆明響應劉文輝等投共之通電，張羣、李彌、余程萬等則遭到監視，行動失去自由。蔣氏聞訊，立即指示空軍於昆明散發警告盧漢傳單，如在24小時內不釋放張、余、李三人，當即進行轟炸。[89]10日，盧漢派代表前往見張羣，聲稱雲南不堪再戰，業已成立臨時軍政委員會，維持過渡，俟中共派員接收，即宣布引退，並表示擬派商機送張赴香港。11日下午，張羣乘法國環球

十至十二月份一》（臺北：國史館，1997），頁532- 533。

86 《蔣中正日記》（民國38年12月9日）；葉健青編，《蔣中正總統檔案・事略稿本》，第82冊，頁440。

87 《張羣日記》（1949年12月9日）。

88 《蔣中正日記》（民國38年12月9日）。

89 葉健青編，《蔣中正總統檔案・事略稿本》，第82冊，頁452。

公司最後一班飛機離開昆明，經海防於12日抵達香港，結束了他一生中所遭遇最大的一次危機。蔣氏得知脫險，記道：「甚為欣慰」。[90] 21日，張氏搭海輪至臺灣，23日，面見蔣氏報告昆明被扣經過，並於次（1950）年1月25日向中央非常委員會議提出對雲南局勢演變情形之報告，說明雲南局勢變化及其遇險經過。

1950年之後，張羣先後出任革命實踐研究院主任、總統府資政、總統府秘書長等黨政要職。其中總統府秘書長一職為總統之幕僚長，輔佐政務，張氏自1954年5月受任至1972年5月辭職，前後長達18年，足見蔣氏對其信任之深。由於相關資料，如張氏遺存之《中行廬經世資料》等尚未公開，不在本文討論範圍。其長子張繼正回憶張羣與蔣氏的關係，亦稱：「父親一生追隨蔣公，為黨國盡心盡力，為領袖分勞分怨，每逢危急，輒先赴難，對身家性命，無所瞻顧」。[91]

六、《中行廬經世資料》之史料價值 [92]

《中行廬經世資料》為張羣就其所留存從政期間相關文件，包括文稿、函電、報告、書籍等分類整編而成。[93]「中行廬」一詞，係張氏為紀念其部屬黎中行而命名。1930年1月，福建發生兵變，攻擊黨政人員，是為「一六政變」，政府以北方局勢未定，江西共禍尚熾，兩

---

90 《蔣中正日記》（民國38年12月13日）。

91 張繼正，〈我的父親〉，收入李雲漢主編，《張岳軍先生畫傳》（臺北：近代中國出版社，1992），頁223。

92 本段摘錄自劉維開，〈黨史會藏《中行廬經世資料》介紹〉，《近代中國史研究通訊》，第28期（1999.9），頁150-155。

93 據筆者了解，張羣曾自整編而成資料中抽出數件蔣中正親筆批示，交總統府機要室併入大溪檔案，現應存在國史館藏《蔣中正總統檔案》中。

廣仍不穩定，對福建不欲動用兵力。因張氏曾於1927年福建省政府成立時，代表中央前往主持省主席及省府委員宣誓就職，熟悉閩情，特派其赴閩宣撫。張氏抵福州時，叛軍林壽昌等派人在福州大橋攔車行刺，當時他不在車內，副官黎中行被刺身亡。事後張氏為悼念黎氏之犧牲，將其上海寓所題名「中行廬」，至晚年，張氏將所留存資料贈予中國國民黨中央委員會黨史委員會（簡稱「黨史會」，為中國國民黨中央文化傳播委員會黨史館，簡稱「黨史館」之前身）時，仍以「中行廬」為名，實可見其對此事感念之深。

《中行廬經世資料》依其原始分類，分為四個部分，內容大致如下：

中行廬經世資料（一）：主要為剪報資料，包括1951、1952、1957、1963、1971年歷次訪日剪報資料、1947年行政院長任內巡視臺灣剪報資料、1971年有關中國問題剪報資料、祝壽剪報資料，及1979年魏德邁將軍來華前後函件、張羣秘書長訪問日韓等相關書刊35種、38冊等，共54號。

中行廬經世資料（二）：主要為任公職期間，包括外交部長、行政院長、西南軍政長官、總統府秘書長及革命實踐研究院主任等相關文書；所經歷事件，包括福建一六政變、昆明政變有關文件；及中日關係，包括1948年、1952年訪日、吉田書簡、吉田茂訪華卷等，共44號。

中行廬經世資料（三）：主要為與日、韓關係相關資料，包括1964年訪問日韓卷、1968年訪日資料、1975年訪韓資料、日韓政情資料、與岸信介往來函件、中日斷交文件及有關資料、中日合作策進會資料、岸信介等訪華資料，及訪問歐亞各地剪報資料等，共38號。

　　中行盧經世資料（四）：主要爲各時期的講詞、文稿、信函，及陸軍士官學校第二十七期生徒並第十期支那學生卒業紀念冊、三人會議商談經過概要、1963年訪日相關資料、1965年訪歐亞各國案卷、與佐藤榮作談話記錄、日本人士書札等，共72號。

　　此外，張羣的長公子張繼正於1992年應國立故宮博物院院長秦孝儀之請，將張氏自1948年至1972年日記，共25冊，交黨史會影印留存。1993年4月，續移送張氏資料一批予黨史會，其內容包括：中日和約相關文件、戰前中日交涉談話記錄，及總統府秘書長任內訪日、韓資料等，共69號，均併入《中行盧經世資料》保存。因整理編目關係，黨史會（黨史館）至今尙未對外公開。

　　《中行盧經世資料》涵蓋了張羣於1915年自日本陸軍士官學校畢業的紀念冊，至1987年百齡華誕各項祝壽活動剪報資料，七十餘年間擔任各項職務之相關資料，其中以臺灣時期所經歷事務爲主，大陸時期擔任上海特別市市長、湖北省政府主席、中央政治委員會秘書長、國防最高委員會秘書長、四川省政府主席等職期間之資料不在其中，十分可惜。

　　《中行盧經世資料》除了爲研究張羣一生事功提供相關資料外，對於民國史的研究，亦有以下幾方面價值：

　　一、澄清若干事實的眞相：在《中行盧經世資料》中，保存了若干重要而不爲外界所知的資料，對事實眞相的澄清有相當助益。如1937年8月7日召開的國防聯席會議，在南京的中國第二歷史檔案館尙未公開會議記錄之前，外界對於該次會議的實際情形並不了解。但是在《中行盧經世資料》中，不僅有一份會議程序表，還有一份張羣用鉛筆記錄的與會者發言要點，研究者可以據此對於會議情形有一個概略的了

解，而該份筆記與日後所公布的記錄相對照，內容大同小異，亦可見張氏記錄之價值。[94]再如李宗仁在唐德剛為其所進行口述歷史訪談中，表示蔣經國在所撰《負重致遠》一書中，曾捏造一通致張羣的所謂「戊文桂」電，其中有「請速電總裁促駕，不必候仁返渝」等語。[95]「戊文桂電」實為「戌文桂電」之誤，在《中行廬經世資料》中保存了這份11月13日7時19分收譯的電報，曰：「限即刻到，重慶西南長官公署張長官岳軍兄。密。戌蒸親電誦悉。仁尤抵桂，擬續赴各地巡視，以激勵士氣民心，中樞軍政商洽，均須仰仗總裁親臨決定，請迅電促駕，不必候仁返渝也。特復，李宗仁。戌文桂印。」據此實可說明李宗仁在回憶錄中之否認，並非事實。資料中同時存有張氏於同日13時發出呈蔣中正的電稿：「限一小時到。臺北草山總裁蔣。專密。連日電催德鄰返渝，頃接戌文桂電云：『仁尤抵桂，擬續赴各地巡視，以激勵士氣民心，中樞軍政商洽，均須仰仗總裁親臨決定，請迅電促駕，不必候仁返渝也。』等語。昨日邱昌渭言，近日總裁復位空氣甚濃，時局艱危，應速有決定，否則此種空氣應速予澄清，不然李即無法再作。外傳反共大同盟之說，群雖未獲跡象，不知鈞處有無情報。寇鋒已攻入川黔，整個西南局勢動盪。現一般人士惶惑失望，不僅對于一方，鈞座對此支離破碎之局，如何決策，乞立予睿裁。張羣。戌元親印。」亦可說明該份電報存在之事實。

---

94 程序表及發言要點記錄，參見：李雲漢主編，《張岳軍先生畫傳》，頁43。南京中國第二檔案館將該項記錄發表於1996年2月出刊的《民國檔案》，較《畫傳》所揭露，晚了4年。參見：中國第二歷史檔案館，〈抗戰爆發後南京國民政府國防聯席會議記錄錄〉，《民國檔案》，1996年第1期（1996.2），頁27-33。

95 李宗仁口述，唐德剛撰寫，《李宗仁回憶錄》，下冊（香港：南粵出版社，1986），頁664。

二、爲重要的歷史記錄補白：張羣習慣將其認爲重要的資料親筆錄存，這些筆錄的資料，或不見諸正式文件，但是存放於《中行廬經世資料》中，爲歷史提供了重要的記錄。如〈蔣總統縶身引退及和談大計綱要草案〉之原稿及修正稿，係黃紹竑於1948年12月28日提出之關於蔣中正下野及和談方案，原稿內容爲：「一、蔣先生以俯察輿情，顧全國本，不失其歷史立場，主動下野。二、李先生依法繼承大任，宣布和平主張。三、和談以內閣爲主，但由大總統賦以全權。四、和談事前準備：（甲）改組內閣，網羅全國和平民主人士充實和平陣容（陣容人選另案研究）；（乙）發動全國民意，一致擁護和平主張；（丙）運用外交使美蘇英法對中國和平取得諒解，並予以支持；（丁）主動爭取香港方面以首之反政府政治團體，勿使爲和平障礙。五、和平宣布時，我方的表示：（甲）撤銷以前頒布之戡亂命令，停止敵對行爲；（乙）部隊主動撤離戰場（平津沽除外），彼此保持若干距離，以免衝突（軍事部署另案研究）；（丙）釋放政治犯及戰俘。六、和談時機宜主動迅速，務在平津失陷，蚌埠敵攻勢未發動之前。七、和談地點以上海爲宜，並作如左之準備：（甲）宣布上海爲和平都市；（乙）軍事指揮機關及部隊撤離市區，治安由警察維持；（丙）保證各黨各派的政治自由活動；（丁）以和平人士主持市政。八、和談條款方案研究。」經討論後於30日修正後爲：「一、蔣先生爲便於政策之轉變，主動下野。二、李先生依法代行總統職權，宣布和平主張。三、和談由內閣主持。四、和談事前準備：（甲）組織舉國一致之內閣，其人選另行研究；（乙）運用外交，特別加強對美蘇英之合作關係，以期對中國和平之實現獲得贊助；（丙）主動爭取過去不滿政府主張和平之政治團體及人士。五、爲保證和平談判之順利，軍事應有嚴密之部署，尤須鞏固

軍心，團結一致。」黃之原稿代表部分桂系人士之意見，修正稿則為蔣中正看過原稿後，由張羣、吳忠信、張治中等代表與李宗仁、黃紹竑討論的結果，從兩稿內容之差異，可以作為探討此一時期蔣、桂關係的一個線索。

三、提供大量中日關係的資料：張羣早年留日學習軍事，之後長期致力於改善中日邦交，與日本方面關係密切，曾著有《中日關係七十年》一書，歷述其對日工作之經驗與感受，為政壇所謂「知日派」的代表。《中行廬經世資料》中，保存了多件與中日關係相關的重要資料，包括張氏於戰前出任外交部長後與日方進行調整中日關係的歷次談話記錄、中國國民黨五屆三中全會外交報告的口頭補充報告，及戰後締結中日和約的經過、1964年吉田茂訪華卷、吉田書簡有關資料、維尼龍廠售匪案、周鴻慶逃亡案、1971年中日斷交案等；以及與日本政界人士交往的記錄，包括1952年、1957年、1963年三次訪日晉見日本天皇的談話記錄、歷次訪日與日方人士的談話記錄、剪報等，與吉田茂、岸信介、佐藤榮作等政界人士往來函件、談話記錄等，十分可觀。這一部分雖然只是張羣個人留存的資料，但以其在對日外交的地位而言，實為研究中日關係者，甚至民國外交史者所不可忽視。其中值得一提的是張羣於1935年出任外交部長後，以日本駐華大使為交涉對象，從有吉明、有田八郎到川越茂，進行調整兩國關係的談判文件。張羣與有吉明及川越茂的談判，官方有正式記錄，且已對外發表；[96] 與有田八郎的談判，則因無第三者參加，沒有任何正式記錄留

---

96 張羣與有吉明及川越茂的會談紀錄，參見：張羣與有吉明及川越茂的會談紀錄，參見：中國第二歷史檔案館，〈有關張羣出任南京國民政府外交部長期間中日交涉的一組史料〉，《民國檔案》，1988年第2期（1988.4），頁19-21、24-38。

存，他卻留下了一份在會後口述，由高宗武筆記的談話記錄，存放在《中行盧經世資料》中。雖然這份記錄為單方面的資料，但是我們仍然可以由此對張氏與有田八郎的談判情形有一個概略的了解。

四、保存政治上若干人與事的記錄：張羣在民國政壇上一向被視為「政學系」的主要人物，對此，張繼正在〈我的父親〉一文中表示，他「所以會被誣為政學會的重要分子或領袖人物，實在是因為那些搞派系的人，為了要排擠他，祇好先誣賴他，指他也是一個搞派系的人物。」「他主持過許多機構，都是用人唯才，從沒有固定的班底，以致有些僚屬，難免不滿，認為他不肯提攜，即或提攜，也不肯盡力，由此，更可證明，指他是政學會領袖的說法，實在是無稽之談。」[97] 而以蔣中正用人的作風觀察，尤其是張氏擔任總統府秘書長前後長達18年一事來看，指稱其為政治派系領導之說，確實有商榷的必要。《中行盧經世資料》中，保留有一件「政學系報資料」的剪報，也許代表他對這個問題亦有相當興趣。在《中行盧經世資料》中，有若干資料，不僅為張氏個人資料，也與當時的政局發展有關，如行政院大事記、西南軍政長官公署與蔣總裁往來電、張長官在西南主持軍政期間與總裁往來電文、昆明事變有關文件等。以昆明事變為例，不僅是張羣一生中的一個重要事件，同時也是大陸淪陷過程中的一個重要部分，文件中包括雲南省政府主席盧漢為軟禁張氏一事致張氏的鋼筆原函、張氏自雲南脫險抵臺後提送中常會的雲南局勢演變情形報告，及張氏脫險抵港之相關剪報等，對了解雲南陷共經過，有相當助益。另《中行盧經世資料》中尚有張氏從政期間，主要是總統府秘書長任內，與各方人士，

---

97 張繼正，〈我的父親〉，收入李雲漢主編，《張岳軍先生畫傳》，頁222。

如陳誠、蔣廷黻、洪蘭友、王雲五、張君勱、蔣勻田、李璜、左舜生
等往來函件，保存許多重要的歷史素材。

七、結語

　　張羣於1907年底獲清政府陸軍部保送赴日學習軍事，因而與同為
保送生的蔣中正結識，歷經同學、同志、部屬的關係，兩人交誼超過
一甲子，始終無間，實屬難得。[98]而就張氏經歷來看，自其於1926年參
與國民革命軍北伐以來，所擔任職務含括黨政軍三方面，任職時間，
除抗戰期間任四川省主席長達六年多之外，大多在二、三年間，就
1949年之前國府高層人事，並不多見，究其原因，應與兩人交誼，且
深受蔣之信任有關。[99]

　　張羣與蔣氏於1911年聯袂脫隊返國參加革命，建立特殊的革命情
感，爾後雖然分途發展，但情誼仍在，自1926年進入國民革命軍總司
令部後，張氏即長期追隨蔣氏，成為蔣氏的左右手。1928年北伐軍事
結束，全國統一，五院制國民政府成立後，張羣在黨、政、軍任何一
方面的職務，幾乎都可以感受到職務背後的力量，也使外界將張羣視
為蔣氏的代理人，尤其是對日外交，日本方面以為蔣氏的對日政策是
受張羣提供意見的影響，而有「張羣是蔣介石的懷刀」的說法。[100]而在

98　秦孝儀於〈《張岳軍先生畫傳》序〉曰：「先生與先總統蔣公，束髮訂交，安危共
　　仗，白首丹心，纖介無間，求之古人，殆難其比？」參見：李雲漢主編，《張岳軍
　　先生畫傳》，頁4。

99　蔣氏對張羣雖然信任，但對其為人亦有所批評，曾記道：「岳軍器小量窄，對私
　　人恩怨太明，又以根究怨仇，好弄權術，不肯渾厚自修，此其所以川事不能平定
　　也。」參見：《蔣中正日記》（民國38年7月18日）。

100 張羣，《我與日本七十年》，頁258。

蔣氏主持軍政大計的人事布局上，張羣一直是一顆活棋，那裡需要就放在那裡，而張氏亦大多能完成所交付任務。以抗戰時期為例，劉湘逝世後，所遺留四川省主席一職雖有多方爭取，但蔣氏認定非張羣不可，1938年的首次任命因四川軍人反對而受阻，改任為軍事委員會委員長重慶行營主任，使其建立與四川的關係，至1940年時機成熟，再度任命。在任期間，協調各方，力求省政和諧安定，使四川成為支持政府對日抗戰最重要的力量，學者評論其主政四川，謂：「轉移全省風氣，鼓勵軍民出力獻糧。陪都重地，用以鞏固；抗戰力量，得更增強。張之貢獻至大」。[101] 其他職務亦莫不如此，甚至1949年底為執行蔣氏指示，不顧個人安危，身歷險境，赴雲南與盧漢商談相關事宜，而遭遇一生中最大的危機。

張羣對其一生除了《我與日本七十年》一書外，未有其他的自傳或回憶錄，他只交代張繼正要將下列四句話，記載入他的傳略中：

有容量乃大，無欲心自安，報國當盡瘁，敬神日月長。[102]

但是他卻留下了一批個人資料——《中行廬經世資料》。《中行廬經世資料》在數量上，也許不及其他政治人物的個人專檔可觀，但是以張羣在民國政壇的地位，在對日外交上的影響，以及與蔣中正的交誼，使得這批資料不僅對張氏個人或對中日關係之研究，具有關鍵地位，而且在民國史的研究上，亦有其重要性存在。

---

101 吳相湘，〈張羣注意對日外交〉，收入吳相湘，《民國百人傳》，第4冊，頁73。
102 張繼正，〈我的父親〉，收入李雲漢主編，《張岳軍先生畫傳》，頁225。按：張羣為基督徒，於1912年4月在上海愛文義路聖公會禮拜堂受洗。

為薪？為釜？
——汪精衛的生死抉擇

邵銘煌

國立政治大學圖書資訊與檔案學研究所副教授

一、前言

　　清宣統3年，歲次辛亥，3月29日，亦即西元1911年4月17日。革命黨敢死隊員發動攻擊，直搗兩廣總督署，力寡不敵，86人壯烈捐軀。事後，黨人潘達微收殮遺骸72具，合葬於廣州城東的紅花崗，世稱「黃花崗七十二烈士」。其死難精神，千古傳頌。孫中山高度肯定是役價值，謂：「直可驚天地、泣鬼神，與武昌革命之役並壽」。

　　前一年，歲次庚戌，3月8日，亦即西元1910年4月17日。革命黨員汪精衛等人潛身北京謀炸攝政王載灃，事洩被捕繫獄。其效法古荊軻刺秦王之壯舉，驚動京城。連遠在日本殖民統治下臺灣的官府報紙也報導是則消息，稱：「前頃攝政王之險遭，雖云狙擊不中，然已大驚內外之耳目矣」。[1]孫中山時在檀香山，胡漢民由香港致電報告「精永

禁」消息，首於5月4日書告加拿大同志梅培：「近日吾黨精衛君，身入虎口，到北京欲行大事，不幸事敗被拿。……虜不殺之，想有所顧忌而不敢也，然吾黨失一文武全才之能員，殊深痛惜也」。[2]隨即盡力展開營救。他也曾寫信告訴美籍軍事顧問荷馬・李（Homer Lee），說：「我的一名秘書汪精衛先生及另一些人在北京被捕。汪先生已被判終身監禁。現今他的唯一希望在於我軍攻下北京」。[3]後抵檳城，仍不忘營救，馳函遠在巴黎的同志吳稚暉，告稱：「吾黨今日有一急要問題，必須設法解決者，爲謀救精衛之事」。[4]並請密商歐洲同志，就所識可靠在北京之人，託其查探汪精衛被囚詳情，並代爲籌思救出的安策妙法。

汪精衛何許人也，得獲孫中山如此痛惜。五四新文化運動風雲人物徐志摩在《西湖記》有一段描述：「叔永介紹了汪精衛。一九一八年在南京船裏曾經見過他一面，他眞是個美男子，可愛！適之說他若是女人一定死心塌地的愛他，他是男子……他也愛他！精衛的眼睛，圓活而有異光，彷彿有些青色，靈敏而有俠氣」。[5]時爲1923年，汪精衛已四十初度，依舊帥氣不減當年。美男與刺客，讓人驚異的對比，但這就是汪精衛與眾不同之處。

2 「致梅培告汪兆銘被捕函」（1910年5月4日），收入孫中山著，中國國民黨中央委員會黨史委員會編，《國父全集》，第3冊（臺北：中國國民黨中央委員會黨史委員會，1973），頁112-113。

3 「致荷馬李告中國革命現狀函（譯文）」（1910年5月9日），收入孫中山著，中國國民黨中央委員會黨史委員會編，《國父全集》，補編（臺北：中國國民黨中央委員會黨史委員會，1985），頁321。

4 「由檳城致吳敬恆請密謀託人營救汪兆銘函」（1910年7月20日），收入孫中山著，中國國民黨中央委員會黨史委員會編，《國父全集》，第3冊，頁122。

5 叔永，即任鴻雋。適之，胡適字。參見：韓石山編，《徐志摩全集》（天津：天津人民出版社，2005）。

二、「小兒」變英雄

汪精衛，本名兆銘，字季新。20世紀初，清廷慘遭「辛丑和約」奇恥大辱，因而銳志維新，教育上作大改革，帶動一股留學風潮。日本占地理、習俗、費用之便，負笈東瀛的中國學生，與年俱增。汪精衛21歲時，與廣州秀才胡漢民、朱執信等趕上風潮，被選派赴日本，進入法政大學速成科。當時，他夢想作一個改造新中國的旗手。次年，孫中山獲得留日學生擁戴，籌組「中國同盟會」，汪便毫不猶豫加入，成為追求民主共和的革命黨員。他初入同盟會，即嶄露頭角，膺任評議部評議長，並成為機關報《民報》主要撰稿人。從此，他積極進取，既是革命的宣傳手，又是革命的實行家，深得孫中山總理器重。

《民報》創刊號上，汪使用「精衛」筆名，發表〈民族的國民〉，宣傳自由、民權、平等學說，揭露清王朝專制統治的流弊，批判康有為、梁啟超的君主立憲主張。此後又連寫數篇，如〈革命的決心〉、〈革命決不致招瓜分說〉等文，對立憲派宣傳刊物《新民叢報》言論，展開辯難與駁斥，立使立憲派聲勢大受遏抑，縱使梁啟超之長才，也自認招架乏力。其文思敏捷、文筆犀利與卓見洞識，孫中山先生及革命同志如章太炎者均表讚佩。[6]因此，引起選派他出國留學的兩廣總督岑春煊不滿，脅迫其長兄汪兆鏞出面遏止弟弟攻擊清政之言行。汪為免家人受累，竟以「家庭之罪人」致書長兄，聲明斷絕與家庭關係，並解除與劉氏女的婚約。[7]信中隱然立下「俾為國流血，以竟其志，死且不

6　參見：雷鳴，《汪精衛先生傳》（南京：政治月刊社，1944），頁33。中山先生曾在《中興日報》為文推崇汪之「革命決不致招瓜分說」，謂：「余讀精衛之革命防止分割論，實不禁欽佩萬分，余今願以之贈擔憂革命將遭分割論者，諒精衛許之也」。

7　汪精衛為此致書長兄說：「事已發覺，謹自絕於家庭，以免相累。家中子弟多矣，

朽的決心」。對他來說，流血而死，並非可怖之事。

汪精衛後來雖以優異成績結業，卻寧願放棄返國封官受祿，而留在日本續為革命效力。此種堅持立場、不惜割捨的表現，真乃革命者的本色！其後追隨中山先生到南洋發展革命，或演講、或宣傳、或組織、或籌款，或壓制保皇黨氣焰，依然不改初衷，允為不屈的鬥士。

精衛，原為古代神話中一種鳥。傳說炎帝之女女娃，溺死於東海，化為「精衛」鳥後，經常啣西山木石填補東海。後人即以「精衛填海」比喻為事堅持不懈、持之以恆、不達目的誓不罷休的精神。汪為《民報》撰稿，特以之為筆名，象徵獻身革命的「痴絕」，隱含熱血青年追求理想的浪漫。這一浪漫情懷，隨著革命形勢演進，逐漸昇華，終達鼎沸之境，化為鐵血行動。終其一生，人們習稱「精衛」之號，反而鮮呼本名。蓋由此而起。

汪精衛的鐵血行動，並非興起衝動，而是有跡可循。早在《民報》第九號上著文駁斥康、梁派「革命可以生內亂說」時，汪精衛就慨然宣示過：「使吾儕以報國之故，殺身流血，而後人繼起，得藉乎以光復宗國，則含笑以入九泉，當亦無怍」。[8]當時，西方無政府主義傳入，同盟會員中有崇尚俄國虛無黨人的暗殺行為，而設立暗殺部，聘請流亡的俄國無政府主義者教授暗殺技術。汪精衛與黃興、秋瑾都參加學習過。採用此一激烈行為的人，相信英雄的作用，以為鎖定目標、奮力

何靳此一人？縱望之，倬為國流血，以竟其志，死且不朽。惟寡嫂孤姪望善撫之，不然死不瞑目。抑此非罪人所宜言也。與劉氏女曾有婚約，但罪人既與家庭斷絕，則此關係亦當隨之斷絕。請自今日起，解除婚約。」參見：張江裁編，《汪精衛先生行實錄》（南京：中華民國史料編刊會，1943），頁4。

8 精衛，〈駁革命可以生內亂說〉，《民報》，第9號，收入黃季陸主編，《中華民國史料叢編》，第3冊（臺北：中國國民黨中央委員會黨史史料編纂委員會，1969，影印初版），總頁1289。

一擊，殺死幾個人便能解決問題，不需依靠群眾；而且易於保密，損失少，費用不多，成功機會較大。[9]雖然暗殺具有嚇阻的宣傳效果，也有助長群眾起義之聲勢，但汪精衛最初並不迷信這種霹靂手段，認爲暗殺是小兒之見，只能作爲最後武器。[10]意即時機才是決定行動的前提要件。

同盟會成立以後，革命條件大爲改善，1907至1910年間，接二連三在兩廣、雲南地區發動了六次起義，屢遭挫敗，部分志士深咎痛責，甚至消沉沮喪。孫中山認爲，「經過六次失敗，精衛頗爲失望，遂約合同志數人入北京，與虜酋拚命」。[11]這只是原因之一，其實還有兩個因素之作用：一爲1907年同盟會內部曾因日人餽贈孫中山一筆款項，請他離境事，引起一場攻訐孫中山私吞公款的紛爭；一爲1909年，清廷推出「預備立憲」新措施以收攬民心，壓制革命之氣焰。目睹這些革命黨內外形勢的變化，汪精衛判斷正是最後一擊時機的到來。

三、身入虎口行大事

1909年1月，汪精衛從新加坡潛回香港，觀念轉趨激烈，決定行暗殺之舉，爲準備工作，曾經兩度往返日本。夏間，並與黃復生、黎仲實、喻雲紀、陳璧君、曾醒、方君瑛等七人，合組暗殺小團體，在香

9 張玉法，《清季的革命團體》（臺北：中央研究院近代史研究所，1975），頁419。

10 精衛，〈希望滿洲立憲者盍聽諸〉，《民報》，第5號，收入黃季陸主編，《中華民國史料叢編》，第2冊（臺北：中國國民黨中央委員會黨史史料編纂委員會，1969，影印初版），總頁669-670。

11 孫中山，《孫文學說‧有志竟成》，收入孫中山著，中國國民黨中央委員會黨史委員會編，《國父全集》，第1冊（臺北：中國國民黨中央委員會黨史委員會，1973），頁501。

港設立祕密機關，試驗彈藥爆炸。[12]爲了製造較穩定安全而有效力的炸彈，特別向巴黎的吳稚暉同志請教，謂：

> 先生居通都大邑間，且與各國黨人交游往來，其所知所聞，必有爲弟等所未嘗夢見者，可否以方見授？弟等從前所知者，爲銀炸、水銀炸等，性烈易爆，治此者往往先毀其身，事未成而先殉之，言之可傷。近得較善之法，乃以發火部、爆裂部兩者合而構成一彈，已經試驗，尚爲可用。然爆裂部，藥量過多，則不便攜帶，藥量過少，則慮爆炸之範圍不廣。此爲最大之缺點。如先生有良法，乞速傳授，是所至望。

吳稚暉也函示，用硝酸水銀製炸彈方法。汪精衛愼重其事，細心討論，力求妥善。可見他對暗殺行動，態度十分認眞。但是，孫總理、黃興、胡漢民等革命同志並不認同，曾多方勸阻。胡漢民回憶說：「精衛自河口失敗後，遂有行個人暗殺之決心，余屢規止之。及往日本東京，力言暗殺之無濟，與吾輩所宜致力於革命事業者。……精衛答書，惟言所志已決，他不置辯」。[13]次年1月，北上行事前，汪復致書中山先生與南洋同志告別，說明此行在於「使灰心者復歸於熱，懷疑者復歸於信。……弟等之爲此事，目的在於破敵，而非在於靖內變也。所以靖內變之道，亦不外於此」、[14]「無如革命黨之行事，不能以運動爲已足，縱有千百之革命黨運動於海外，而於內地全無聲響，不見有直接激烈之行動，則人幾忘中國之有革命黨矣。故運動與直接激

---

12 蔡德金、王升，《汪精衛生平紀事》（北京：中國文史出版社，1993），頁9。

13 胡漢民，〈胡漢民自傳〉，收入羅家倫主編，中國國民黨中央委員會黨史史料編纂委員會編，《革命文獻》，第三輯（臺北：中國國民黨中央委員會黨史史料編纂委員會，1987，影印再版），頁30-31，總頁402-403。

14 馮自由，《中華民國開國前革命史》，第2冊（臺北：世界書局，1971），頁52。

烈之行動，相循而行，廢一不可」。[15]

　　汪精衛對這種幾近自戕的刺殺行為，有其一套說法，是為「炊飯」理論。他在行動前夕，署名「守約」在《民報》第26號上發表〈革命之決心〉一文，激勵革命黨人要培養「義理之勇」，具備「不畏死」、「不憚煩」兩種道德。為了進一步闡釋其中精義，特別用「炊飯」來譬喻。他說：

> 不畏死之勇，德之烈也；不憚煩之勇，德之貞者也。二者之用，各有所宜，譬之炊米為飯。盛之以釜，熟之以薪。薪之始燃，其光熊熊，轉瞬之間，即成煨爐。然體質雖減，而熱力漲發，成飯之要素也。釜之為用，水不能蝕，火不能熔，水火交煎逼，曾不少變其質，以至於成飯。其煎熬之苦至矣，斯亦成飯之要素也。[16]

　　身為革命黨人，要作「薪」，或作「釜」，端視個人的性向與智能。但是革命之效果，像是「飯」，革命黨人不管決心作「薪」，或作「釜」，必須合力炊飯，等飯熟了，就可請「啼饑而待哺」的四萬萬人民共同享用。這一篇文字固然旨在勉勵黨人，實際上正是汪精衛內心的寫照。而且已暗自以「薪」為志，所以他在臨行前，坦白告訴盟友胡漢民，「弟則自丁未以來，蓄此念於胸中，以至於今日，千廻萬轉，而終不移其決心。昔人有言，愚者千慮，必有一得。譬諸螺旋之釘，弟之所思，已循至螺旋盡處。」並再次解釋暗殺理由，說：

15　雷鳴，《汪精衛先生傳》。

16　守約，〈革命之決心〉，《民報》，第26號，收入黃季陸主編，《中華民國史料叢編》，第8冊（臺北：中國國民黨中央委員會黨史史料編纂委員會，1969，影印初版），總頁4072。

欲犧牲其身者，其所由之道有二焉：一曰恒，一曰烈。恒乎烈乎？斯二者欲較其難易，權其輕重，非可一言盡也。譬之治飯，盛米以釜，束薪燒之。釜之為用，能任重，能持久，水不能蝕，火不能熔，飽受煎熬，久而不渝。此恒之德也，猶革命黨人之擔負重任，集勞怨於一躬，百折不撓，以行其志者也。薪之為用，炬火熊熊，傾刻而燼，故體質雖毀，而熱力漲發，飯以是熟。此烈之德也，猶革命黨人之猛向前進，一往不返，流血漑同種者也。[17]

胡氏盡力勸阻，汪則謂：「暗殺，不過犧牲三數熱血同志之生命而已，何傷元氣之有？若並此數人之性命而亦吝之，則何必組織革命乎！譬如煮飯，當蒸之以薪，薪盡而飯熟，若吝薪則何由有飯乎？」臨行前，汪不嫌詞煩，再向胡解釋實行暗殺的理由，說：

革命之勇氣，由仁心而生者也。仁心一日不滅，則勇氣一日不息，故能毅然以身為犧牲而不辭。欲犧牲其身者，其所由之道有二焉：一曰恒，一曰烈。恒乎烈乎？斯二者欲較其難易，權其輕重，非可一言盡也。設譬以明之。譬之治飯，盛米以鑊，束薪燒之。鑊之為用，能任重，能持久，水不能蝕，火不能熔，飽受煎熬，久而不渝。此恒之德也，猶革命黨人之擔負重任，集勞怨於一躬，百折不撓，以行其志者也。

薪之為用，炬火熊熊，傾刻而燼，顧體質雖毀，而熱力漲發，飯以是熟。此烈之德也，猶革命黨人之猛向前進，一往不返，流血漑同種者也。

夫捨鑊與薪，飯無由成，即取其一，而舍其一，飯亦無由成。

17　雷鳴，《汪精衛先生傳》，頁55。

> 欲致力革命者，亦嘗深念及之。則當度德量力，擇其一而爲
> 之，不必較其難易，權其輕重，第視己力之所能爲而已。

在汪精衞心目中，革命黨人誰是有恆德者之代表，唯孫中山；而誰又是有烈德者之代表，唯史堅如。顯然，汪心意已決，對於胡漢民勸說毫不領情，故在北上行事前，致書告別孫中山與南洋同志，曰：

> 今者北上赴京，若能喚醒中華睡獅，引導反滿革命火種，則吾
> 儕成仁之志已竟。此行無論事之成敗，皆無生還之望。即流血
> 於菜市街頭，猶張目以望革命軍之入都門也。

汪自知此行必無生還之望，遂血書八字「我今爲薪，兄當爲釜」，與胡氏相勉。

他們到北京後，租屋開設「守眞照相館」作爲掩護。汪精衞等人所以會利用開設照相館掩護暗殺行動，應來自陳璧君想法。據悉陳璧君一位堂兄在檳城即經營照相館，頗有名氣。[18] 本來計畫炸死慶親王奕劻，因戒備森嚴，不易下手，後改行刺從歐洲考察海陸軍事歸國的貝勒載洵、載濤，由汪親自到火車站伺機執行。未料隨行官員眾多，對象難以辨識，只好退返。最後決定謀炸攝政王載灃，預先在他上朝途中一座「銀錠橋」下埋設炸彈。[19] 某夜不愼爲旁人察覺，官府獲報即循線追查，1910年4月17日，汪精衞、黃樹中、羅世勛三人被捕，5月

---

18 筆者於民國91年2月間，赴檳城參訪孫中山先生當年在當地設立的閱書報社故址時，經華僑葉國楨老先生告知這一消息。

19 汪精衞最後選擇攝政王載灃爲刺殺對象，其實有跡可循。他在《民報》復刊號第25號發表〈載灃之私其觀〉，嚴屬指責醇親王爲陰險狠贄之人，自其攝政以來，專用滿族皇室近親，排去漢人的作法，非常愚獷。但是祇要漢族同心合力，便可摧毀滿州強權。即使攝政王再如何專任近親，也將無效果。此文發表於汪行刺前夕，不能謂與謀殺行動毫無關係。

1日判刑入獄。汪本自料必死，載灃亦擬處決，所幸經黨人程家檉及章宗祥等人奔走，說動肅親王善耆，始處以永久監禁，並施行軟化政策，給予優遇，以改造汪的思想。次年，辛亥革命發生，11月6日獲釋，繫獄一年半。論者以為，汪精衛僥倖不死，或因清廷預備立憲之際，借此舉昭示其寬容，收攬民心；或因肅親王惜才，欲收為己用；或謂可避免革命黨之報復，日後還可作為政治籌碼。[20]

　　孫中山事前勸阻不成，在檀香山獲報汪精衛事敗被捕，為清廷永遠監禁，異常關注，努力設法營救，曾函告紐約同志：「精衛君往北京，身入虎口，欲有所圖，不幸事敗被拿。……虜不殺之，想有顧忌心而不敢也」。[21]他本想久留該地一年半載，以經營團體之事，無如祖國情勢日急，「又遇精衛兄等失事於北京，故亟欲東回，就近親籌一切。」遂轉往日本東京，未料清政府與日政府交涉，是年7月又前往南洋，惟對於救汪事，依舊掛懷，如8月29日函告檀香山同志，「香港、南洋各埠同志現已竭力捐資營救精衛君」，檀地有表同情於此事的同志，亦請盡力相助，並謂此事非數萬金不可，現尚欠甚鉅。[22]故在向各方積極籌鉅款再圖大舉之際，致美洲致公堂同志一函中，語出驚人，謂：「況精衛君已去，吾輩何忍徒生？若事不成，則寧為玉碎，不為瓦全也」。[23]甚至決意到時潛入內地，親與其事。

---

20 參見：許育銘〈汪兆銘革命生涯的崛起〉，《東華人文學報》，第3期（2001.7），頁333。

21 「在檀香山致紐約同志函（二件）」（1910年5月），收入孫中山著，中國國民黨中央委員會黨史委員會編，《國父全集》，第3冊，頁113。

22 「致檀香山同志請速匯款辦理香港秘密機關函」（1910年8月29日），收入孫中山著，中國國民黨中央委員會黨史委員會編，《國父全集》，第3冊，頁127。

23 「致美洲致公堂同志請籌款以應起義函」（1910年11月），收入孫中山著，中國國民黨中央委員會黨史委員會編，《國父全集》，第3冊，頁138。

　　孫中山初不贊同汪精衛行暗殺事，及汪事敗被囚，還是殷切同情。1911年3月，行抵溫哥華，仍將胡漢民函報的汪事，轉知吳稚暉，謂：「近有人入獄見之，三人中精衛獨寬鐐鎖，在內頗能自由，看管者大都可以利便，若有錢當不難設法逃脫云。現與精衛同事之人，已親入北京設法等語。觀此，則精衛事尚有望也」。[24] 革命黨人出以暗殺行動，非自汪精衛始，有成功事例，但失敗者爲多。似汪等選擇以虜酋攝政王載灃爲行刺對象，則創下先例，難度更高，乃能一鳴驚人。直搗黃龍，孤注一擲，勇氣固可嘉，但是京城所在，防備必嚴，行動尤艱；況且，自製炸彈，技術粗拙，經驗不足。此種現實注定暗殺之難以成事，徒然自我犧牲而已，其有助於革命大局者，惟精神之一義。孫中山明乎此理，故於汪事特加在意。

　　世事多變，1911年「三‧二九」廣州起義失敗後，原來反對汪精衛實行暗殺的黃興和胡漢民，反而也認同暗殺手段。黃興告訴胡漢民：「此時黨人惟有行個人暗殺之事，否則無以對諸先烈」。胡也回應：「此不止爲復仇計，亦以寒敵之膽，而張吾軍」。[25] 令人有今是昨非之感。

四、「精衛」情結再現

　　在往後歲月裡，汪精衛之浪漫情懷，不斷反映在其行事之上。汪氏詩詞中反覆出現「不望爲釜望爲薪」的堅決，前後呼應。直到抗戰初

---

24 「抵美後致吳敬恆函（三）」（1911年3月20日），收入孫中山著，中國國民黨中央委員會黨史委員會編，《國父全集》，第3冊，頁146。

25 胡漢民，〈胡漢民自傳〉，收入羅家倫主編，中國國民黨中央委員會黨史史料編纂委員會編，《革命文獻》，第三輯，頁40，總頁412。

期，不顧一切出走求和，乃其「為薪」志念之總發作。

抗戰初起，汪精衛對應付日本侵略之道，仍本其抗戰前「一面抵抗，一面交涉」的方策，主張軍事作戰與交涉談判都應同時進行，不可偏廢。換言之，於奮力抗戰一段時間之後，繼之以外交交涉，期能避免無謂犧牲而儘速達成和平。無可否認，他對中國抗戰能力與前途是抱著比較悲觀的態度，所以堅持不放棄任何和平談判的機會，甚至努力尋求和平談判的管道。如因此即謂其自抗戰一開始就是完全失敗主義，一昧乞和投降，甚至於通敵賣國云者，恐是欲加之罪，何患無詞，實在有失公道。汪精衛從主和到脫離，有其階段性的變化，又以1938年10月下旬廣州、武漢相繼失陷為分界。平實而言，在此之前，他有主和之意向與試探行動，但並未立下出走另組政權的決心。

姑舉一二事例，為之說明。1938年3月下旬，汪精衛曾復香港某人電云：「鄙意救國主張，宜透過會議，方能有效。現仍努力，但不欲個人行動」[26]。此某人，實為高宗武。高氏時在香港蒐集有關日本情報，一方面也設法打通與日交涉之管道。他在三天前託人致送汪一封長信。略謂：

> 前書諒達鈞覽。日前之報告書，除寄呈蔣先生一份外，其餘任何人皆未寄閱。信中所陳各點，亦係專供明公參考，未告任何第三者。如下月廿七日有一日友來訪，此人與近衛十分接近。武意，吾公今日似有預與宇垣、近衛等取得連絡之必要，以佐將來為國效勞之準備。應宜如何之處，乞於廿六日前指示一切。正月間，岳軍先生派張季鸞先生赴滬，專訪川越。川越以

---

26 「汪精衛復某電」（3月26日），《汪兆銘史料》，國史館藏。原電未註明年分，據內容推斷，應為1938年在漢口拍發。

極冷漠之面孔報之。總之，我人此後不同日本說話則已，若同日本說話，其最重要條件，必須出諸誠意。時在今日，不論談外交，談政治，誠意實爲第一要義，未知明公以爲如何？

在滬時，二三先輩勸武赴武漢一行，作最後勵力。彼等意見，總以爲在中央政府之下謀和平，其條件總比任何傀儡政府下爲便宜。在武漢陷落前謀和平，其條件總比陷落後爲便宜。武在船上考慮兩晝夜之結果，實不敢再奮勇，深感徒勞無益也。此來活動之結論如下：（一）日方必徹底其倒蔣運動，但非滅黨運動；（二）到今日止，日方尚不想滅亡中國；（三）日方仍希望先生出來收拾局面；（四）日方判定國共合作爲不可能之事。餘託夫人轉陳。[27]

　　這封信對於汪精衛主和態度之理解，至關重要。當時，日本扶植的「中華民國維新政府」已在南京成立。高宗武派遣董道寧潛赴日本東京，私訪政要，探取情報，也獲得初步結果。高有意繼續推進謀和工作，且建議汪出面主持。汪立予明確回覆如上述，立場並未動搖。但日方引汪出馬的企圖，也沒有鬆動。

　　6月間，日本進攻武漢前夕，又發動攻勢，透過義大利駐華大使柯萊（Giuliano Cora）向汪精衛提議，出面主和以消弭戰爭。這次汪沒有回絕，原因是循外交途徑，與陶德曼調和如出一轍。乃派交通部次長彭學沛，與義國代表駐漢口領事直接傳送訊息。交涉結果，日方希望由汪精衛寫一封信給日本首相近衛文麿，表達謀和誠意。汪精衛亦擬就函稿，但並未送出，理由是他把義使居間斡旋和議情形告知蔣委員

---

27 「高宗武呈汪主席函」（3月23日），《汪兆銘史料》。原電未註明年分，據內容推斷，應爲1938年。函末稱「夫人」，似指汪夫人陳璧君。

長，而爲蔣勸阻。蔣指示不能寫信，汪只好將函稿束之高閣。蔣委員長後來在1939年1月國民黨五屆五中全會報告外交情勢時，重提義使媒介汪精衛與日本謀和活動的往事：

> 意大利挑撥中國內部比日本還厲害，眞是日本的走狗。這次汪先生出走，或許受了意大利的挑撥也難說。去年（指二十七年）五六月間，意大利大使叫他在武漢的領事同汪先生說，要汪先生寫一封信給近衛，他就可以從中替我們講和。汪先生拿這個事情問我，我說：你不能寫。後來他就沒有寫。從此以後，汪先生再也沒有和我談起過意大利外交。

蔣委員長素疑日本之謀和誠意，深悉日本此一和平笑臉，不過是配合發動武漢新攻勢之故技重施而已。故其在1938年7月9日日記記稱：「意國大使單獨調停，爲我所拒」。惟從汪寫就的函稿觀之，清楚反映幾個重要意涵：一是汪亟於化解日本進攻武漢的心情；二是他仍然尊重及支持蔣委員長領導抗戰的地位；三是他絕不爲和而和，和的條件必須以不妨害中國的獨立與生存爲前提，否則只有抗戰到底之一途。[28] 如汪精衛是一昧求和，可不必向蔣請示，也可不理會蔣之勸阻。

此時的汪精衛，不反對與日本議和，但有基本前提與立場。6月28日對軍官訓練團一次講話，其中一段話具體反映他的看法，略謂：

> 最近外面有人傳說，日本也想與中國妥協的話。許多熱心同志聽到這種話，就暴跳起來說，既要妥協，我們爲何要打這一年戰爭？或者又有一部分人爲戰局現勢考慮，到底可不可以妥協。關於這個問題，我們很可以說幾句話。中國是被侵略的國

---

28 邵銘煌，〈從汪精衛一封未傳送出去的函稿說起〉，《近代中國史研究通訊》，第23期（1997.3），頁120。

家,是要自衛的,講和未嘗不可。不過,和要有和的條件。
很明白的說,一句話,如果講和的條件是說得過去的,不必
打到武漢,可以和。反之,縱然打過武漢,我們也絕不能接
受。民族是要生存的,國家是要獨立自由平等的,如果和的條
件不礙於民族生存,不傷於國家獨立自由平等,爲何一定要打
下去?中國可以接受,如果不然,絕不會接受,接受了,就只
有亡國。自古有流血亡國的,也有不流血亡國的。不流血而亡
國的,有如朝鮮。與其在屈辱條件之下亡國,不如流血奮鬥到
底,經過最艱難、最悲痛的階段以後,終會達到民族復興之鵠
的的。最高領袖一定本著數十年來一貫的主張,帶領全體同志
走上民族可以生存、國家可以復興的大路。今後大家聽到這類
的話,勿庸疑慮、害怕,完全以國家民族的生存作爲衡量的標
準就行了。[29]

可見汪精衛主和立場是要有基本條件的。陶希聖認爲,汪精衛在
武漢時期,沒有違背蔣委員長而另主和議的意向。[30]應爲可信。迨至10
月下旬,廣州、武漢雙雙陷敵,抗戰情勢進一步惡化,汪精衛等人眼
看政府陷於再也無路可退之困境,終才決心加緊進行和運,冀挽救國
家民族危機。

當武漢危急之際,汪精衛先後接見德國海通社記者及英國路透
社記者,發表談話,表示中國從未關閉第三國調停之門,願意隨時
和平,端視日本提出之條件是否能爲中國接受而定。這樣公開求和言
論,當時甚至招來國民參政會參政員「公務員談和平便是漢奸賣國賊」

29 「副總裁講於軍官訓練團」(1938年6月28日),中國國民黨文化傳播委員會黨史館
藏紀錄稿。
30 陶希聖,《潮流與點滴》(臺北:傳記文學出版社,1970),頁165。

143

之嚴厲指責。不過，此時汪氏已對抗戰前途愈趨悲觀，求和心志愈見堅強。汪氏坦稱：

> 我自從抗戰開始以來，想到中國不得已而抗戰，時時刻刻想著抗戰怎樣可以持久，怎樣可以獲得勝利，同時也想著怎樣可以覓得和平。我對於覓得和平的意見，在會議裡不知說過多少次了。到廣州丟了，長沙燒了。我的意見，更加堅決，更加期其實現。[31]

10月，武漢淪陷前夕，以汪精衛為主的對日祕密交涉加快進程。曾致某友人一電，明言：現在廣州失守，武漢亦將放棄，國際有效援助又不可期，則獨立生存之條件必不可得，「吾人惟有以死報國」。[32]可見其主和心志十分堅決。原先留在香港與日方人員祕密會談的梅思平，此時急返重慶，報告會談結果。周佛海旋於10月25日謁見汪精衛，對於情勢有所報告及陳述。此後接連數日，汪精衛等人商議頻頻，至30日終下最後決心，委派高宗武與梅思平為代表，赴上海與日方代表再作詳盡談判。由於事關重大，是日周佛海自記所感：

> 晚，赴汪宅便飯，並商談時局。決疑定計，實非易事也。……十二時始返寓，輾轉不能成寐。英雄造時勢歟？時勢造英雄歟？時勢如此，能否旋乾轉坤，使國家不致於滅亡，端賴今後努力。惟國運如何？實未能預料也。[33]

31　汪精衛，〈覆華僑某君書〉，中國國民黨文化傳播委員會黨史館藏手稿。

32　「汪精衛致某電」（10月23日），《汪兆銘史料》。原電未註明年分，據內容「廣州失守」句，可斷定為1938年。

33　蔡德金編注，《周佛海日記》，上冊（北京：中國社會科學出版社，1986），頁178，1938年10月30日。

　　11月11至19日，高宗武、梅思平兩人銜命與日本軍部代表影佐禎昭（陸軍省軍務課課長）、今井武夫（參謀本部中國班班長），在上海「重光堂」舉行兩回合會談，20日簽訂「日華協議記錄」，一稱為「重光堂密約」，成為促成汪精衛日後出走的重要關鍵。會談結束，雙方代表各自攜回「日華協議記錄」等密件，作最後確定。梅思平於26日上午抵達重慶，旋即隨同周佛海趨赴上清寺汪精衛公館，報告談判經過，並一起商議雙方簽字之條件以及近衛宣言草稿，至中午12時始散。孰料下午再次商討時，汪忽對過去決定一概推翻，云須商量。次日下午，周佛海、梅思平三度赴汪宅，與汪精衛和陳璧君一同會商。事後，周佛海憶稱：「汪先生忽變態度，提出難問題甚多。余立即提議前議作罷，一切談判告一結束。汪又轉圜，謂簽字部分可以同意，其餘留待將來再商。於是決定照此復電也」。[34] 29日上午，汪精衛、陳璧君、周佛海、梅思平、陳公博、陶希聖等人群聚汪宅，最後會商，詳加研究後，決定同意。下午，他們又一起研訂出走重慶的辦法，決定：汪於12月8日赴成都，11日赴昆明，周先往昆明等候。[35] 計畫底定，30日，梅思平趕回香港復命。據當事人之一的陶希聖稱，陳璧君在此次會商中發揮相當影響力，他說：「會商多次，不能達到最後的決定，陳璧君乃堅決主張就走」。[36] 最後陳璧君臨門一腳，注定汪走上與侵略者議和的不歸路。

34　蔡德金編注，《周佛海日記》，上冊，頁195，1938年11月27日。

35　周佛海是日日記，事關機密，直至12月31日才在香港補記。參見：蔡德金編注，《周佛海日記》，上冊，頁195-196，1938年11月29日。

36　陶希聖，《潮流與點滴》，頁166。

五、寧鳴而死 不默而生

　　汪原定12月8日藉口赴成都演講，乘機飛往雲南昆明，不料蔣委員長突由桂林返抵重慶，只好緊急展延。12月18日，是一個時機。當日上午，蔣中正委員長召集部長以上、科長以上職員訓話，大罵人心披靡，精神不振，禁令以後不准嫖、賭、跳舞、茶酒館揮霍，如有發現，定加嚴懲，並限制每部每院只許一部汽車，應節省物資。[37]汪不必與會聆訓，即藉赴成都演講名義，偕家屬潛離重慶，成功置身國外的河內，公開倡議和談。汪氏謀和行動得以遂行，原因不外有三：一、他們與日本的交涉不完全受蔣委員長監督，獨立自主性強，而其它條路線的謀和都在蔣監控之下，適可而止；二、他們的對手是日本軍部當權實力派，擁有主導對華政策之實權；三、他們堅持一定的和平理想抱負，即使跳火坑也在所不惜。

　　汪精衛離開重慶飛至雲南昆明，次日在龍雲主席協助下再飛抵安南河內。蔣中正從龍雲電報獲知汪精衛於12月18日潛離。龍電是發到重慶，轉至蔣駐節武功處，已是21日。龍雲未在第一時間報告，而是等到汪等於19日安抵國境之外，很明顯的故意掩護汪等行動。孔祥熙於12月23日亦發電到武功，報告蔣委員長：

> 季兄於本星期日早十時，藉赴蓉講演爲詞，乘機直飛昆明，轉赴河內。據說係因政見不同，主張反共議和，以去就向兄力爭。想兄已接報告。此事在此外交好轉時會發生，殊堪疑慮。回憶星日午間，兄與弟閒談時，略告弟之憂念，惟尚不知汪於

37　唐縱著，公安部檔案館編注，《在蔣介石身邊八年——侍從室高級幕僚唐縱日記》（北京：群眾出版社，1991），頁81。

是晨離渝矣。此事應取之態度及應付方法，即祈密示。[38]

這封電報，值得注意的一點是，提到18日午間，蔣在寓所與孔閒談時，略告他的憂慮，隱約透露似有所察覺汪可能動向。不過，為時已晚。重慶黨內重要同志，獲悉汪副總裁離開遠至河內治病，分別馳電慰問，祝早日康復，並返渝。汪亦自河內致電龍雲囑轉呈蔣一電，謂：「在渝兩次謁談，如對方所提非亡國條件，宜及時謀和以救危亡而杜共禍」。[39]意在為日方發表近衛聲明及自己出主議和辯解。

汪精衛抵達河內後，按預定計畫，於12月底發表「艷電」，唱和日本首相近衛文麿先幾日發表的第三次對華聲明。惟此舉既未能如他原先估測的引起各方響應，反招致海內外一片撻伐聲浪。為此，汪精衛函復張群，解釋謂：

> 今之改為公開提議，欲以公諸同志及個人而喚起其注意也。此意乃人人意中所有，而人人口中所不敢言。弟覺得知而不言，對黨對國，良心上皆無以自解，故決然言之。……明電提議，實為離渝之惟一動機。……弟寧期待千萬句謾罵及汗蠖之回響，不願為無回響之發言也。

但是，這種如胡適所言「寧鳴而死，不默而生」的意念，是難以抵擋抗戰的高調。

1939年元旦，國民黨施予永遠開除黨籍的處分。汪精衛在河內度過了「孤獨的正月」。[40]其原因不外有三：一、是日遭到嚴厲的黨紀處

---

38 「孔祥熙自重慶致蔣委員長養酉電」，《蔣中正總統文物》，國史館藏。

39 「龍雲致蔣委員長迴電」（1938年12月24日），《蔣中正總統文物》。

40 雷鳴，《汪精衛先生傳》，頁355。

分，汪回想當時候的心情，說：

> 元旦晚上，我得到情報，知道重慶方面在策劃剝奪我和同志的
> 國民黨籍。對於這個情報，我與曾仲鳴俱頗黯然。這一晚，大
> 家都沈思了一晚、在河內過的這孤獨的正月，這在我的一生，
> 是不能忘卻的。[41]

二、日本近衛內閣竟在「艷電」發表後五天——1月4日倒臺。繼
之而起者，為平沼騏一郎內閣。此一日本政局之突變，會否連帶使對
華政策亦生變？遠在河內的汪精衛，不免感到驚愕疑慮；三、1月17日
香港「南華日報」發行人林柏生遭襲毆受傷事件。[42]該報鼓吹議和，「艷
電」即汪交林柏生發布的，因此引起渝方不滿，出而嚇阻反制。這一事
件，亦不免使汪精衛感到恐慌。然而，一過了「孤獨的正月」，汪精衛
便開始積極活動起來。

1939年1月1日，國民黨舉行新年團拜後，接著召開中央委員談
話會，討論對汪精衛出走的處置。馮玉祥也出席是次會議，在事後回
憶指出，有人說：「蔣介石、汪精衛唱雙簧」。[43]持唱雙簧說看法的理
由，認為汪精衛離開重慶之前兩個星期，汪夫人帶同家屬和行李乘專
機先走了。當時重慶交通完全在軍統局管制之下，人民出境購買機票
都要辦理登記，經過審核，高級官吏更要取得蔣介石批准。汪精衛與
曾仲鳴、林柏生等多人搭乘專機飛昆明，事先既沒有政府與黨部交付
任何任務，戴笠豈有不先報告蔣介石之理？謂汪精衛是潛逃出重慶，

---

41 雷鳴，《汪精衛先生傳》，頁354。

42 林柏生，時為國民黨中央宣傳部特派員。關於其遭襲擊經過，參見：黃美真、張雲
編，《汪精衛集團投敵》（上海，上海人民出版社，1987），頁434-436。

43 馮玉祥，《我所認識的蔣介石》（新北：小倉書房，2012），頁140。

斷不可能。[44]此一懷疑，主要是針對蔣委員長的抗戰立場而發，日方也對汪精衛在河內觀望不前有過不解。但從各方文獻，包括蔣介石自記「殊所不料」、「拂袖私行」，[45]及其他政要之記述，證實無人事先得知汪精衛將會出走的信息。是年3月發生河內刺汪案，不無藉以破除「唱雙簧」之疑心。

1月21日，國民黨召開五屆五中全會，30日閉幕。中央協商各中委工作，蔣委員長自記：孫科赴蘇俄，白崇禧赴雲南，谷正鼎赴安南，張群籌備最高國防會。[46]谷正鼎會是唯一一個奉派前往河內的中央要員？在五中全會前3天，一份自香港獲得的「敵方情報」透露，蔣委員長派遣陳立夫飛河內，勸告汪「務勿出諸越軌言行」；還指出，蔣汪之間似常有電報往來，陳立夫之行「含有右項以外之意義」。[47]這份情報透露的訊息，真實性有待商榷，但也間接顯示日方對汪出走存有猜疑，且密切觀察其在河內動態。五中全會開幕前一日，王世杰日記也提及中央監察委員會開會時，張繼等又討論通緝汪精衛事，外長王寵惠起立發言，謂汪近有電來，請發護照赴歐，蔣囑即照發，倘通緝，則護照便不能發。在座者皆默然。[48]而且參政員原定對汪「艷電」發表宣言，當日午後，蔣打電話給王世杰，囑設法打銷，意謂他初任國民參政會議長，參政員就在這時發表宣言，殊為不便。[49]政府因應對策，以促汪赴歐為上策。王寵惠1月29日在五中全會報告外交工作時，再次

44 馮玉祥，《我所認識的蔣介石》，頁141。

45 《蔣中正日記》（民國27年12月21日），史丹佛大學藏。

46 《蔣中正日記》（民國28年1月30日）。

47 「毛慶祥呈戴笠電」（1939年1月18日），發電人：TAJIRI，《戴笠史料》，國史館藏。

48 《王世杰日記》（1939年1月20日），中央研究院近代史研究所藏。

49 蔣中正於1月19日由國民黨中央執行委員會常務會議推定為國民參政會議長。

說明:「汪先生即將赴歐,已由外交部發給護照,行期當在不遠」。[50]第二天,蔣決定派中央執行委員谷正倫前往送照。

谷正鼎與汪精衛素有舊誼。蔣早在國民黨中央開除汪黨籍次日,即1月2日,即致函在西安的谷正鼎,有所詢示。谷亦即回電,「剖陳寸衷」。蔣致函本意當在化解汪出走可能引起的連鎖效應。谷正鼎表示,對於汪出走行動,因他人遠在西北,未得有所匡諫,深為愧負。及見「艷電」,殊感驚痛不已。他進一步表白:雖追隨汪有年,但值此國家民族生死存亡關頭,中途妥協,必致覆亡。故對其和平主張,絕不敢因私而附和。他坦誠表態說:「職雖庸稚,粗明是非,稍知大義。今後決唯鈞座是從,敬候驅策也」。[51]是月30日五中全會閉幕,次日晚上,蔣在官邸邀請陳樹人、張群、葉楚傖及谷正鼎兄弟,席間擬請谷正鼎赴河內,勸汪出國。[52]

2月中旬,谷正鼎以舊人關係銜命赴河內探訪汪兆銘,面交護照,傳達中央希其遊歐旨意。他後來披露此一內幕,說:「當二月中旬,重慶曾派中央委員某君來,給我護照,俾我出國」。[53]「某君」即谷正鼎。而汪的回應是,託他轉致中央幾句話:其一,我不離重慶,艷電不能發出。然當此危難之時,離重慶已經很痛心的了,何況離國。

50 用五,〈汪精衛脫離重慶始末記〉,轉引自陳恭澍,《河內汪案始末》(臺北:傳記文學出版社,1983),頁110。

51 「谷正鼎呈蔣委員長電」(1939年1月5日),發自長安,國史館藏。

52 《陳布雷先生從政日記稿樣》,1939年1月31日記事。東南印務出版社承印,未刊行。朱子家在《汪政權的開場與收場》一書中,稱中央兩次派谷正鼎赴河內,第一次是2月中旬,勸汪打消愿意,回重慶供職。此一說法,明顯有誤。參見:朱子家,《汪政權的開場與收場》,第1冊(香港:春秋雜誌社,1960,第4版),頁22。

53 汪精衛,《舉一個例》。原稿收藏於中國國民黨文化傳播委員會黨史館。另據用五在〈汪精衛脫離重慶始末記〉記載稱:「至2月15日,谷正鼎前往河內,已經多日,尚未見回來」。參見:陳恭澍,《河內汪案始末》,頁111。

我所預願意離國，是表明只要主張得蒙夷納，個人不成問題；其二，聞得國民政府正在努力促成國際調停，這是可以的；然而至少國際調停與直接交涉同時並行。如此，我以在野之身，從旁協助，亦不爲無補；其三，如果國民政府始終不下決心，任這局面僵下去，我雖離國，也會回來。[54]

谷正鼎回重慶後向中央呈報的情況，目前不得而知。但他曾訪視一友人，詳談河內行的經過。據稱：汪始終堅持和議主張，對於中央對他的處分不當「尤極憤慨，以爲應先討論他的主張，如經一致否決，仍不服從，然後施以處分方爲公允；又怪黨內同志對他缺乏信心，既不知擁護他的主張，亦不能與他共進退。[55]谷氏使命顯然沒有達成。從蔣委員長2月24日，拍發在桂林的白崇禧電報，可以確證。蔣電謂：「谷正鼎由河內回渝，稱汪仍主和，並不願赴歐云，恐無可救藥矣」。[56]考汪拒絕主要原因，當時汪的代表高宗武正在日本交涉，探查新內閣動態。情況未明朗前，他不會輕諾遠遊異國。[57]

---

54 陳恭澍，《河內汪案始末》，頁111。

55 用五，〈汪精衛脫離重慶始末記〉，2月28日記載，參見：陳恭澍，《河內汪案始末》，頁III。

56 「蔣中正致白崇禧電稿」（1939年2月24日），國史館藏。朱子家的《汪政權的開場與收場》一書，又指出3月下旬，谷正鼎二度到河內，送護照和旅費，3月20日返渝，次日發生刺汪事件。此點難脫添造之嫌。參見：朱子家，《汪政權的開場與收場》，第1冊，頁22。

57 1939年2月間，高宗武與汪精衛會談畢，離開河內時，汪答應在沒有看到他的報告之前，不會有所行動。高宗武著，陶恆生譯註，〈深入虎穴——高宗武回憶錄（二）〉，《傳記文學》，第89卷第6期（2006.12），頁99。

六、死裡逃生偏向虎山行

　　1939年2月1日，高宗武奉汪精衛電召自香港到達河內，商討今後對策。兩人從1日至5日，每天會商7、8小時。前三天汪向高徵詢兩方面的意見：（一）一般情況估計；（二）檢討汪本人應不應出馬拯救國家和民族。第四天起，汪則提出個人想法，彼此共同研究。經過商議，獲致三項方案：第一，日本和蔣委員長妥協。此案對收拾時局最宜，汪願盡最大努力促成之；第二，以王克敏、梁鴻志、吳佩孚及其他實力派人士負責中國之統一，汪則以在野之身積極予以協助；第三，假如日方認為汪精衛纔是收拾時局最適當人選，則就汪所列開的條件為方針，加以妥善處理。

　　至於由汪出馬收拾時局之條件，歸納起來，主要有五項：（一）汪以國民黨名義，組織反共救國同盟會，負起重建民族國的政治工作及軍事力量（以12個師為目標）；（二）在日軍迫近西寧、南昌、南寧時，汪再次發表聲明，宣布由他收拾時局，擔當實現和平的負責人，並號召西南各將領通電響應；（三）與日本當局會見，發表共同宣言；（四）以雙十節（10月10日）為期，在南京組織新國民政府，同時解散同盟會以及取消「臨時」、「維新」兩政府，其人員併入新中央政府機構；（五）協商日本貸款兩億元，在新政府成立以前，每月先提供約三百萬元的活動經費。[58]

　　高宗武即偕周隆庠攜帶這些方案和條件，從河內經香港轉上海赴

---

[58]〈渡邊工作〉（第二期計畫）。黃美真、張雲編，《汪精衛集團投敵》，頁416-418。參見：《大公報》（重慶），1939年4月5日，第2版。

日：[59]2月21日在長崎登陸，由今井武夫陪同，26日抵達箱根，28日在箱根富士屋旅館與影佐禎昭舉行協商今後行止要點。影佐明確表示，日本準備以第三方案作爲收拾時局之準繩，對於汪之計畫將以滿腔熱情贊許之，並盡力促其實現。[60]高宗武此行還與平沼首相、有田外相、及坂垣征四郎、多田駿、近衛、松岡洋右等軍政要人晤談。其後，日本內閣在五相會議上作出要促使汪精衛出馬的決定，乃於3月18日責由駐香港總領事田尻愛義，[61]將日方決議面達高宗武。接著，在4月1日的興亞院[62]會議上，又決定自四月分以後的六個月內，從海關餘款中按月支付三百萬元，資助汪精衛組織反共救國同盟會。[63]

　　3月16日，高宗武回到香港，由於舊疾復發，沒能親往河內覆命，而是將報告交給汪夫人陳璧君帶去。高報告指出，日本對交涉解決中

59 據高宗武事後寫給蔣中正委員長的一封信，說明此行概略時，並沒有提到這些方案，只曾提及臨行時汪精衛曾面囑二點：（一）勸日方速與蔣委員長講和，彼願促其成；（二）打聽日方能否做到「艷電」宣示的內容，因爲近衛聲明與艷電大有出入。是否高有所保留，不敢和盤托出，尚不得而知。

60 今井武夫著，天津市政協編譯委員會譯，《今井武夫回憶錄》（北京：中國文史出版社，1987），頁99-100。〈影佐渡邊會談報告〉，轉引自蔡德金，《汪精衛評傳》（成都：四川人民出版社，1988），頁325。

61 田尻愛義之任香港總領事，乃高宗武向日本提出的要求。1938年12月7日，高宗武派周隆庠赴香港日本滿鐵辦事處訪問西義顯，轉達高之要求，謂：準備接汪精衛至港，需要日本駐港總領事保護。但現任的中村豐三領事，並不爲大家熟知，希望改任所熟悉的田尻愛義，代替中村，且務於12月10日前到任。經西義顯透過太田少佐致電影佐禎昭，轉達外務省，外相有田八郎即任外務省調查部長之田尻愛義爲駐香港總領事，於12月10日抵港到任。參見：西義顯，《悲劇的証人：日華和平工作祕史》（東京：文献社，1962），頁218-219。

62 「興亞院」係直屬日本內閣之一殖民侵略機構。1938年12月15日，日本爲了集中統一對中國占領區之統治，扶植偽政權，加緊經濟侵略等活動，近衛內閣乃設立此一機構。總裁由首相兼任，副總裁由外務、大藏、陸軍、海軍四省大臣兼任。本部設於東京，在中國上海、廈門、北平、張家口設有聯絡部，又在廣州、青島設派出機關。

63 黃美眞、張雲編，《汪精衛國民政府成立》（上海：上海人民出版社，1987），頁35。

日問題，不夠誠懇，日方所有允諾只有一個目的，要汪做他們的傀儡。從這時起，高想方設法勸汪中止與日本談判。可是，送達汪手上時是3月20日，第二天便發生槍擊血案。時間會如此湊巧，讓高宗武不由得懷疑是日本人操作的離間手段，目的是讓汪蔣決裂，逼汪走上絕路。[64]

河內軍統局幹員於19日奉到行動命令，21日凌晨，潛入汪精衛住所，採取鋤奸行動。但刺殺汪精衛不成，反而誤殺了汪的親信秘書曾仲鳴，且傷及其他無辜的親屬，令汪精衛極度痛憤。汪於是月27日發表「舉一個例」一文，爲主和言行提出強烈辯解，甚至公開上年12月初漢口「國防最高會議」討論德使陶德曼居間斡旋調和的機密會議記錄。[65]汪之舉動完全出於報復性的情緒反應，竟至不惜與國民政府決裂。另一方面，日本政府此時也已決定，支持汪精衛到日本占領區組建一個受其控制的中央政權，做爲逼迫重慶國民政府妥協的籌碼。所以，隨後於4月初即派影佐禎昭一行數人潛赴河內，解救汪精衛等人。4月下旬離開河內，5月初安抵上海。在日方完全保護下，汪精衛展開一連串籌建政權的工作。

河內暴發汪精衛遇刺案，結果是汪隨從秘書曾仲鳴被槍擊身亡。汪方一口咬定爲蔣委員長是這宗刺殺事件之背後主謀。直到半個世紀後，當年出身軍統局幹員的陳恭澍發表《河內汪案始末》，[66]細說從前，但其間仍有蹊蹺。河內一擊，汪幸運躲過一劫，但激憤不平，決心離開河內，走上「漢奸」賣國的不歸路。渝方除汪不成，反逼其靠

---

64 高宗武著，陶恆生譯註，〈深入虎穴──高宗武回憶錄（二）〉，頁107-108。

65 汪精衛，《舉一個例》。原稿收藏於中國國民黨文化傳播委員會黨史館。

66 陳恭澍，《河內汪案始末》（臺北，傳記文學出版社，1983）。

向日敵，樹立和平政權，究係欲擒故縱？抑純屬意外？或另有文章？
高宗武懷疑是日方詭計，提出另一種可能性。河內血案係軍統幹員奉
命所為之說，雖有陳恭澍著書為證，但是從已公開的主導者戴笠的檔
案，找不到直接證據。[67]

七、以詩明志　薪釜之喻

汪精衛不僅膽識過人，尤好詩作，以詩遣懷。從其詩作《雙照樓
詩詞藁》，可以概見「不望為釜但為薪」始終不變的心志。1910年，他
見人析車輪為薪，作了一首詩歌，云：

> 年年顛躓南山路，不向崎嶇歎勞苦。只今困頓塵埃間，倔強依
> 然耐刀斧。
> 輪兮輪兮，生非徂徠新甫之良材，莫辭一旦為寒灰。君看擲向
> 紅爐中，火光如血搖熊熊，待得蒸騰薦新稻，要使蒼生同一
> 飽。

汪氏觀察敏銳，從生活中體察「為薪」之勞苦功高。1911年，行
刺攝政王載灃失敗，成為階下囚。在獄中曾作多首詩詞，表明寧死不
屈、以死殉義的勇氣。如詩曰：

> 銜石成癡絕，滄波萬里愁。孤飛終不倦，羞逐海鷗浮。
> 姹紫嫣紅色，從知渲染難。他時好花發，認取血痕斑。
> 慷慨歌燕市，從容作楚囚。引刀成一快，不負少年頭。

---

67 軍事委員會調查統計局（簡稱軍統）的檔案，由軍事情報局保存，其中一部分與國
史館合作，完成數位化，以《戴笠史料》提供參考。尚未公開的部分，值得密切觀
察。

　　留得心魂在，殘軀付劫灰。青磷光不滅，夜夜照燕台。

　　這四首最富盛名，「精衛填海」之精神展現無遺。又如「述懷」一首，詩云：「初心雖不遂，死所亦已獲。此時神明靜，蕭然臨湯鑊。九死誠不辭，所失但軀殼，悠悠檻穽中，師友皆已邈」。仍表現其視死如歸的壯懷。

　　汪氏於民國建立後，急流湧退，與南洋革命女同志陳璧君結婚後，同赴法國留學。1912年，在印度洋舟中，賦詩一首，云：

　　低首空濛裡，心隨流水喧。此生原不樂，未死敢云煩。
　　淒斷關河影，蕭條羈旅魂。孤蓬秋雨戰，詩思倩誰溫？
　　燈影殘宵靜，濤聲挾雨來。風塵隨處是，懷抱幾時開。
　　肱已慚三折，腸徒劇九迴。勞薪如可爇，未敢惜寒灰。

　　舊時，木輪車的車腳吃力最大，使用年久後，析以為燒柴。汪氏心中常以之譬喻，益見其認同「薪」之不凡作用。

　　1920年，林森葬陳子範於西湖之笑山，汪氏以詩以紀之，有云：

　　民國二年春，江色朝入檻，我從張靜江，初識陳子範。
　　容貌既溫粹，風神亦夷澹，於中鬱奇氣，如山不可撼
　　………
　　嗚呼夜漫漫，眾生同黯黮，束身作大炬，燭破羣鬼膽。
　　勞薪忽已爇，驚淚不能斬，故人有林君，收骨入深坎。

　　陳子範，1913年參與謀劃討伐袁世凱的「二次革命」，失敗後，益痛恨袁氏竊國，後自製炸彈時不慎炸死。汪用「勞薪」讚頌友人之死烈。

　　1930年代，汪氏作「飛花」一首詩，云：

今年送春去，明年迎春歸，新花未滿枝，故花已成泥。

新花對故人，焉知爾為誰，故人對新花，可喜還可悲。

春來春去有定時，花落花開無盡期。

人生代謝亦如此，殺身成仁何所辭。

汪氏在這首詩點出生命的循環與真正的意義。1935年11月，汪氏在南京遇刺，經送至中央醫院療養。一日，中央通訊社記者往訪。他談及陳其美、朱執信、鄧鏗、廖仲愷等同志遇害往事，表示：「夫革命黨人以身犧牲，死何足懼？且國難至此，生亦何幸？既然留此餘生，則一息尚存，仍當本鞠躬盡瘁之旨，勉罄從事，方足慰諸同志耳」。吐露其不懼死的心志。即使後來身在敵營，與日本侵略者周旋，午夜夢迴，憶起生世，仍不忘初衷，詩云：

我生失學無所能，不望為釜望為薪，曾將炊飯作淺譬，所恨未得飽斯民。

三十三年叢患難，餘生還見滄桑換，心似勞薪漸作灰，身如破釜仍教釁。

汪氏這首晚年詩明確表達生平「不望為釜望為薪」的衷懷。或謂，汪氏性格反覆無常，然由其詩心，不難窺見他實在抱有一貫的宗旨和堅持。

八、結語

從河內到上海，對汪精衛等主和派所謂「和平運動」而言，係一大轉變。其與日本間距離縮短，行動更加主動、積極。而國人與國際

產生的印象，即是汪派已經和日本達成默契，必將採取進一步的妥協行動。朱子家（金雄白筆名）不諱言：「汪氏在上海那一段時期，儘管對外標榜的是和平運動，但敏感的上海人，都明白將是在淪陷區建立政權的前奏」。[68]國民政府亦已完全瞭解汪等脫離重慶之真正企圖在於另組政權。汪精衛從此不再回頭，到了淪陷區後，完全落入日本控制，一如進入牢籠。1940年3月，在日本扶持下，在南京建立「和平政權」，惟仍奉行中華民國體制。身入虎穴、受制於人的處境，讓汪欲振乏力，隨著日本敗局頹勢逐步顯現，心情更加低落。心力交瘁之下，病魔纏身。1944年3月，汪精衛由夫人陳璧君及子女等護同下，赴日本名古屋帝國大學附屬醫院就醫。經日醫再次施行手術，仍回天乏術，於11月10日去世。

辛亥武昌起義後，兩廣總督張鳴歧曾奏請清近釋放汪精衛，論及汪氏性格及才德，有謂：

> 該生籍隸粵省。於未留學日本以前，敦品勵行，一意嚮學，頗為士林所推許。嗣經前撫張人駿，派往日本，給予官費，肄習法政，潛心考究，每學期試驗，均列優等，海外學者皆稱譽之。惟其秉性沈毅，有孤往獨行之風，與世俗動相觸忤。又復憤時事之艱危，懼宗邦之顛覆，因而一變其懷抱，不欲材就範，誠無可諱。而論其志趣才學，實為近今不可多得之士。[69]

其中「孤往獨行之風」，一語中的。1944年11月，胡適在美國得知汪氏病死日本消息，深有感觸，認為：汪精衛一生吃虧在他以「烈士」出身，故終身不免有「烈士」的complex（情結）。汪總覺得，「我性命

---

68 朱子家，《汪政權的開場與收場》，第1冊，頁37。

69 《漢文臺灣日日新報》（臺北），1911年11月10日。

尙不顧，你們還不能相信我嗎？」[70]胡適在抗戰之初，曾是周佛海南京寓所「低調俱樂部」的成員，一度主張議和，後來出使美國，態度不變。然其觀汪精衛結局，不以漢奸稱之，只稱爲烈士情結所累，可謂鞭辟入裏。汪氏「爲薪」之烈士情結，自青年貫串到老年。

　　汪氏遺體於11月12日運回南京，舉行「國葬」，安置於明孝陵前的梅花山。其先日本敗戰而去，逃過戰後漢奸裁判，堪稱僥倖。1946年1月，國民政府還都南京前，汪精衛在梅花山墓，遭國軍炸燬，遺體被送至城西的清凉山火化，屍骨無存。其於辛亥年「獄中詩」的詩句「留得心魂在殘軀付劫灰」，可謂一語成讖。

70　參見：《胡適日記》（1944年11月13日），收入胡適著，曹伯言整理，《胡適日記全集》，第8冊（臺北：聯經出版事業公司，2004），頁200。

胡宗南與蔣介石關係的轉折
（1945-1950）

林桶法
天主教輔仁大學歷史學系教授兼系主任

一、前言

　　辛亥革命雖建立共和國，但孫中山的革命理想屢受挫折，1917年南下護法，亦受地方軍系的掣肘，孫認為其原因是缺乏革命的武裝力量，因此於1924年創立「陸軍軍官學校」（又稱黃埔軍校），任命蔣介石為校長，6月16日正式舉行開學典禮，為中國革命的重要里程碑，也開啟蔣介石的重要領導地位。蔣開創黃埔軍校，黃埔軍校為蔣造就許多事功，這種高度連結，有如水與魚的關係，民國以來的重要將領如杜聿明、胡宗南、黃維、毛人鳳、張靈甫、劉安祺、李彌、胡璉、俞濟時等皆出身黃埔。蔣與這些將領的關係既是長官也是師生，胡宗南即是其一。胡宗南自北伐、抗戰、國共內戰以來建立許多事功，收復延安備受各界矚目，西昌的失守後來臺卻換來彈劾。蔣介石對胡宗南的看法，1949年8月28日蔣日記記道：「召見宗南，研討川陝戰局與西北今後戰略有2小時之久，更覺四川可以穩定不慮，陝甘共匪來侵犯，

但必須加倍努力，宗南實爲將領中之麟角可愛」。[1]之後由於未經核准擅自飛海南島，蔣甚爲生氣，12月24日記日：「胡宗南來報未准，擅離部隊突自飛瓊，此爲意料不及之事，思之悲痛，西南局勢奮鬥最後一線之希望，至此亦斷絕矣，將領之貪生怕匪，無恥無志尙有何望」。[2]胡宗南在蔣的心中到底是忠膽愛國的志士，還是貪生怕死的將領？

過去已有一些專書及專文討論胡宗南，[3]但探討兩人關係者較少，本文著重於戰後蔣介石與胡宗南的關係。戰後胡宗南負責第一戰區的接收，1947年進入延安，但占領後一年延安再度失陷，中共甚至擴大其勢力範圍，其中胡宗南在西南地區的得與失爲何？自三大戰役後，戰爭急轉直下，國軍節節敗退，1949年10月後中國大部分地區爲中共所占，國軍僅剩西南及部分沿海地區，胡宗南成爲最後希望，歷經激戰，胡宗南離開西昌飛海口，此舉引起蔣的不悅，胡飛海口的原因爲何？蔣與胡在最後戰役的戰略有何紛歧？這些都是本文欲探討之主題。

近代以來有關個人的書寫有年譜、回憶錄、日記、文集、遺稿、訪問錄、集體憶往、評傳、自傳、合傳、專傳等，大約可歸納爲二

1　《蔣中正日記》（民國38年8月28日），史丹佛大學藏。

2　《蔣中正日記》（民國38年12月24日）。

3　專文較具學術的有：劉緯道，〈抗戰期間胡宗南軍系的組建與發展〉，《國史館館刊》，第22期（2009.12），頁97-99、101-135。經盛鴻，〈八一三淞滬抗戰中的胡宗南〉，《傳記文學》，第91卷第1期（新北市，2007.07），頁62-69。劉維開，〈國軍在中國大陸的最後一戰——以胡宗南爲中心的探討〉，《中華軍史學會會刊》，第5期（1999.12），頁377-398。劉緯道，〈胡宗南在陝西（1938-1949）〉（嘉義：國立中正大學歷史研究所碩士論文，2007）。薛文清，〈國軍大陸戡亂最後的奮戰——西康戰役〉《軍事史評論》，第17期（2010.6），頁107-127。專書方面有：胡宗南上將年譜編纂委員會編，《胡宗南上將年譜》（臺北：國防部，1972）。經盛鴻，《胡宗南大傳》（北京：團結出版社，2009）。文戈莊編，《胡宗南先生與國民革命》（臺北：王曲叢刊社，1988）、國防部史政編譯局編輯，《胡宗南傳》（臺北：國防部史政局編印，1962）。馮斌，《浩氣長存》（臺北：亞太圖書出版社，2011）等。

種，其一是屬於個人的紀錄，其二是屬於傳主以外的回顧與研究，後者往往受到幾種因素失去其客觀性。

其一，感情主義——溢美與隱惡：過去中國傳統對人物的褒貶有「遏惡揚善」（《易經》）、「止惡揚善」（佛家）、「隱惡揚善」（儒家）、「不虛美不隱惡」（史家）等態度，目前傳記的書寫，有爲親者傳，如蔣經國，《我的父親》（臺北：正中書局，1988）、白先勇，《父親與民國》（臺北：時報文化，2012）、葉霞翟（胡宗南妻），《天地悠悠》（臺北：幼獅文化，2006）等；有部屬或師生的撰述，如周宏濤，《蔣公與我》（臺北：天下遠見出版公司，2003）。最多者爲研究者的評傳，如吳景平，《宋子文評傳》（福州：福建人民出版社，1998）、楊天石，《找尋眞實的蔣介石》（香港：三聯書店，2014）等。爲親者及師長作傳，基於感情及從屬關係，難免主觀上溢美，研究者看似較客觀，但由於過度投入與理解，難免隱惡。

其二，民族主義——面對外犯，只能戰死不能妥協，只能戰爭不能和平：近代以來由於中華民族遭遇外患，20世紀以來中國最主流的論述便是民族主義，汪精衛、陳公博、周佛海等即使從辛亥革命以來有許多貢獻，但在民族主義下，永遠都是「漢奸走狗」，蔣的和平路線是折衝，汪精衛「低調俱樂部」成員與日接觸是賣國。汪成立「南京政府」是否有「曲線救國」的欲圖，不爲大多數人接受，作家老舍在《四世同堂》小說中斥其比敵人還更可恨。

其三，同志主義——不是朋友就是敵人，只論立場沒有是非：毛澤東在大陸是建立中華人民共和國的英雄，在臺灣卻是「萬惡共匪」，蔣介石早期在臺灣是「民族救星」，在大陸是「法西斯主義的獨裁者」。國共內戰時期，國軍投共者被視爲「叛國」或「起義英雄」，國軍將領陳

長捷有一次談到傅作義時說:「他自己在進行和平談判,卻叫我堅守,結果他成了起義將領,我成了戰犯」。[4]

其四,英雄主義——成王敗寇成為許多歷史論述的標準,成則溢美,敗則汙名。1949年選擇留在大陸的知識分子梁漱溟提到:「我倒不主張由共產黨把一些國民黨人捉來審判治罪。事實上亦捉不到,而且,這樣好像一切是非皆隨勝敗而定」。[5]梁漱溟本來希望不要有「成王敗寇」的觀念,但當時確有許多人基於現實來評述國共的戰局,將戰爭的責任推給國民黨的腐敗。

如何跳脫這些困境,最重要的是資料的掌握與解讀,歷史學治學的原則之一即是「孤證不立」,孤證不僅指的是單一的證據,同時還包括同質性的史料,因此史料必需多元,以胡宗南的研究言,除要參考《胡宗南日記》、《宗南文存》、《胡宗南先生紀念集》、《天地悠悠》等資料,更需掌握一些日記或回憶史料如《蔣中正日記》、《王叔銘日記》、《蔣經國日記》、《王微先生訪問紀錄》等,此外國史館,《蔣中正總統文物》、國防部史政編譯室,《國軍檔案》等檔案應可參考,更需參考來臺後有關彈劾胡宗南案的內容,及大陸出版有關胡宗南評述的文件及專著。同時也要分段評述,胡在北伐抗戰時期確有貢獻,但彈劾案中所指的部分,如國共內戰時期未能掌握西北大局,在關鍵戰役仍有保全自己勢力為考量,恐也有加以檢討的必要。

---

4 沈醉,《戰犯改造所見聞》(臺北:傳記文學出版社,1997),頁261。
5 梁漱溟,〈勝敗是非利害〉,《中央日報》(上海),1949年3月11日,第4版。

二、累積資望成為蔣介石的磐石

胡宗南（1896-1962）[6]軍事的經歷相當完整，自黃埔第一期畢業，歷經見習官、排長、連長、營長、團長、副師長、師長、集團軍總司令等職務，是蔣介石相當倚重的軍事將領。其性格的養成除家庭教育外，軍事教育是極為重要的一環，特別是深受蔣介石的影響，蔣介石用人重要標準之一是部屬的服從性與忠誠度，胡宗南即具備此重要特質。陳誠在戰後軍事調動時曾提到：

> 當時閻先生（閻錫山）恐委員長不願第一軍入晉，表示猶疑，我說不妨先以副委員長名義另調胡部入晉，再電委員長，以免文電往返緩不濟急，我為此議，是知道胡宗南不會不聽命的，果然胡部遵令開到，及命其加入第二路序列，以保太原。[7]

胡的生活簡樸，一生清廉自持，接近胡的長官、同仁、部屬皆認為如此，抗戰期間，胡坐鎮西北，節制西北陝、甘、寧、新、豫五省軍政大權，俗稱「西北王」，整軍勁旅時經手經費，何止千萬，未貪一厘一毫。1944年8月17日陳誠函呈第一戰區檢討失敗概況，指出：「當時軍隊常有走私、經商、喫空，除胡宗南部，尚能統籌截曠，核實補給外，一般多乾沒自肥」。[8]對胡的清廉高度肯定。

胡宗南為黃埔一期生，北伐期間率領的部隊表現優異，屢建戰功，備受最高統帥蔣的重用，1927年即升任為師長（時年31歲），第一

6　1896年的5月12日，出生於浙江寧波府鎮海縣陳華埔朱家塘樓，1945年8月日本投降後，在河南受降與安排相關事務期間，中央決定晉升胡宗南為陸軍上將，胡為黃埔生第一位晉升上將者。

7　吳淑鳳編，《陳誠先生回憶錄──國共戰爭》（臺北：國史館，2005），頁82-84。

8　何智霖編，《陳誠先生回憶錄──抗日戰爭》（臺北：國史館，2004），頁633。

師在胡用心經營下逐步成為向心力強、戰鬥力日益提升的中央嫡系的核心，蔣稱讚胡為「後起之秀，頗重愛焉」。[9]

為安定大西北地區，國府決定將第一師北調隴南接替原陝軍孫蔚如第十七師。1933年3月3日第一師於進駐隴南天水，這是第一支長駐西北的中央軍，戰略上意義重大，胡也擔負經略大西北的任務。1936年8月，蔣正式宣布將第一師擴編為第一軍。第一軍下轄2師4旅8團，總兵力約4萬人；重要官長：副軍長范漢傑、參謀長於達，第一師師長由胡宗南兼任，副師長李文，下轄第一（李正先）、第二（詹忠言）旅；第七十八師師長丁德隆，副師長羅歷戎，下轄第二三二（廖昂）、第二三四（李用章）旅；另有軍部直轄各單位。第一軍自然成為蔣所倚重的重要核心部隊。抗戰爆發後，胡肩負抗戰重要任務，先後參與淞滬會戰、南京保衛戰、蘭封戰役、豫南會戰。胡宗南被派赴陝西後，積極整訓軍隊，儲備實力，至抗戰結束，胡宗南部隊人數已超過十萬，其在西北的影響力甚廣，被譽為「西北王」，這也是胡宗南一生成就的高峰。1938年9月9日，蔣致電胡宗南曰：

> 西北部隊連現在已成立之各師及準備新編甘肅與漢中各十個團，擬成立四個團制師與三個團制師各十個師，由弟負責全權編練。對於輜重運輸器材皆應完備，並成立健全工兵營五個。[10]

蔣對於西北的防務及許多問題時常直接電示胡宗南，如1940年1月2日有關蘭州中衛縣防務、1月31日對逃兵問題、2月2日對新兵訓練問

9　周美華編，《蔣中正總統檔案·事略稿本》，第4冊（臺北：國史館，2004），頁108。

10　蕭李居編，《蔣中正總統檔案·事略稿本》，第42冊（臺北：國史館，2010），頁279。

題，甚至要胡部加強防毒面具的訓練等。[11]可見蔣對胡的倚重。

蔣長期以來重視訓練，由於淞滬會戰後，第十七軍團不只缺乏士兵，基層幹部亦消耗殆盡，第一軍的連、排長，存者不及十分之一，補充基層幹部為部隊的當務之急。為厚植戰力，責成胡宗南在西北整訓軍隊作為最後反攻的部隊。

胡宗南在投身黃埔軍校前曾為小學教師，在擔任第一師師長與第一軍軍長時期亦常辦理各種訓練班，為培訓幹部，胡呈請中央准許在陝西境內籌設中央軍官學校第七分校，由羅歷戎、吳允周、袁杰籌辦，將千餘名青年與天水訓練班、大專生隨軍服務團合計約2000人，並附編女性一隊，集中在鳳翔訓練，此便為七分校的初始。1938年3月29日，七分校正式獲准成立，校部設於鳳翔，胡宗南擔任主任，顧希平為副主任、王超凡任政治部主任、吳允周任辦公廳主任，其餘大隊長、隊長等職多由胡宗南軍中幹部出任。蔣特別重視第七分校的訓練，曾要求有關步兵教育方面由張卓負責，重要人事由蔣指派。同年5月，因招收人數及班別增加，鳳翔一地不敷使用，校部遷至西安王曲，七分校也稱王曲軍校。[12]

為加強控制及軍隊素質，一方面整訓，一方面藉調換幹部之機，派任親信至他系部隊，如第十六軍、第七十六軍、第二十八師都是如此。根據李鐵軍的回憶，胡宗南認為軍隊中組成分子不純，當中甚至可能有共黨人士，為整頓部隊，因此將陶峙岳與第一軍軍長李鐵軍調換職位，李一到第七十六軍便開始大量更換幹部，不到一年，第七十

---

11 蕭李居編，《蔣中正總統檔案・事略稿本》，第43冊（臺北：國史館，2010），頁9、98、114。

12 王曲文獻編纂委員會編，《王曲文獻》，第1部（臺北：王曲文獻委員會，1991），頁988。

六軍完全中央化，也成為胡宗南嫡系部隊。[13]

抗戰初期，軍中缺乏政治幹部，地方行政未上軌道，亦缺乏政治觀念，需要大批幹部。為此，中央成立戰時幹部訓練團，以培訓政治幹部。為安頓青年，胡宗南向第十戰區司令長官兼陝西省主席蔣鼎文請示，並獲得支持，允許每月撥發5000人份食糧，再復請中央奉准，戰時幹部第四團在陝成立。戰幹團第四分團，除培育政治幹部外，亦有與中共爭取青年的作用。

胡宗南到西北後與蔣的關係更為密切，往來電文不斷，舉1942年9月兩人的互動為例，9月4日，蔣到胡的寓所；9月13日，蔣與胡宗南、戴安國、蔣緯國等遊翠華山；9月14日，蔣與胡合照後到龍嶺；9月15日，電胡宗南已抵重慶，請代問候司令長官蔣鼎文，副司令長官湯恩伯、孫連仲等。9月17日，電胡請其注意共黨偷運鴉片問題；9月22日，電胡詢問駐陝西邊的新十一旅調防問題；9月23日，令胡限令第四十二軍移駐玉門一帶；9月26日，電胡有關第八戰區各部隊之連指導員應集中第七軍官分校，於一年內全部訓練完畢，所有訓練由胡負責。[14]由這一個月的互動言，蔣出遊時通常邀請家人及重要部屬同行，胡在9月間與蔣出遊三次，蔣離開西北時直接電胡告知其已抵重慶，並要求其代問候長官司令蔣鼎文等，可知蔣對胡的器重。而且經過整年到各地考察的結果，深感：「各戰區紀律廢弛、精神散漫、逃兵多、衛生差，惟西安中央軍校第七分校與胡宗南所屬部隊進步甚多，稍足自

---

13 李鐵軍，〈往事如新〉，收入胡故上將宗南先生紀念集編輯委員會編，《胡宗南先生紀念集》（臺北：陸軍總司令部印刷廠，1963），頁87。

14 周美華編，《蔣中正總統檔案‧事略稿本》，第51冊（臺北：國史館，2011），頁143、197、200、209、268、279。

慰」。[15]

　　抗戰後期戰區重新調整，第一戰區原由陳誠擔任司令長官，不久，陳誠赴軍政部擔任部長，改由胡宗南代理第一戰區司令長官，隔年真除。因職位調動，使胡宗南在名實上皆為西北地區的最高軍政首長，自1938年胡宗南進入陝西之後，部隊數量不斷增加，實力遠遠超越其他將領，蔣賦予胡重要任務便是重整黃埔軍事力量，胡也確實執行此項任務。經盛鴻提到胡宗南的用人以「黃陸浙一」歸結胡宗南的用人標準，[16]然而由集團軍總司令來看，7個總司令沒有一個浙江人，14個副總司令中，只有於達1個浙江人，也並非都具備陸軍大學資歷；有5位集團軍總司令係黃埔出身；又從軍長人事來看，17位軍長，只有鍾松和李正先兩人為浙江人，黃埔學生高達11人，仍占一半以上。所謂陸跟浙兩個標準，並不適用於胡宗南的軍隊，黃埔與第一軍資歷才是胡選任重要幹部的憑藉。

　　綜觀胡宗南部隊在抗戰的表現，雖未完成最終反攻之目的，然正如盛文談到：「從進入西北到三十八年大陸撤退，胡先生大致維持了西北的安定，使日軍無法渡黃河侵入陝甘，無論如何是一項重要的貢獻」。[17]又其支援各地、訓練幹部、重整及擴張黃埔部隊等具體表現，使西北地區更為安定，免除國民政府的擔憂，是胡宗南在抗戰時期的貢獻。抗戰期間，胡累積資望，成為蔣及黃埔的重要磐石，這段時期也是胡與蔣最親密的時期。

15　高素蘭編，《蔣中正總統檔案・事略稿本》，第52冊（臺北：國史館，2011），頁153-154。

16　經盛鴻，《胡宗南大傳》，頁200-210。

17　張朋園等，《盛文先生口述歷史》（臺北：中央研究院近代史研究所，1989），頁37。

三、密切合作時期——
從接收到攻占延安（1945.8-1948.4）

胡宗南爲蔣的嫡系將領，戰後蔣介石與胡宗南關係，約可分爲三個階段，其一，密切合作時期——從接收到占領延安（1945.8-1948.4）；其二戰略紛歧時期——從延安再失到離開大陸（1948.5-1950.3）；其三觀察與再信任時期——從戰略顧問到重掌兵權（1950.4-1962），本文主要討論第一與第二期。

第一軍雖然被評爲黃埔軍系中最優秀的軍隊，但內部仍有一些問題，蔣在1945年7月2日下午五時到赤水檢閱第一師部隊，結果不良，深嘆：

> 乃知胡宗南及其幹部皆爲陝（按應爲狹）窄呆板毫無自動創造之能力，由此弱點之發現，一則以懼，一則以喜，如不來此檢閱，余上以爲第一軍眞是全國模範軍，其危險當更大矣。[18]

7月21日再度不滿胡軍未能封鎖共軍，致使陝西淳化被突破，但戰後仍賦以胡接收重要任務。

1945年8月26日，何應欽根據蔣委員長指令，將中國戰區劃分爲16個受降區，受降部隊在美軍運輸支援下相繼抵達受降地點，進行受降工作，其中河南洛陽地區由第一戰區司令長官胡宗南負責。[19] 胡隨即發出「宗字第一號備忘錄」，29日，各部隊朝洛陽挺進，對象是日軍第十二軍一一〇師團。8月底，國府中央方面又決定擴大第一戰區受

---

18 《蔣中正日記》（民國34年7月2日）。

19 中國人民政治協商會議南京市委員會文史資料委員會編，《中國戰區受降始末》（北京：中國文史出版社，1991），頁61-63。

降範圍，包括隴海路的各要地鄭州、開封、新鄉；日軍方面投降代表是第十二軍軍長鷹森孝。9月初，胡下令成立「第一戰區日軍投降接受委員會」，接收工作雖面臨中共的競爭，但大體上都能完成使命。9月22日上午，胡宗南率領包括第一戰區副司令長官兼參謀長范漢傑、副司令長官劉茂恩、副司令長官馬法五、副司令長官裴昌會、第一戰區副參謀長李昆崗等重要官長，以及包括美軍人員在內的中外官員70餘人，在第一戰區受降總部所在的鄭州中華聖公會禮堂，接受日軍第十二軍軍長鷹森孝的投降。結束後胡以戰區司令長官的身分致詞，特別提到抗戰的勝利歸功於蔣委員長的英明領導與美國友邦的協助。

受降典禮後，胡即派遣部隊接收河北省，胡所部最為精銳的第三十四集團軍李文部其麾下第十六軍二個師，由同蒲線經太原北上，然後趨河北石家莊負責接收。另外，共軍在山西實力雄厚，而陝甘寧的共軍給養多靠山西方面提供，胡於1945年11月左右命第一軍第一六七旅進入運城，以控制黃河渡口。

1946年2月中旬胡宗南赴重慶參加軍事復員與整軍會議，3月奉蔣介石親命將第一戰區列為國軍第一期整編。當時胡麾下除開赴河北作戰的第三四集團軍以及劃入第八戰區的第二九集團軍外，還有第四、第三十一、第三十七、第三十八等4個集團軍，共計10個軍25個步兵師、1個騎兵師、7個包括工兵、戰車等在內的特種兵團。4月，胡於西安召開第一戰區整編會議，決定將麾下各部整編為4個整編軍，10個整編師、20個整編旅，55個步兵團，總兵力約25萬餘，同時將第七分校與各種團、班等裁撤。5月，國府成立鄭州指揮所，第一戰區就只剩整編第一軍（董釗）與整編第二九軍（劉戡）兩支野戰主力可供機動作戰，即使包括其他零星各師、旅在內，兵力約16萬人。

　　胡宗南部攻占延安，其後又失去延安是胡發展的另一轉折，延安自1936年以來一直都是中共的重要根據地，對蔣而言，延安地區有如芒刺在背，亟欲拔除，日本侵華期間，國共既合作又對抗，蔣攻占延安的欲圖未曾稍減。勝利前夕，蔣本有攻占延安之計畫，然因事機洩密（據說為胡部熊向暉所為），只得取消，勝利後，共軍趁胡部不斷援晉之際偷襲陝北的榆林，是胡宗南決定盡速拿下延安的原因。胡宗南原本打算於1946年5月攻取延安，中央顧慮此時正值美國介入調處國共期間，不宜行動。胡於10月21日親赴南京向參謀總長陳誠呈遞「攻略延安匪巢」作戰計畫，蔣只答應積極準備進攻陝北中共中央，直攻延安計畫延緩。

　　1947年2月28日，胡宗南及其參謀長盛文赴南京接受蔣介石的召見，提出直搗延安的計畫，蔣認為：「此時行之，對政略、對外交皆有最大意義也」。[20]決定收復延安，盛文估計共軍總兵力約15萬人（高估），超過胡部可用於進攻陝北的機動兵力，而且中共經營根深蒂固，應該發動奇襲，速戰速決，5日內拿下延安。作戰構想是以整編第一軍（董釗）從龍泉一帶由清泉溝、金盆灣、孫家砭、張家橋之線向延安攻擊；整編第二十九軍（劉戡）為左兵團，從洛川沿洛河東岸前進茶房、甘泉、大小勞山，主要為吸引防守部隊，使右兵團能順利前進。以兩個軍團為主力，形成一個壯闊的鉗形攻勢左右兩翼北上。另用游擊部隊分別向保安、安塞、延安、甘泉一帶進行騷擾性攻擊，牽制共軍，並期待逐步朝東北方向壓迫，最後一舉殲滅中共中央於陝、晉之交的黃河河岸地帶。

---

20 《蔣中正日記》（民國36年3月1日）。

　　國軍部署完成後，本決定於1947年3月10日進攻，卻因美國大使
赫爾利（Patrick Jay Hurley）訪問延安，故將攻擊時間延後四天。3月13
日下午，國軍陝北大攻勢的序幕由空中的猛烈轟炸所揭開，空軍於當
日共出動94架次，各型戰機、轟炸機等共投下彈藥59噸，同時陸軍也
向延安推進。14日清晨，國軍發動全面進攻，但蔣也指示如果第一線
未發生激戰，作戰部署應慎重，以嚴防共軍的反擊。[21]盛文聲東擊西，
假裝攻擊隴東，實際上由臨真鎮及金盆灣前進，董釗與劉戡的部隊東
西配合，18日，國軍抵達延安附近的娘娘廟，19日，突破共軍陣地，
胡宗南以整一師第一旅進入延安。中共以教導旅為主力抵擋國軍，以
掩護中共中央撤退，雖欲盡量保持實力，但此時胡宗南軍士氣高昂，
戰鬥力強，過程中有激烈戰鬥，共軍損失不小。在國軍絕對優勢兵力
下，中共中央決定放棄延安，毛澤東、彭德懷等人在18日上午至19日
間離開延安後全面撤離。19日下午5點，胡軍兩兵團的先頭部隊在距離
延安市區約3公里的的七里舖附近勝利會師，傍晚進占市區。胡宗南本
人則在24日率洛川指揮所的相關參謀人員進駐延安，總部暫設於原中
共邊區銀行窯洞內。收復延安對當時國民政府及國外情勢均有正面影
響，並使國軍士氣大增，蔣甚為高興，深嘆：「十一年來奸黨禍國殃
民，根深柢固之巢穴，至此卒告摧陷廓清也」。[22]並立即電示胡宗南迅
速恢復延安秩序、撫慰民眾。延安的克復，提高政府的威信與國軍的
士氣，也提高國際的威望。[23]

　　胡宗南進占延安，完成長久以來的夙願，下一步要殲滅共軍在

21　高素蘭編，《蔣中正總統檔案・事略稿本》，第69冊（臺北：國史館，2012），頁98。

22　《蔣中正日記》（民國36年3月19日）。

23　張朋園等，《盛文先生口述歷史》，頁76。

陝北戰場的主力，早日平定西北，蔣也關心陝北共軍主力何時可以肅清，並指示抽調兩個師支援。胡宗南隨即命令部隊繼續北上，尋求與中共主力決戰。中共在撤出延安後，決定利用陝北山高路窄之條件，不斷牽制吸引國軍，及至胡軍飢餓疲累不堪之時，再運用部分優勢兵力，消滅國軍，不重視一地之得失。故中共不急於與胡軍戰鬥，而是潛藏各地，處處設陷阱，隨時給予胡軍打擊。胡宗南雖占領延安，但陝北情勢並不有利，既不能從民眾身上獲取共軍之情報，亦無法徵收糧食，每位士兵皆須背負十天份口糧，負擔甚重，續戰力不能持久。胡宗南為防部隊被各個擊破，乃以大量兵力同時前進，不走大道平川，專走小路爬高山；不就房屋設營，多露宿營；不單獨一路前進，而由數路並列往正面前進，因此共軍難以三面伏擊。此方法雖可有效防止共軍偷襲，但大兵團行動緩慢不隱密，且軍隊都需攜帶糧食，前進速度慢，搜索範圍低，要救援他處更是不利。

在撤出延安後，中共判斷胡宗南急欲尋找中共主力作戰，故以第三五八旅向安塞以北前進，吸引國軍主力，卻埋伏第一縱隊、第二縱隊、教導旅、新四旅於青化砭地區等待國民黨軍隊。青化砭在延安東北三十里處，南北為蟠龍川，東西為起伏山地，適合部隊伏擊，故中共選此地作為第一次殲滅戰的戰場。當時國軍對四周情況完全不了解，幾乎蒐集不到情報，[24] 整編三十一旅貿然前進，剛好投進中共所布的圈套，3月25日被殲滅，整個作戰過程只約一個多小時，旅長李紀雲、團長謝養民被俘，損失約三千人，這是胡宗南前進陝北之後的第一個敗仗。

---

24 胡建國、何智霖、賴淑卿等訪問，〈曾祥廷先生訪談錄〉，收入薛月順編，《中共教導旅陝北作戰日誌》（臺北：國史館，2011），頁261。

　　胡宗南在共軍西竄之際，並未立刻追擊，而是將延安及囊形地帶之土共剿滅，並調整十師、第二〇六師第一旅前往晉南抵抗共軍攻擊。6月，第一戰區改組爲西安綏靖公署，胡宗南任公署主任，待綏靖延安附近區域後，才派軍向西追逐共軍。17日，蔣指示胡：「對竄入隴東之敵，可否用圍困之法，專用空軍監視，待其糧盡力竭回竄時再行追擊」。[25]

　　自國軍克復延安後，蔣即計畫至延安巡視，但始終未成行，由於榆林爲中共所包圍，8月7日，蔣由南京起飛，到西安換機後到達延安，胡宗南至機場迎接，延安市民沿途歡迎，8日，蔣致函鄧寶珊副主任切實肅清內部，並召見營長以上軍官訓話，此時蔣對胡仍信任有加。蔣在陝北戰事作許多指示，要求自榆林、運城空運八個團拱固西安城防與機場，如屆時潼關尚能固守未失，則當分四個團增防潼關。指示胡宗南有關陝北作戰應以東攻北守爲主，並要其嚴格督促陝北收復區的行政組織。

　　中共方面，延安的攻守被視爲全國布局的一部分，放棄延安本來不是其戰略的最佳選擇，但離開延安之後，中共中央更積極欲拿回戰場主動權，毛澤東與彭德懷判斷，此時共軍只需繼續消耗胡宗南的兵力，即可在西北戰場取得絕對優勢。共軍首先的打擊目標就是留在延安以北的整七六師（師長廖昂），其次就是榆林，彭德懷先殲滅整七六師，短暫的休整後，再度引兵北上進攻榆林，胡宗南請求空運援軍與寧夏馬家部隊的全力出擊，蔣相當不滿指責：「胡在此臨急應變之時，兵力調度不從本身與近處著想，而只知抽調友軍，不切實際已極，深

25　周美華編，《蔣中正總統檔案・事略稿本》，第70冊（臺北：國史館，2012），頁110。

不謂然,至妄議撤退榆林,尤認為不盡情理」。[26]但仍令空軍增援,指示全力固守並增援榆林。

其後國軍日趨下風,隨著戰事的挫敗,蔣對胡的批評愈來愈多,1947年10月底,蔣在檢討戰局認為:「胡宗南用兵無識,魄力不足」,陝北戰區範圍極大,隨著戰線拉長,機動兵力越少,胡宗南越感兵力不足,甚至連後勤補給均成問題,蔣指示採重點主義,專覓共軍之要害全力解決,然而胡軍無論在軍事物資或軍隊數量上都漸呈劣勢。反觀中共方面,其策略著眼於全國考量,西北野戰軍任務便是要將胡宗南部隊留置在西北戰場,不使其支援其他地區,故西北野戰軍不計一城一地之得失,連延安都可以撤守,並不斷在陝北運動,於各種機會中削弱胡宗南軍隊之力量,國共兩軍實力因此有了重大變化。宜川戰役不僅是國共在陝北的轉捩點,也是胡宗南與蔣介石關係的重要轉折點。

1948年春,中共在全國已進入「戰略反攻」階段,由內線作戰改為外線作戰,將戰爭區域擴大於國軍統治區,各處共軍皆採主動攻擊之策略。胡宗南所部國軍越打越疲,兵力越見分散或者固定而難以他調運用,士氣自然也在戰況不利與經濟環境惡化下走向低落。胡也知陝北會戰實關係關中的存亡及西北安危,決定徹底集中兵力於陝北方面與陳毅、陳賡等部決戰,但蔣受到國防部次長劉斐的影響,強勢自陝北將主力第一軍部隊往東抽調,影響甚大,盛文提到:「我2月4日從南京飛西安,即調兵東去,到2月28日,劉戡的部隊完全覆滅」。[27]

---

26 周美華編,《蔣中正總統檔案・事略稿本》,第71冊(臺北:國史館,2012),頁317。

27 張朋園等,《盛文先生口述歷史》,頁100。

第二十九軍軍長劉戡對於其軍主力爲共軍所阻，未能達成解救陝北清澗之圍的任務，自責極深。同時，空軍因受天候因素無法助戰，共軍彭德懷部隊全力圍攻宜川，3月2日，宜川西南二十里之石村地方附近國軍整二十七、整九十師被共軍以口袋戰術所消滅，多位高級將領陣亡，軍用物資亦損失，使陝北戰場情勢逆轉。此後共軍無論在數量及素質上，皆超越胡宗南部，宜川一役，實爲陝北戰情急轉直下的關鍵，蔣得知後深嘆：

> 此爲陝西我軍一年來最大之失敗，宗南疏忽粗魯，未能研究匪情，重蹈覆轍殊爲痛心，三日來爲此早感不安，知匪必有此一著，而以事忙心煩，不能專心指導，鑄此大錯。此一損失，全陝主力幾乎損失三分之一以上，維持關中與延安據點已甚爲難，但尚有可爲也。[28]

胡宗南也深知己責，呈請蔣撤職查辦，蔣深爲痛心，直接電示告誡胡「疏忽誤戰之過」，爲全局考量，蔣雖暫時重用胡負責陝西軍事，但對胡微詞日多，3月7日，提到：「宜川石村劉戡軍之失敗，劉軍長與嚴師長皆盡職陣亡，殊爲不測之大禍，宗南精神與智能皆不如前，乃爲最大之原因，不勝爲革命前途悲也」。[29]並於3月13日電胡宗南：

> 宜川喪師，不僅爲國軍剿匪最大之挫折，而且爲無意義之犧牲，良將陣亡，全軍覆浸，悼慟悲哀，情何以堪。該主任不知負責自效，力挽頹勢，而惟以撤職查辦，並來京請罪是請，當此一方重任，正在危急之際，而竟有此種不知職守與負責任之

---

28 葉惠芬編，《蔣中正總統檔案・事略稿本》，第73冊（臺北：國史館，2013），頁173。

29 葉惠芬編，《蔣中正總統檔案・事略稿本》，第73冊，頁264。

表示，殊非中正之所期於該主任者也，殊失革命軍人負責盡職
雪恥、自強不息之精神，茲特於該主任已撤職留任之處分，以
觀後效。[30]

　　語氣相當重，對胡不滿可知一般。當日，國防部陳誠亦提出檢
討，認為宜川戰役戰略上應以機動作戰為主不應死守，戰術上前進道
路之選擇與前進部署欠當、陸空協同不確實，未能乘空軍掩護下襲擊
猛進。

　　胡宗南將國軍自延安撤退，更加重蔣對胡的不滿，有見於共軍主
動攻擊，1948年3月26日，胡以彭德懷積極進攻，延安陷於孤立，軍
民糧食以難維持，久守已甚困難，如共軍強攻，國軍徒被犧牲，為集
中兵力與共軍在關中決戰，請准守軍撤出延安。陳誠也認為久守已不
可能，准於撤出延安，但必須考慮撤出的路線安排，應求其安全。4月
21日，胡將延安地區的國軍全部向洛川撤退，蔣深嘆：「在此國民大會
期間，宗南擅撤政略要點，可謂無知已極，但令退回延安已不可能，
故只有聽之，將領無能最為痛苦」。[31]如果就當時國共的戰局而言，
胡決定從延安撤退有其充分的理由，一方面共軍對延安的地形相當熟
悉，要在延安決戰，國軍不具優勢，另一方面整二十九軍被殲後，國
軍兵力嚴重不足，若要堅守陝北，則可能被共軍各個擊破，甚至連關
中都有危險，延安已失去其戰略地位，胡宗南不得不決定撤出延安，
以防衛關中為重點。西安綏署令整一軍回師，空運臨汾整三十師主力
至西安，統帥部將徐州整六十五師和開封整三十八師空運西安，整五
十七師進駐安康，撥入西安綏署序列中，抗戰初期調出的軍隊，此時

30　葉惠芬編，《蔣中正總統檔案・事略稿本》，第73冊，頁328。
31　《蔣中正日記》（民國37年4月21日）。

紛紛回到關中，延安再度為中共所控制。

戰後從奉命接收到攻占延安，胡宗南皆能貫徹蔣的命令，但收復延安後，由於未能控制陝北的情況，加以陝北情勢複雜，胡軍兵力日疲，反為共軍所牽制，宜川戰役損失慘重，延安再度為中共所占，胡軍軍心動搖，也動搖蔣對胡的信任，自此後隨著西南局勢的失利，蔣與胡關係日漸緊張，戰略上紛歧日益嚴重，也埋下中國大陸最後戰役失敗的原因。盛文認為：「大陸的失敗不是部隊長的問題，完全是決策者的責任」。[32]

四、戰略分歧時期——
從延安再失到離開大陸（1948.5-1950.3）

1948年中之後直到胡宗南離開大陸，胡宗南面臨的最大問題是全面聽從中央的指示，將來失敗之後由中央扛起全部的責任，或是按自己的作戰及撤退計畫進行部署的抉擇；胡無法獨力調派所有西北地區的部隊，對蔣又絕對的忠心，但基於戰鬥的判斷不願全力無條件配合中央的指揮，這是胡的矛盾，也導致蔣的不悅，甚至遭致彈劾的重要原因。

1949年上半年，胡與蔣的關係仍算和諧，到了下半年隨著國共戰局的變化，胡與蔣在戰略上再度發生歧見。1949年1月6日，胡宗南任命盛文為西安綏署漢中指揮所主任，駐節安康，以負責規劃關中方面往陝南轉進的事宜。1949年年初蔣引退討論之際，胡不表贊成，蔣責

---

32 張朋園等，《盛文先生口述歷史》，頁49。

令其以鞏固川陝為要務，胡一方面加強西安周圍的防務，一方面不斷派員聯絡蘭州青馬方面與南京李宗仁代總統，希望獲得支持。胡曾於4月10日及4月19日兩次到溪口晉謁蔣，蔣除熱誠招待外，要求胡繼續重視整軍工作。和談破裂後，4月21日共軍渡江，首都南京不保，身處西北的胡宗南也開始命令麾下各部進行戰略轉移。將在涇北的3個軍先撤到涇渭之間，並開始就將關中物資南運漢中廣元，將防線縮短扼守涇渭兩河俾將兵力集中，當時面臨糧餉經費不足的困境，胡曾請求蔣協助，蔣於5月14日回電表示：「此時各部只有作自立自強之打算，中可只在不違法之內從中設法協助而已」。[33]5月16日胡宗南與蘭州西北軍政長官部方面商妥，開始撤出西安的工作；18日下午，胡宗南本人與羅列等乘飛機離開西安飛往南鄭。

共軍於6月初發現國軍大集結，彭德懷認為共軍雖被包圍，但應可反攻，毛澤東則較為謹慎，提到：「就現有兵力與馬胡全力作戰，似無全勝把握」。[34]最後共軍決定正面決戰，6月9日，由馬繼援所指揮的寧夏隴東兵團及西安綏署方面的第八、第十八兵團，以咸陽、西安為目標進攻，最先聲勢浩大直攻咸陽，與共軍展開激戰，然因襲擊未成，第一九〇師突然暫時後退，隴東兵團與裴昌會的第五兵團逐步西撤。此時共軍反而加速挺進，第十八軍團麾下三個軍外，第一軍之三師，第三軍之八師亦相繼抵達西安附近，第十九兵團麾下向三原挺進。國軍已無優勢，21日起，胡宗南批准西安綏署部隊逐步轉移，西北軍政長官公署方面亦退至永壽、崔木鎮一帶，雙方戰鬥終止。這是國軍在

33　周美華編，《蔣中正總統檔案‧事略稿本》，第80冊（臺北：國史館，2013），頁123。

34　中共中央文獻研究室、中國人民解放軍軍事科學院編輯，《毛澤東軍事文集》，第5卷（北京：軍事科學出版社、中央文獻出版社，1993），頁609。

西北反攻的絕佳機會，卻因爲部隊間互信度不足及嚴重的自保心態，胡宗南稱：「西安失守後，奉到國防部電令，協同青寧友軍反攻會殲犯匪，因青海友軍騎兵一團在咸陽受挫後，即行撤退以致功敗垂成」。[35]

　　共軍在西北的最重要任務是將國軍嫡系的胡宗南部隊徹底殲滅，占領整個大西北，當時毛以「先胡後馬」或稱「箝馬打胡」作爲對戰局的基調，但當時毛與彭德懷對於胡宗南的國軍戰力與作戰方針不一，彭較主張先削弱兩馬（先馬後胡），再打胡部，6月26日，彭向毛建議以第十八兵團箝制王治岐軍，第十九兵團及第一、第二兵團圍殲馬繼援、馬靜敦部。[36]毛不以爲然，最後達成共識，決定「箝馬打胡」的作戰方針，國軍決定繼續清剿，共軍則決定主動出擊，7月10日扶郿戰役正式展開，第一野共軍第二兵團第四軍於當日強渡渭河，首當其衝的是國軍第三八軍遭重創，共軍第一、第十八兵團於盧縣渭河南岸，向郿縣前進，該縣守軍第三六軍陷入苦戰，左右受敵：十八兵團第六十軍插入武功、扶風之間，切斷國軍防線上的聯繫鏈，12日上午該兵團之第六二軍不到2日的戰鬥拿下武功。國軍在戰役中損失慘重，胡宗南只能下令部隊轉進，但已被追擊，王治岐部第一一九軍第二一四師敗逃，17日，西安綏署遭到空前的損失，共軍奪下扶風、郿縣、寶雞等地。

　　國軍報告稱第六十五（剩2000餘人）、第三十八（僅剩6000餘人）、第九十軍（僅剩6000餘人）、第一一九軍（僅剩4000餘人）損失超過一半以上，實際參與戰鬥約10萬人，僅剩約2萬餘人。此次的戰敗原

---

35 「袁守謙呈蔣中正胡宗南案裁決書」，〈中央軍法（三）〉，《蔣中正總統文物》，國史館藏，典藏號：002-080102-00042-001。

36 中共中央文獻研究室，中國人民解放軍軍事科學院編輯，《毛澤東軍事文集》，第5卷，頁626。

因甚多，與胡宗南指揮搖擺不定，轉進計畫不周，各部間的協調不一致有關。

　　國軍歷經西安之失與扶郿戰役後士氣大受影響，蔣與胡戰略在對西北戰略亦發生紛歧，首先在支援重慶方面，11月10日，陳立夫函呈時局艱危，中樞幾成無政府狀態，希望蔣早日到重慶督導；11日，蔣接獲閻錫山的函電謂：「渝東、黔東軍事雖有布置，尚無把握，非鈞座蒞渝，難期挽救」。[37]當時西南已岌岌可危，陳立夫就認爲：「當時蔣公飛來重慶，是非常冒險的事」。[38]蔣認爲貴陽危急，川東陷落，重慶垂危之際，政府豈能無主，希望李宗仁以民族存亡爲念，主持國政，並決心飛渝坐鎮。14日，蔣自臺灣飛抵重慶，是時中共四野第四十七師已逼近川東的彭水，重慶情勢危急。

　　蔣主張固守重慶，並要求第一軍馳援及胡宗南親督陣，11月16日，彭水失陷，重慶震動。蔣爲解除危機，研究彭水方面作戰計畫，決定從新部署，嚴令川湘鄂邊區綏署主任宋希濂督飭所部堅守彭水新城，不得後退；並派蔣經國至江口會晤宋氏，轉達希望其固守烏江之意旨。17日，電令川陝甘邊區綏署主任胡宗南立即調一個軍，用最迅速的方法車運重慶，限25日前集中目的地。[39]是時，重慶守軍空虛，僅有重慶衛戍司令部所屬第二十軍之第一三四師、內警第二總隊及憲兵十五團，蔣調胡部增援的目的自在加強重慶兵力。

　　胡宗南奉令後，立即調派駐漢中地區的第三軍前往馳援，但不願

37　蔣經國，《危急存亡之秋》（臺北：國防部，1969），頁484。

38　陳立夫，《成敗之鑑：陳立夫回憶錄》（臺北：正中書局，1994），頁374。

39　秦孝儀總編纂，《總統蔣公大事長編初稿》，第7卷，下冊（臺北：出版者不詳，1978），頁418。

第一軍支援，電蔣：「本部在川北，無兵無糧無衣，川局之內部可知，故急須第一軍趕到新津鎮壓，才有立腳點可言，才能保障川北部隊轉進安全之可言，此著如錯，全局皆敗，決無挽回之機會，除飭第三軍遵令在廿七日前東運到渝外」。第一軍、第三軍均為胡宗南部的主力，惟蔣以重慶方面的作戰關係重大，需要強有力的部隊參戰，因此堅持調用第一軍，對胡氏的答覆頗為不滿，蔣電胡：

> 聞弟對於第一軍調渝甚為不願，是或愛惜兵力以備決定成敗最後之使用。余甚了解，惟中以為此次渝東作戰時為黨國成敗最後之一戰，惜此而不願聽命調用，恐再無使用之時，革命成敗，黨國存亡在此一舉，望遵令調用勿誤為要。[40]

蔣介石又於11月23日急電胡：此間缺乏高級指揮官，此次重慶會戰最好吾弟能親來指揮，否則第一軍、第三軍兩軍必須有人統一指揮，望派李文或袁樸來渝指揮為要。第三軍三個師望能全部開渝，盛文軍部亦須同來，此間決戰當在豔日左右，各部隊務於是日前集中完畢。[41]蔣對重慶棄守問題研討甚久，當時四川的軍人如鄧錫侯、王纘緒及西南的劉文輝大多都靠不住，蔣為保全西南安全，不輕易撤退，認為如果早撤，則共軍必可於半月內直達成都，則陝南胡部本已撤至漢中以南地區之惟一主力軍，無法轉移成都以西地區，今後西南完全為中共控制，故決緩撤重慶，並在沿江設崗，以確保成都。[42]

同時，俞濟時直接對在廣元的第七兵團司令裴昌會通話轉達蔣的

---

40 「蔣中正電胡宗南渝東作戰為黨國成敗最後一戰」，〈革命文獻——京滬撤守前後之戡亂局勢（二）〉，《蔣中正總統文物》，典藏號：002-020400-00032-121。

41 「蔣中正電胡宗南渝東作戰為黨國成敗最後一戰」，〈革命文獻——京滬撤守前後之戡亂局勢（二）〉，《蔣中正總統文物》，典藏號：002-020400-00032-121。

42 《蔣中正日記》（民國38年11月29日）。

指示：「第一軍車運重慶。」胡宗南得悉此事，知已無法堅持，即與參謀長羅列、副參謀長沈策等詳加研究，決定於20日將第一軍車運至重慶，第三軍至重慶的任務不變，另請加派卡車八百輛，加運第三軍到重慶，協助第一軍之作戰，並請空運新津、西昌之第一師暫停空運，控制在成都附近。胡雖然答應蔣的指示，但仍想表達其意見，再度發電報告蔣曰：

> 職以第一軍為黨國歷史命運之所寄，全軍數十萬官兵精神維繫之重心，其使用效果如何，當予審慎考慮，若以此等精銳有用部隊毫無計畫分散割裂，投置於無用毀滅之途，如此用兵，實為戰略上之大忌。職以全軍安危所繫，故未敢緘默，鈞座既固執己見，除飭第一軍遵於明晉（20）日自廣元趕運來渝外，務請再飭加派汽車八百輛，趕運第三軍，以便協力第一軍作戰，並請轉飭新津，第一師緩運西昌，鞏固成都。[43]

同時電令第一軍軍長陳鞠旅以「勤王之師，義無反顧」，於20日起，自廣元逐次車運重慶。[44]胡宗南對於此事十分無奈，在當日日記中記下了「此情形實為本軍全局失敗的原因」等語。[45]以第一軍的戰力，如胡能堅持自己的戰略或不致大敗，但正如胡的部屬王微提到：「胡先生好處是服從，在我看，他的最大毛病也就是太服從，軍人作戰的最後目標是勝利，應該不僅僅是服從而已。中央枝枝節節敵瑣碎規定，胡先生食古不化，連不合理的也一一服從，結果失盡一切可以建功立

---

43 胡宗南著，蔡盛琦、陳世局編輯，《胡宗南先生日記》（民國38年11月19日），下冊（臺北：國史館，2015），頁167。

44 胡宗南上將年譜編纂委員會編，《胡宗南上將年譜》，頁245。

45 胡宗南著，蔡盛琦、陳世局編輯，《胡宗南先生日記》（民國38年11月19日），下冊，頁167。

業的良機，這是很令人扼腕痛惜的」。[46]

　　蔣以身作則，直到11月30日凌晨，由衣復恩駕駛的「美齡」號專機離開重慶轉往成都。然而國共戰事並未因蔣的決心而有所改變，雙方經過激戰後，11月30日，重慶淪陷。第一軍奉重慶衛戍司令楊森電話指示，儘速向璧山撤退，待全軍抵璧山時，又奉命共軍已由永川向璧山進犯，全軍應向銅梁急進。而共軍二野第三兵團第十、十一、十二軍及四野第十五兵團第四十七軍，分沿成渝及綿璧公路，向西、北進犯。12月1日至5日，璧山、銅梁、永川、榮昌、隆昌等地，相繼失陷。當第一軍於五日由銅梁轉進至潼南時，與尾追之共軍第十二軍展開激戰，第一六七師師長趙仁傷重不治殉國，殘部沿遂寧、安岳、簡陽向成都轉進。蔣介石心緒大亂，深覺：「此乃與二十六年南京撤守時之心緒，其悲傷與依依不捨之情景無異」。[47]第一軍經此次消耗，實力大損，對胡宗南而言，為一嚴重打擊。[48]蔣認為緩撤可以鞏固成都，但胡的部屬王微認為：「由於撤退太遲，在重慶我方部隊在倉皇中硬是被全數消滅」。[49]戴濤也認為：「為領袖安全及掩護政府撤退來臺，逗留成都兩旬之久，以致行動滯緩，陷於極不利狀態」。[50]胡宗南妻葉霞翟則認為由於第一軍的盡責才能使政府安全撤退來臺。[51]

　　蔣與胡的第二紛歧點在成都與西昌的攻守問題，重慶失守後，蔣

46 張朋園、林泉、張俊宏訪問，張俊宏紀錄，《王微先生訪問紀錄》（臺北：中央研究院近代史研究所，1996），頁54。

47 《蔣中正日記》（民國38年12月1日）。

48 劉維開，〈國軍在中國大陸的最後一戰──以胡宗南為中心的探討〉，頁383-384。

49 張朋園、林泉、張俊宏訪問，張俊宏紀錄，《王微先生訪問紀錄》，頁116。

50 胡故上將宗南先生紀念集編輯委員會編，《胡宗南先生紀念集》，頁277。

51 葉霞翟，《天地悠悠》（臺北：幼獅文化，2006），頁128。

仍將希望寄託在胡宗南身上，蔣在革命實踐研究院總理紀念週講〈西南戰局演變之經過〉，表示：「胡主任現在負西南整個軍政的責任，我相信他一定可以率領我們革命軍最後一部分菁華的部隊，在這一個地區上建立起堅強不拔的基礎，作為大陸反攻的根據地」。[52]

重慶失守後的局勢，對於中央政府駐地問題，曾經數度研究。蔣主張遷西昌，固守西南，俟機反攻，收復失土，並決定，中央政府遷臺灣臺北，大本營設置西昌，成都防衛總司令部。此時胡宗南部隊已翻越秦嶺跋涉長途，轉到成都平原。以六百公里與共軍對峙，半個月內轉進至一千餘公里長距離之目的地，且主力毫無損失，確實不易。

對於成都的攻守問題，胡宗南主張先守漢中，放棄成都，逐步作有計畫的轉進，避免不必要的犧牲，胡的說詞：

> 陳鞠旅各師皆被截斷，消息不通，李文接陳到新津附近，匪從毛家渡方向過河，預計明日匪將接近成都。吾人一切計畫皆以第一師調重慶而貽誤而全局失敗可慨也。委座電話問情形，略告知並請電賀國光撥兵補充朱光祖之圍。[53]

蔣則認為：川西各方戰況雖不利，但共軍力量不大，且其分散，如國軍能集中較優勢之兵力，選擇一個陣地與其決戰必可轉敗為勝。蔣甚至三度親電胡宗南，指示其如何部署，要求集中現有兵力，先將新津或成都附近之共軍先予擊滅，不可待綿陽之共軍迫近成都，雙方受敵夾擊，為成都必須留少數兵力固守，以牽制共軍，非萬不得已，

52 蔣中正，〈西南戰局演變之經過〉（1949年12月12日），收入秦孝儀主編，《總統蔣公思想言論總集》，第23卷（臺北：中國國民黨中央委員會黨史委員會，1984），頁76。

53 胡宗南著，蔡盛琦、陳世局編輯，《胡宗南先生日記》（民國38年12月18日），下冊，頁177。

切勿撤空爲要。12月21日，蔣再電胡：如能在新津成都堅持五日，將派飛機百架運送高級將領及必要官兵逕飛西昌。

12月23日，空軍徐煥昇司令告知機場治安關係必須速行，9時30分胡宗南與參謀長羅列、沈策、裴世禺、楊蔭寰、陳碩等至鳳凰機場，11時起飛，5時半至海口上方，因重霧飛至海南三亞機場。胡在三亞，電信不通，交通阻塞。顧祝同參謀總長、蕭同茲次長、陳良前副長官、王副總司令叔銘來三亞敘晤。蕭甚至對胡說：此行君個人損失太大，名譽威望不可收拾，最重要人將譏兄爲棄軍。陳良謂：此後兄可不必管事，隱遁於海外，自己承認輸可矣。[54]來臺後胡宗南爲此被彈劾，彈劾的內容包括不戰而棄西安、未能盡心盡力聯合青寧馬家軍反撲西安收復關中、沒有積極援助蘭州、[55]倉皇逃離陝南、在川西全軍覆滅，到西昌又遭失敗，最後喪師失地等。特別是西昌問題，認爲胡宗南應負重大之罪責。[56]

有關彈劾案在遷臺初期引起軒然大波，胡宗南的態度頗爲淡定，常說：「我只求仰不愧天，俯不作於人，對任何人敵毀謗或責難，我既不生氣，亦不介懷」。[57]全案經國防部於11月2日偵查終結，依法裁決，不付軍法會審，理由：「被告胡宗南係陸軍上將，衛西安綏靖主

---

54 胡宗南著，蔡盛琦、陳世局編輯，《胡宗南先生日記》（民國38年12月24日），下冊，頁180。

55 胡宗南答辯書中提到：「惟本署第一線與蘭州相距一千華里以上，雖然積極推進，然節節受匪所阻，而馬氏叔姪意見分歧，先後撤兵，遂致局勢變化過速，蘭州竟告失守。」參見：「袁守謙呈蔣中正胡宗南案裁決書」，〈中央軍法（三）〉，《蔣中正總統文物》，典藏號：002-080102-00042-001。

56 1950年5月11日，監察院李夢彪等五十多名監察委員聯名對胡宗南提出彈劾。

57 李潤沂，〈我所認識的胡宗南先生〉，收入胡故上將宗南先生紀念集編輯委員會編，《胡宗南先生紀念集》，頁70。

任西南軍政副長官間參謀長，被監察委員李夢彪等彈劾其於西安、陝南、蘭州、成都、西昌諸戰後有喪師失地貽誤軍國嫌疑，經監察院審查成立，移付懲戒，並送交本部審理到案，經偵訊調查認應不付軍法會審」。[58]

有關西昌的問題，陳誠曾為胡宗南辯護，陳誠提到：

> 先是政府西遷之始，對於軍事部署，決定以雅安為後方，時國軍主力為胡宗南部，宗南來臺，曾與我談及此事，我當時即表示，這樣部署不妥，就當時戰局看，拿雅安作前線，猶恐為時已晚，貴陽一失，雅安即成三面受敵之地，雅安只合作收容第一線，後方應設在西昌，西昌有糧，且有通雲南之路，為當年遠征軍所修築者。西昌所缺者為彈藥棉布，軍中他物可棄，宗南聽到我的話，很高興，準備到川後，即照此部署，不想後來他的第一軍奉調赴渝解圍，致共軍各個擊破，真是不幸，不過要不是第一軍開渝，政府也可能撤不出來，總之，宗南是無罪的，後來卻竟因此受到彈劾，可謂不白之冤。[59]

西北地區的問題甚為複雜，中央與地區指揮官難免在戰略與戰術有歧見，戰地失陷胡宗南自不能脫責，中央的指揮看似全盤考量，但對戰地指揮官而言，可能有違原有的戰略部署，戰事最後的失利不能專責一方。

胡宗南到海口及從西昌撤離的原因：1.西昌天候不佳改飛海口：胡兩次提到天候的因素，在日記中提到：12月23日午刻，各部隊按預定部署開始行動，而飛機亦已抵蓉不能稽延，且是日成都西昌間天氣

---

58 「袁守謙呈蔣中正胡宗南案裁決書」，〈中央軍法（三）〉，《蔣中正總統文物》，典藏號：002-080102-00042-001。

59 吳淑鳳編，《陳誠先生回憶錄──國共戰爭》，頁112。

惡劣，因雲密布，乃從空軍老部屬徐煥昇將軍的建議改飛海口，抵海口上空時，機場關閉，復降落三亞，著陸後即設法與突圍部隊保持聯絡，並計畫飛赴西昌。[60]在〈三十九年元旦告川西官兵書〉談到天候及西北一些將領投共的影響。謂：「去年十二月中旬，你們與匪軍血戰於成都平原的忠勇表現，本來給予匪軍有很大的打擊，不料魯崇義的全師在樂山叛變，劉文輝、鄧錫侯、潘文華等逆賊，為保全其個人生命財產，又不惜背叛黨國，變節降匪，使我大軍陷於重圍，我在這個時候，奉最高當局指示，先來西昌指揮，大軍分路突圍，不料因西昌氣候惡劣，改飛海口，聯絡中斷，至我三軍將士，為匪所乘，誠使我繞室徘徊，椎心飲血，萬死莫贖」。[61]

2.部屬建議必須盡速撤離：12月22日夜各軍實行突圍之際，第十五兵團司令官羅廣文及第十六兵團副司令官鄧其通電叛變，第十八兵團李振率其第六十五軍之兩團，第七兵團裴昌會率第三十軍殘部同時投共，第五兵團司令官李文鑒於變生肘腋，原計畫難以實施。許多部屬如李文、陳鞠旅、李振、周士瀛、魯崇義、盛文、胡長青、吳永烈、吳俊、趙寧國、沈策、羅列、裴世昺等開會研究當前局勢及對策，其結論絕不攻擊、主力避戰、脫離戰略包圍。[62]將領要求胡率無戰鬥力的總部先飛西昌，以便安排部隊糧秣、交通等後勤問題。

3.反對無謂犧牲：12月25日，胡宗南函陳良時提到其原因，可以歸納幾點，其一，當國軍從成都轉移指揮機關於西昌，共軍第十、十

---

60 胡宗南著，蔡盛琦、陳世局編輯，《胡宗南先生日記》（民國38年12月23日），下冊，頁179。

61 胡宗南，《宗南文存》（臺北：中國文化研究所，1963），頁73。

62 胡宗南著，蔡盛琦、陳世局編輯，《胡宗南先生日記》（民國38年12月22日），下冊，頁178。

一、十二及劉文輝、鄧錫侯等叛軍已在洪雅、雅安、蒲江、邛崍、大邑、崇慶之線，共軍第十六、七十八各軍已在仁壽、簡陽之線，林彪所部兩軍亦已向廣漢進迫，內線作戰乘敵分進合擊之時，而先擊滅其一股事實上已不可能，集中所有力量固守成都作背城之舉，而結果必至全軍消滅。其二，舉項羽、拿破崙、洪秀全、邱清泉、黃維為例，不因個人名望使全軍失敗，妄言決戰，此種舊戰術舊思想在剿匪以來不知陷滅多少部隊，犧牲多少將士，白流多少英雄之血，可嘆之事無過於此。其三，反對在成都附近決戰，反對在現態勢下作背城借一之舉之原因，是希望在國軍力量遭受十分損失之前，脫離內線，轉移外翼有計畫、有目標分散縱隊。放棄成都，脫離包圍，變不利態勢為有利態勢，變被動而為主動，預期不久將來，此力量將全部到達於某一地區，而重整陣容造成奇局。絕非決戰之後逃跑潰敗者所比擬者也。胡也深知：「此種決策非有大膽大勇者不敢為，非有失敗寧受軍法審判的胸襟者不肯為，非有受千萬人的唾罵，歷史上的斥責而未嘗動心敵氣慨不能為，成敗利鈍是非罪惡，只好付諸未來的戰局」。[63]

由於通訊問題蔣介石無法直接胡通話，了解其原委，因此對於胡的行動甚感不悅，12月24日談到：胡宗南來報未准，擅離部隊突自飛瓊，此為意料不及之事，思之悲痛，西南局勢奮鬥最後一線之希望，至此亦斷絕矣，將領之貪生怕匪，無恥無志尚有何望。[64]12月26日，蔣經國電王叔銘，表達其父切望胡宗南能即返蓉，望懇勸其即返防地，如成都不能降落則飛西昌指揮。12月28日，王叔銘與羅列銜胡宗南命由海南到臺灣向蔣報告其離蓉到瓊經過詳情，29日，蔣電胡：

---

63 胡宗南著，蔡盛琦、陳世局編輯，《胡宗南先生日記》（1949年12月25日），頁181。
64 《蔣中正日記》（民國38年12月24日）。

「無論如何吾弟均應回西昌，否則各地責難必紛起，以後無法繼續革命矣」。特別提到：

> 此時大陸局勢繫於西昌一點，而此僅存之點，其得失安危，全在於吾弟一人之身，能否不顧一切單刀前往坐鎮其間，挽回頹勢素行必成，徘徊則革命為之絕望矣，務望發揚革命精神完成最大任務，不愧為吾黨之信徒，是所切盼。[65]

胡乃決定飛回西昌，與沈策、趙龍文、李廉、王超凡等商討西昌之行，他們皆反對，但胡堅持，蔣得知甚感：「惟宗南仍能從命獨飛西昌收拾殘部再起奮鬥猶得聊以自慰」。[66] 12月30日，胡率本署作戰指揮機關，抵西昌。蔣指示：此時西昌防務只要內部純一，凡有與劉文輝有關係諸人，必須澈底肅清，以期內部團結堅強，持久確保西南為一要點。

王叔銘、蔣經國在胡宗南與蔣介石中間扮演互相傳達的角色，王叔銘甚至直接表明：「弟與宗南兄非親非戚，只站在同學立場而言，彼實唯一之忠心耿耿聽命總裁之人，弟魯莽直言諸請鑒原。」[67] 蔣最後也了解胡的忠誠，1950年1月3日回電王叔銘：至經國子多電閱之欣慰，吾徒皆能如吾弟與宗南者，革命決不錯失至此，然尚有百折不回為革命效忠始終不貳如弟等則覺革命不患不成也，每引為自慰，望嚴督所

65　胡宗南著，蔡盛琦、陳世局編輯，《胡宗南先生日記》（民國38年12月29日），下冊，頁182。

66　《蔣中正日記》（民國38年12月29日）。

67　「王叔銘電蔣經國已返海南島晤胡宗南於三十日與其主要幕僚等百餘人乘機安抵西昌及第二十七軍已向西昌前進距西昌尚有五日行程等顯係蔣中正誤會胡宗南」，〈一般資料——各界上蔣經國文電資料（十五）〉，《蔣中正總統文物》，典藏號002-080200-00662-018。

部滅雷島之敵，並對宗南方面空運工作特別努力爲要。西昌據點只有令胡宗南以下所部官兵決心死守到底，此外別無生路。[68]

由於共軍取得優勢，西南戰局已不可爲，1950年3月27日，胡宗南一行從西昌乘飛機抵海口。在海口停留了幾天，4月4日，飛抵臺南再到臺北。就在胡宗南從西昌逃到海口的那天，蔣介石下令裁撤西南軍政長官公署，調任胡宗南爲總統府戰略顧問。

五、結論

蔣自領導北伐以來，對中國雖有若干的貢獻，但兩個大的問題一直都處理不好，一是中共的問題，另一是派系問題，特別是軍事派系的問題，地方軍系不信任蔣，蔣也只信任黃埔軍系，如此一來中央與地方的嫌隙越陷越深；對於嫡系方面也出現問題，即是犯了中國古代兵法「用人不疑、疑人不用」、「將在外、君命有所不受」的大忌，在戰略方面，蔣是一位孤獨的軍事家，有許多的時間爲國家前途思考，然而卻過於獨斷，每事必干涉，蔣一直希望部屬忠貞與服從，對於戰略蔣基於全盤的考量，與戰地指揮官之間常起摩擦，指揮權與統帥權之爭自北伐、抗戰後逐漸嚴重，國共內戰時期更爲明顯，蔣介石與胡宗南在戰後對中共的戰略即是最明顯的例證。

胡宗南從黃埔軍校第一期畢業後即受蔣的賞識與提攜，從第一師師長到第一軍軍長及戰區司令長官，但胡對蔣也確實協助完成許多事功，從北伐到抗戰，除決戰沙場外，更爲中央培訓許多幹部，成爲蔣

---

68 「蔣中正指示周至柔調胡宗南意見書抄白崇禧評論並制定戰備法規草案」，〈籌筆——戡亂時期（十六）〉，《蔣中正總統文物》，典藏號：002-010400-00016-046。

的重要磐石。

胡與蔣都絕對反共，但兩人的關係在戰後起了變化，從奉命接收到攻占延安，是兩人蜜月期，胡宗南皆能貫徹蔣的命令，收復延安，提升低迷的國軍士氣，蔣對胡頗爲嘉許。然由於未能控制陝北的情況，反爲共軍所牽制，宜川戰役國軍損失慘重，胡軍軍心動搖，也動搖蔣對胡的信任，蔣對於胡的批評甚厲。最後延安再度爲中共所占，自此後隨著西南局勢的失利，蔣與胡關係日漸緊張，戰略上紛歧日益嚴重。

胡與蔣戰略上最大的紛歧是重慶與成都的問題，國軍在不到兩個月的時間，連續失掉了重慶、成都，使政府在西南維持一個局面的希望爲之破滅，而西昌在守了三個月之後，亦落入共軍之手，失掉了國軍在大陸本土的最後一個據點。關於這一連串失敗的責任，大都指向胡宗南，但是就胡個人而言，則認爲成敗的關鍵在於蔣堅持將在廣元的第一軍調往重慶增援，結果不但因增援而致全軍戰力耗損嚴重，同時因第一軍自廣元撤出後，其餘各軍未能及時進駐，導致成都的防衛力量大減，終於失陷。是失敗的責任，似應由蔣負責。[69]

戰場的成敗，從國共戰役而言，一方面歸結於長期以來統帥權與指揮權的問題，蔣介石在戰爭中的角色，贊同者歌頌蔣的領導地位，批評者則認爲其常干涉前方戰場，但根本上是蔣的領導風格的問題，蔣的用人標準在日記中可以看出他需要的是「效忠」與「服從」，在氣度上似乎不如孫中山，他對部署的批判在日記上是很不客氣，黃郛（膺白）批評他有「毅力」而欠「恢弘」之氣象。翁文灝日記中轉述美國大使

69 劉維開，〈國軍在中國大陸的最後一戰──以胡宗南爲中心的探討〉，頁397-398。

詹森（Y. F. Johnson）對胡漢民、汪精衛、蔣介石三人的觀察和評價：胡漢民思想堅決，但教條，窄隘，不易與人合作；汪精衛善於變化，但無甚原則；蔣介石「目光動人，但對人從不信任，各事親勞」。翁認為詹森的觀察頗能獨到。[70] 這些均屬中肯之語。而胡的最大問題是游離於部屬的意見與長官的指示的矛盾中，對西北或西南情勢最熟知的其實是胡宗南，但中央往往有所謂「全盤考量」，戰略上與地方不同，要「集中決戰」或「緩撤待變」？要守重慶，還是守西昌？主力如何調派等都考驗蔣與胡的領導，胡畢竟是「忠臣」，對蔣的指揮雖深感無奈，但最後還是按中央指示進行，以致進退失據，最後甚至遭致彈劾。

胡來臺後與其他的將領相比，已算不錯，從戰略顧問到派到浙江執行反共救國的任務，回臺後又調任其為澎防部司令，胡對蔣忠心不貳，蔣也視胡為心腹，雖因戰略紛歧，兩人關係緊張，但最後蔣對胡的一生仍給予極高的肯定，在胡去世後蔣對國軍幹部提到：「他是本黨一個忠貞自勵，尚氣節，負責任，打硬仗，不避勞苦，不計毀譽，革命軍人的模範」。[71] 可謂中肯之評述。

---

70 翁文灝著，李學通、劉萍、翁心鈞整理，《翁文灝日記》（1936年2月21日）（北京：中華書局，2010），頁20。

71 轉引自葉蘋，《天地悠悠》，頁211-212。

德國軍事顧問團在華工作

周惠民

國立政治大學歷史學系教授兼人文中心主任

一、前言

　　中德雙方之軍事合作發展甚早，自清末以來，中國即不斷自德國進口各種武器、軍械，乃至鐵甲艦等等，也派遣人員前往德國接受軍事訓練。正因如此，民國初年的軍事將領對德國軍事發展已有相當充分的認識。當時地方勢力擁兵自重，均有整軍經武之野心，且多考慮自德國尋求援助，孫傳芳、段祺瑞等人尤爲積極。1920年代初期，南方政府在孫中山主導下，也企圖尋求與德國合作。但終孫中山一生，努力並無任何具體成效。繼任的蔣介石則處於較有利情況，一方面，德國需要外匯，另一方面，德國企圖透過與外國政府合作，保存其軍事發展能量，因此不再反對其「退役」軍官來華服務，鮑爾（Max Bauer, 1869-1929）就在其政府知情的情況下，抵達中國，商議如何爲中國效力。

　　德國軍事顧問團來華之前，中國已經有俄國軍事顧問的活動。蔣介石與德國軍事顧問加侖（Wassili Konstantinowitsch Blücher, 1889-

1938）相處甚得。一次大戰之後，德軍曾協助蘇聯之紅軍發展軍備，蔣也自侖侖處瞭解許多當時德軍的軍事構想。因這些經驗，使蔣對德國軍事顧問期望甚殷。他們除了提供軍事方面的專業技能之外，還肩負武器採購及提供與生產有關的所有信息，並成為中、德兩國當時往來的重要媒介。

二、中國早期尋求德國合作

朱和中（1880-1940）原在清末時奉派前往德國學習軍事，對德國頗有認識。民國成立以後，服務於孫中山麾下。1922年2月間，朱和中曾奉孫中山之命，將孫著作《建國方略》一書之英文版 *The International Development of China* 一書轉呈德國首相魏特（Joseph Wirth, 1879-1956），孫中山並附筆表示，為實現本書中理想，切盼能獲德國援助。魏特原指示其秘書回函致謝，信並已擬妥，但稍後魏特改變心意，又指示改以口頭申謝。

根據德國外交部所獲得的資料顯示，朱在離德時聯絡了幾位有興趣到廣東服務的德國專家，包括：

1. 德勒斯登（Dresden）工業大學金屬工業專家史威寧（Prof. Schwinning, ?-?）教授，願來華負責工業技術方面之顧問工作，同時也負責改良教育制度。

2. 原海軍部高級官員（Admiralitätsrat）[1] 史哈麥爾（Wilhelm Schrameier, ?-?）願來華負責行政組織之改良工作。

1　Regierungsrat為舊制德國官僚體系中的高級官員，官等銓敘自 A13 級起算（最高官等為A16）均以顧問稱之，但因部會不同，有不同的功能。

3.另有幾位鐵路、財政及銀行專家也有來華的興趣，孫中山所交付的任務是籌組一家銀行以方便資金之調度。

其中有關軍事業務方面，朱和中曾與軍方高級將領洽商，據瞭解，此位將領應是塞克特（Hans von Seeckt, 1866-1936）。因為此時塞克特正負責軍事改組及大力推動與蘇聯紅軍的合作計畫，與塞聯絡，應是請其推薦軍事顧問或甚至建立類似德蘇間的軍事合作計畫。但這一點卻顯然沒有效果。

在聯絡德國工業界領袖方面，朱和中雖然與數家大型企業進行洽談，但真正有興趣的只有在漢堡的史丁那斯（Stinnes）公司，但由於廣州政府缺乏財政能力，也看不出有任何的具體成效。朱和中的另一項任務是要請求德國帝國印製廠為廣東政府印製鈔票，德國外交部也尚未同意此事。

朱和中在德國兩年的時間，並沒有太大的成效。1922年2月初，孫中山對其工作不滿之餘，乃指示其返國。朱乃於1922年5月底離開德國返穗。

三、中德軍事合作之開端

1920年代初期當孫中山開始尋求德國的軍事援助時，德國政府對孫中山不表歡迎。這種態度取決於兩個主要原因：大戰之後，德國受限於凡爾賽和約，其武器之生產、銷售均有極大限制，對德國外交部門而言，如何開啟與列強重新協商管道為首務，根本不應與列強發生可能的摩擦，此其一；[2] 由於中國之政治局勢相當不穩，德國財政

2　參見：John Heineman, *Hitler's First Foreign Minister, Constantin Freiherr von*

部門對孫之付款能力存疑，此其二。1927年以後，當國民黨勢力東征成功，並開始準備進行北伐時，德國已經對國民黨另眼相覷，而國際氣氛也有所改變，德國新的共和政府贏得歐美各國較大信任，凡爾賽和約限制有鬆動跡象，德國外交有較大的迴旋空間，故而德方態度開始轉變，傾向同意派遣軍事顧問為國民政府服務。此時孫中山已經下世，蔣介石主導南方政府之發展。

蔣介石陣營中原本有俄國軍事顧問，但俄國政治勢力對其干涉過多，導致雙方合作破裂，蔣乃亟欲尋求德國協助。彼時，廣州中山大學地質學教授朱家驊（1893-1963）由於曾留學柏林，經張靜江（1877-1950）之介紹而受蔣介石之託，負責與德國聯絡，尋求正式軍事合作，以協助中國，整頓陸軍。[3]或至少先有軍事顧問來華，取代原有俄國軍事顧問之遺缺。

國際社會對內戰地區的武器銷售均採取相當保留的態度。1927年前後，中國之國際地位因北伐即將完成而逐漸獲得改善。戰事即將平息，使得各國重新檢討對華軍事銷售的限制，德國對華政策亦隨之調整。德國外交部乃以不介入、不干涉為方針，鮑爾就在外交部知情的情況下來華。

鮑爾出生於德國東部的桂德林堡（Quedlinburg），為德國軍官，原曾入大學研習法律，後因家庭經濟情況惡化，只得投身軍旅，進入砲兵服務，1899到1902年任職於砲兵測試團（Artillerieprüfungskommission，

Neurath, Diplomat and Statesman (Berkeley: University of California Press, 1979) p. 29ff.

3 有關朱家驊在早期國民黨與德國政府接觸所扮演之角色，因文獻不足徵考而無法了解。但朱獲博士學位（1923年）後，並未立即返國。其所居處，在孫之特使鄧家彥左近（同在康德街 Kantstarsse），且時有往還，應有相當程度之牽涉。

198

APK），該團成爲來自普魯士軍隊的優秀軍官，專門測試各種武器。1902到1907年間，鮑爾擔任砲兵團指揮官，後進入參謀本部，擔任專員，負責研究東方各國的軍事部署，尤以俄國軍事爲主。例如日俄戰爭的部署與戰鬥，也專門研究旅順的軍事位置等。旅順軍港的建設爲1880年代克魯伯公司的業務，鮑爾知之甚詳。

俄皇尼古拉二世（Nicholas II of Russia, 1868-1918）在俄國、波蘭與德國的邊界上建築防禦工事，鮑爾負責了解並設計對策。他也因此與新聞、武器製造商等有一定聯繫，也與克魯伯公司商議火炮的研發。

第一次世界大戰期間，鮑爾任職於軍事作戰部門，負責指揮重砲兵與防禦工事，也參與克魯伯大砲的研發工作，對火焰投射器之設計也有相當參與。他與當時的幾位重要陸軍將領如魯登道夫（Erich Ludendorff, 1865-1937）及政治領袖如史特雷斯曼（Gustav Stresemann, 1878-1929）都有相當關係，成爲調和各方的中間人。1906年，獲頒德國軍隊最高榮譽的功勛（Pour le Mérite）動章。1920年，許多德國軍人對政治發展不滿，發動政變，鮑爾也加入，計畫推翻共和政府。但政變失敗，鮑爾遭通緝，乃逃往慕尼黑躲藏，1925年獲得特赦。

1922年，鮑爾發展出瓦斯戰的概念，他的同仁將之交付蘇聯軍方，鮑爾乃繼續研究，發表3篇論文，1923年夏，托洛斯基（Leo Trotzki, 1879-1940）邀請他前往莫斯科，希望鮑爾認識蘇聯的狀況，並討論經濟與工業方面的合作。鮑爾於當年11月成行，但因他在德國、奧地利等地都受通緝，必須從威尼斯轉伊斯坦堡進入俄國。他在俄國停留3個月，考察各地。1925年，他出版《紅色俄皇的土地》（*Das Land der roten Zaren*），1924年6月德國駐蘇聯大使不洛克多夫—蘭操（Ulrich von Brockdorff-Rantzau, 1869-1928）也自托洛斯基處得知，德國史托岑堡化學工業公司（Chemische Fabrik Stoltzenberg，CFS）將協助蘇聯建造化工廠，鮑爾也將與蘇聯合作。德紹的戎克飛機公司（Junkers Dessau）也聘請鮑爾擔任顧問，代表該公司與蘇聯政府交涉。德俄兩國軍事合作的內容包括：坦克、重炮、陸空協同作戰、毒氣戰等，都在俄國實驗。為了掩人耳目，德國成立了「企業促進公司」（Gesellschaft zur Förderung gewerblicher Unternehmungen mbH簡稱GEFU），負責辦理與俄國的各項事物。

1924年2月，鮑爾在奧地利法蘭次親王（Wilhelm Franz von Habsburg-Lothringen, 1895-1948）的媒介之下，前往馬德里，並向「工業實驗公司」（Experiencias Industriales S.A.）提出軍事建設的相關計畫，並介紹德國航空工業的幾家公司如戎克、多尼爾（Dornier）與羅爾巴赫（Rohrbach Metallflugzeugbau）等。

鮑爾獲得特赦後，於1926年回到柏林。當時德國的交通部與國防單位都希望能與鮑爾合作，推廣飛機。戎克公司也在瑞典建立一個名為立漢（Limhamn）的子公司，此外，他也與荷蘭的幾家公司如「荷蘭工商公司」（Holländische Industrie- und Handelsgesellschaft簡稱HAIHA）有些關連，這些公司都是德國方面為了規避凡爾賽和約採取的應急手段。

早在1923年，浙江督軍盧永祥（1867-1933）曾派遣官員前往德國，尋求軍事合作之機會，並與鮑爾聯繫，邀請他到中國擔任軍事顧問。但盧永祥隨即因直奉戰爭敗北，合作之事，未能實現。

1927年，蔣介石透過朱家驊，轉請德國馬求斯教授（Prof. Conrad

Matschoß, 1871-1942）聘請軍事顧問，並徵詢德國工業的意見。魯登道夫對這項邀請並無意願，鮑爾乃邀請中國代表與德國國防工業會談。5週之後，鮑爾乘船，於1927年11月15日抵達廣州，成爲蔣介石的軍事顧問，開啓了日後中德軍事合作的新章。

鮑爾經香港抵華後，隨即面見蔣介石，討論「軍事合作」事宜，只是此時國民黨政府尚未有一個完整的軍事建設方案，對軍事顧問的組織、職掌及功能都無明確概念。鮑爾提出若干建議，也獲蔣之首肯，蔣賦予鮑爾組織軍事顧問之責，並許之爲「總顧問（Generalberater）」。鮑爾隨即返德，招募人員，並安排了一個中國的軍事訪問團，前往德國考察，安排妥當之後，鮑爾又回到中國，並參與許多軍事行動。

鮑爾任職期間，團員人數不多，編制尚小，問題也較單純。鮑爾對其工作充滿熱忱，親冒矢石，僕僕於戰場之上，不幸感染斑疹傷寒疫症，於1929年5月病死於上海的英國醫院。他死後，軍事顧問團由克里伯中校（Hermann Karl Theodor Kriebel, 1876-1941）任代理總顧問一職。

四、克里伯代理顧問團長

克里伯出身軍人世家，其父爲陸軍少將，其弟亦爲陸軍步兵將領。克里伯受完高中教育之後，先就讀於慕尼黑大學，但隨即決意加入軍隊，進入巴伐利亞軍校（Bayerische Kriegsschule），1894年畢業，正式加入巴伐利亞第一步兵團，擔任候補軍官，1896年即晉升少尉。1900年，他轉入海軍陸戰隊第二兵團，當時，義和團事變爆發，克里伯也被派遣來華，故對中國有相當深刻印象。1901年，他歸

建到巴伐利亞第一步兵團，1904到1907年間，他進入巴伐利亞戰爭學院（Bayerischen Kriegsakademie）就讀，論文的主題便是「內戰中正規軍隊的作為」

1908年起，克里伯在巴伐利亞參謀本部中任職，1910到1912年間，他在毛奇將軍（Helmuth von Moltke）的參謀本部中任職。1912年，他擔任巴伐利亞22步兵團的連長。1914年，第一次世界大戰爆發，他奉派在西線作戰，1915到1916年間，他升任少校，並擔任巴伐利亞第8後備師的首席參謀。稍後，又派往巴伐利亞第15後備軍團的參謀本部。最後在最高指揮官（Obersten Heeresleitung）魯登道夫的參謀本部中工作，1917年11月到1918年2月間，還是參謀指揮中心的陸軍部門主管（Chef der militärischen Abteilung）。

1918年11月，交戰雙方簽訂停戰協定，克里伯代表參謀本部出席，並參與凡爾賽和約之後的相關工作之討論。戰後，克里伯志願退伍。1921年，他獲頒退役中校軍階。

1919年以後，克里伯便參與巴伐利亞地方武力的組建工作，主要打擊目標為布爾什維克共黨分子。他參與民兵組訓的過程中，於1922年與希特勒結識，也於1923年2月參與了許多民兵組織合組了「祖國戰鬥團」（die Vaterländischen Kampfverbände）中的「工人工作團」（die Arbeitsgemeinschaft），擔任軍事組織的召集人。之後的數月中，希特勒一直與克里伯領導的軍事團隊扞格，希特勒不僅無法控制組織，也擔心克里伯等人的影響力增強。巴伐利亞政府也對這些組織有相當戒

心，1923年4月，巴伐利亞總理克禮寧（Eugen von Knilling, 1865-1927）曾表示：「眼前的敵人雖是左派，但日後的危險卻來自右翼」，尤其認為退役軍官如克里伯等人根本無法教育。因為克里伯就反對他的〈保護共和法〉（Republikschutzgesetz），克里伯認為這個法律根本就是對工人工作團的宣戰。克里伯也一直要求希特勒能夠果斷，不可遲疑，主張發動政變，並「向柏林進兵」（Marsch auf Berlin），最後終於爆發慕尼黑暴動事件。

事件發生之後，希特勒、魯登道夫等人被捕。1924年4月，魯登道夫獲釋，希特勒、克里伯等人判處5年徒刑。克里伯原本獲選為帝國議會議員，資格也遭取消。1924年12月20日，希特勒與克里伯重獲自由。1929年，克里伯應聘前來中國，隨後並擔任軍事總顧問代理。克里伯為一優秀軍人，但意識型態偏向極端，曾與希特勒共同服刑，具有濃厚國社黨色彩，與顧問團中同事不易相與，乃至時有口角發生，對整個顧問團之工作自然有極大妨礙。1930年5月，克里伯遭解除總顧問一職，但仍留在顧問團中，直到1933年才離職。[4]蔣介石乃透過其早先的聯絡人塞克特，希望其來華擔任總顧問。但塞克特以年事已高而婉拒，另外推薦魏澤爾將軍來華擔任德國駐華軍事顧問團之總顧問一職。

克里伯的繼任者為魏澤爾（Georg Wetzell, 1869-1947）原是克里伯舊識，原步兵將領，1921年晉升上校，擔任帝國國防部軍事新聞部門的監督官，1923年晉升為少將。曾於1926到1927年間擔任德國參謀本部作戰署長（Truppenamt）。1927年調柏林，隨即退役。他開始辦理

4　克里伯因為擔任黨衛軍（SA）的支隊領導，聯繫SA與外交部關係，1934年獲希特勒任命為駐上海一等總領事，負責在華德人的法律、文化與科技事務，與外交無關

《德國國防》（*Deutsche Wehr*）雜誌。1930
年以後，他到中國服務4年，擔任軍事顧
問團長。

Oberstleutnant Wetzell,
erhielt das Eichenlaub zum Orden Pour le Mérite.

　　魏澤爾在第一次世界大戰之際已是相
當重要的軍官，1916年秋擔任魯登道夫
（Ludendorff）的作戰廳（das Truppenamt）[5]
長，表現甚為優異，但隨著軍事的失利及
內部不安的情事，德國軍方決定與政治領
袖合作，提出停戰協定。1918年底，歐洲戰事告一段落。凡爾賽和約
中規定德國軍方只能保有10萬名的地面部隊及15000名的海軍，德國
的軍隊被迫重組。1927年，魏澤爾退役；雖然離開軍隊，但他並未與
軍隊脫離關係。1929年，他接到魯登道夫的信件，詢問他是否有意願
前往中國擔任軍事顧問。對一名曾經設計戰後德國防務的優秀軍官而
言，退役賦閒是一件頗為無奈的事，當他有這個機會重新接觸軍隊事
務時，他當然十分願意，因而欣然接受，並於1930年5月抵達中國。

　　根據許多同僚對他的評價，他是典型的軍人，有軍事長材，但似
乎缺乏溝通人際關係的手段，並非一個良好的行政人員。[6]這樣的性
格，說明何以他在中國服務期間，引發許多衝突，最後被迫離開。

5　凡爾賽和約規定德國不得再設置參謀本部（Generalstab），德方乃改置作戰廳以為
　　因應。

6　Jerry B. Seps, General Georg Wetzell, in: B. Martin (Hrsg), *Die Deutsche Beraterschaft
　　in China, 1927-1938* (Düsseldorf: Droste Verlag, 1981), S. 106.

五、1930年代的中德貿易與軍火供應

　　魏澤爾擔任總顧問時期所面臨的問題相當複雜，蔣介石雖對德
國軍事顧問寄予高度期望，卻無具體的目標及章程，也常面臨經費缺
乏的困擾。德國希望改善凡爾賽和約後居於劣勢的國際地位，爭取較
大的活動空間，凡事委屈求全，並無一具體的對華政策。在兩國政府
未有明確共識的前提下，魏澤爾立場本已尷尬，其本人個性又不易相
與，使得此時期軍事合作之成效未能盡如人意。

　　德國的外交政策一向謹慎，在國際事務上多採「從眾」原則，而
不願過於突出，以免發生枝節。1920年代末期，德國經濟開始出現危
機，英美兩國曾提出道氏計畫（Daws Plan）加以援助，效果不彰，1929
年又有楊計畫（Young Plan）之提出。德國對此需求迫切，當時外交政
策制定者司特雷斯曼（Stresemann）乃致力於改善與列強關係，甚不願
招惹眾怒。1929年司特雷斯曼去世，繼任者也秉持同樣原則。到1930
年時，世界經濟發生危機，歐陸各國幾乎全受影響，德國經濟更如雪
上加霜。1930年，失業人口為550萬，到1931年，增加為600餘萬，大
量失業人口造成社會相當不安，經常發生騷動事件，行政體系傾其全
力要解決國內問題，在制定外交政策時尤其保守。德國外交部一直認
定：過度介入中國事務將得罪列強，也會招致國內新聞媒體及反對者
的批評。所以一再訓令其各屬外館，不得介入中國問題。

　　軍方則採取較強硬的立場，普魯士軍國主義深深影響其國家政策
的制定，故有「普魯士並非國家擁有軍隊，而是軍隊擁有國家」的批
評。德意志帝國成立以後，軍隊仍秉承這樣的風格，時常對文人政府
表現輕忽之意，許多事務也不予配合。威瑪共和成立初期，由於對凡

爾賽和約的失望，受到直接衝擊的軍事將領對政府的軟弱態度極表不滿。1920年3月，以呂特維茨將軍（Walther von Lüttwitz, 1859-1942）及卡普（Wolfgang Kapp, 1858-1922）等人爲首，發動反政府事件，新的共和政府甚至被迫逃離柏林，出走德勒斯登，同時下令軍隊鎮壓暴民。當時作戰廳長官爲著名的軍事將領塞克特，他以國防軍不應對國防軍開槍爲由，斷然拒絕鎮壓。事件平息之後，塞克特並未因此受到處分，反而出任國防部長，這與軍事將領興登堡擔任總統一樣，正可以說明德國軍方在政治事務中有一定的影響力。

　　威瑪共和時期軍隊半獨立的現象既是由來已久，在往後的政治中也經常與文人政府意見相左。軍部希望能維持其武器發展、人員訓練、軍事研究與裝備改良。以當時十萬名軍隊的規模而言，所需之武器根本不足以提供軍火工業所需的市場，故而一直希望能對外銷售軍品。對當時的德國經濟而言，這毋寧是件好事。所以當中國政府希望向德國購買武器之時，軍方便相當贊成。

　　1931年時德國與中國的貿易量相當大，從其來華僑民及所設立之公司就可以看出端倪。根據德國外交部一項統計資料顯示：1931年有340家德資公司在中國境內進行各種貿易，3900多名德籍人士在中國境內居留。[7]當時德國對華出口的主要內容包括：化學原料及半成品，其中以化學肥料硫酸氨爲大宗。另外也有藥品、染料、機械設備、電器品等等。這些海關資料中並未有軍品的統計數字。德國經貿部門一心改善貿易逆差，以當時情況而言，軍火銷售顯然有厚利可圖。所以經貿部門積極支持國防部門的軍火銷售案。

7　這個數字不包含香港及大連兩地。

德國方面對鮑爾所提的「經濟」活動感到興趣是不容置疑的。1929年初中國的國內形勢似乎相當和平，各方矚目的編遣會議正在進行，營造一股和平的氣氛，所以各國均希望能盡速恢復軍火貿易，1929年4月26日，英、美、法、日、義等11國公使照會中國外交部，聲明廢止「禁止軍火入華協定」。對德國而言，雖然仍受到凡爾賽和約的限制，不得隨意輸出軍火，但德國政府自然也不願放棄這個機會，因而開始與德國軍事顧問建立聯繫的管道，希望爭取軍火訂單。

但即使列強廢止這個禁令，並不表示可以將軍火隨意輸入中國，國際社會均需遵守不出售武器給交戰團體的默契，1930年以後的「中原大戰」使中國又陷入「內戰」的局面，各國對武器出售案，也多小心將事。我們若以同時期泰國的軍火採購案為對照，就可充分顯示德國就受到這種默契的限制。1932年時，德國政府接到泰國政府購買軍火的訂單，外交部當即表示意見，認為可以銷售；[8]部務會議中特別指明：對華軍火銷售的情況特殊，必須非常慎重。

德國政府對中國態度多所保留，除了擔心引起列強的抗議之外；另一個原因是中國內戰的勝負未卜，不宜過早表態。1930年11月，德國駐北平使館人員向其政府簡報「中原大戰」的情況。德國外交與國防兩部門官員在定期會商時，曾檢討其短期對華政策。軍部相信蔣介石定然可以獲勝，因此希望加強與蔣之合作關係。但外交部官員根據北平的報告，認為戰爭尚未分出勝負，萬一德國「押錯寶」而馮玉祥獲勝，豈不難堪。最後雙方達成暫時保持中立的決議。此時蔣介石曾提出派遣軍官前往德國受訓的要求，外交部門一直保持低調，拒絕蔣的

---

8 ADAP. Serie B, Bd. XXI, Nr. 269, Der Gesandte in Bangkok an das Auswärtige Amt, 12.Aug. 1932.

請求。當然這德國拒絕南京政府派遣軍官前往受訓是出於個別考量，在這些事件發生的同時，日本政府也派遣軍官前往德國受訓，並無困難。[9]

國際社會的默契使德國不得不有所顧忌，德國駐華軍事顧問的成效令人矚目，日本因此對德籍顧問的一舉一動密切注意。「一二八」事件中，日本向柏林抗議魏澤爾在中國軍隊中所扮演的角色，使德國外交部門承受巨大壓力，轉而向其他政府單位表示不滿。

當國防部與外交部在對華政策的基本步調上產生差異時，經貿部門採取較為折衷及迂迴的辦法，繼續對華進行軍事銷售，方法之一就是經由第三國進行。軍火生產者在瑞士、荷蘭等地成立一些「影子公司」，對華交涉，德國產製的軍品再由這些公司申請外銷許可。瑞士的所羅通（Solothun）公司就是一個典型的例子。魏澤爾此時所選購的武器，十之八九均經這些影子公司出口。

前文已述及，除了南京政府向德國購買軍火之外，廣東地區及其他地方勢力也向德國提出軍火採購的要求。對這些軍事採購案，德方一體答應，只是有不同的處理程序。例如閻錫山也在此時向德國提出購買飛機的要求，德國政府也經過多次的內部討論。為避免蔣介石或其他人士或列強之抗議，乃決議另在瑞典設立一「影子公司」，將飛機零件先運至瑞典後，再交海運來華，以避免造成德國介入的印象。

9　ADAP, Serie B, Bd. XX, Nr. 110, Das Auswärtige Amt an die Botschaft in Tokio, 17. Dez. 1930.

六、魏澤爾與 1930 年代的軍事發展

　　魏澤爾初抵中國時，蔣正努力對抗來自內部的挑戰。1928年東北易幟，張學良宣布「服從」中央之後，中國表面上完成統一。但是蔣介石所能控制的地區相當有限，軍閥割據的局面並無任何顯著改善。由於國家需要建設，中央也希望裁編軍隊，一方面將復員軍人投入國家建設，同時也可以減少地方割據的機會。1928年7月間，各集團軍總司令於北平湯山召開會議，會中計畫將全國軍隊裁編。由於各與會者對裁軍的幅度及次序存在相當差異，也對裁軍後蔣的勢力不減反增感到疑懼，因而引發反抗事件，李宗仁、馮玉祥、張發奎等人先後舉兵，自1929年初到1930年底，戰事不斷。其間又有共黨分子的騷動事件。先是1930年3月間，馮玉祥與閻錫山等人聯合，企圖倒蔣。雙方發生戰事，戰場主要在河南，但山東及湖南兩地也發生相當規模的衝突，一般稱為「中原大戰」。

　　蔣在其軍事行動中一直倚賴外籍軍事顧問，東征及北伐的初期，蔣相當倚重俄國軍事顧問，但1927年清黨之後，俄國共黨被逐出中國，俄國軍事顧問活動同時終止。德國軍事顧問一抵中國，就必須立刻取代俄國顧問的位置。當初鮑爾如此，魏澤爾也是如此。他於1930年4月底到達香港時，蔣介石正在河南一帶與馮玉祥及閻錫山的部隊作戰。1930年5月底，蔣介石正在徐州，他先召見魏澤爾，與之詳談之後，於5月24日正式任命魏為軍事顧問團總顧問。此時軍事顧問團之總部設在南京，但自魏澤爾與其他德國軍事顧問之往來書信可以看出魏澤爾經常在軍隊前線；除了參贊軍機之外，蔣也交付魏澤爾檢討當時中國軍事狀況的任務。

　　該年年底，馮、閻戰敗，蔣介石計畫將方興未艾的共黨勢力一舉殲滅。雖然這個計畫並未能達成，但1930年底的中國政治局面基本上已漸趨穩定。整個戰爭進行中，蔣介石所指揮的部隊較居上風，除糧餉充足外，武器配備也較精良。但蔣對戰爭過程中其部隊的表現並不滿意，1931年元旦，蔣介石通電各師師長，指出：

　　　　今後所宜一致注意者，厥為充實自身之能力，鞏固永久之國防。立國於今日之世界。……而審察我國今日軍隊之能力，則萬不足以語國防，此我革命軍人之大恥。而充實軍隊之能力，實為今日至急之務矣。[10]

　　言猶在耳，中國已經面臨另一次更大的挑戰。1931年9月，日本在東北地區的軍隊發動侵略攻擊，製造轟動中外的「九一八事變」，蔣介石感到外力侵略日亟，當時全國注意力也集中在加強國防之上。1931年11月21日，中國國民黨四全大會通過「國家建設初期方案」，希望以四年為期，達成國家之初步建設，其中首要之務即為軍事建設。這個案中先指出軍事建設的方向：

　　　　中國目前若欲建設強大之海軍，則為國家財力所不許；空軍誠應積極擴充，但在4年之短時期內，航空技術人才之養成，及多數航空機之製造或購買之經費為一難題；現在所應整備充實者，是現有之大額陸軍，故為國軍整理建設之重點。[11]

　　根據這個方案，軍事建設確定了「以整備充實陸軍為重點，同時積極發展軍事工業」的方向，蔣介石責成其軍事顧問魏澤爾，要他負責

10　國史館編，《中華民國史事紀要》（臺北：國史館，1986），中華民國20年1月1日。
11　國史館編，《中華民國史事紀要》，民國20年11月21日。

改善中國軍隊的素質，這要從裝備及訓練兩方面著手。裝備方面，主要是協助中國建立軍火工業，以自行生產軍火。訓練方面，則包括教導中國軍隊使用德式裝備，以及協助中國派遣軍官赴德受訓。

德國軍事顧問團的第一任總顧問鮑爾認為：沒有軍火就無組織軍隊的可能，但中國並沒有生產軍火的能力，所有武器需要進口。為此，鮑爾首要工作是建立中國政府與德國軍方直接溝通的管道，以方便中國方面購買軍火。長遠而言，則應自給自足，在中國建立軍火工業。這是個既定的工作方針，魏澤爾來華之後，也對軍火工業的建立盡許多心。

1931年12月，魏澤爾向蔣介石提出一個建議書，他將當時中國軍隊的狀況加以研究之後，指出：中國軍隊師法日本制度已有30年時間，先後約有100名日本教官在中國服務，也有約1000名的中國軍官曾經在日本就讀軍事院校，但是日本在中國協助中國建軍的成效相當有限。

魏澤爾表示，日本軍隊制度多師法德國，兩者精神一貫，所以將日制改為德制並無任何困難。中國軍隊的基礎教育及訓練確有可改進之處，德國軍事顧問有把握在這方面提供最佳服務。魏澤爾建議的作法之一是先成立教導師（Lehrdivision），訓練部分軍士官，再將結訓的學員分發至各部隊，擔任種籽教官，推廣德制操法。

教導師的成立可以回溯到廣州黃埔軍校。1924年時，蔣介石已經在黃埔軍校中成立兩個教導團，以何應欽、王柏齡兩人分別擔任教導第一團、第二團團長。兩團除了一般的軍事教育之外，特別重視精神教育及政治教育。在東征的戰鬥中表現十分傑出，因而深獲蔣的信任，將之視為嫡系部隊。1929年左右，蔣介石接受鮑爾之建議，組織一個教導師，希望能完全仿照德國軍制，使用德式裝備，於是有「教

導第一師」的成立。這個部隊成員由各部隊挑選而組成，馮軼裴擔任師長，成為蔣介石的嫡系部隊，也是當時全國最精銳的部隊。這支軍隊的訓練及裝備就交由德國軍事顧問負責。87師是完全以德式裝備訓練的師，裝備之經費由宋子文開徵特別鹽稅支應，德國軍事顧問特稱此師為「鹽師（Salzdivision）」。教導師的成立需要幾個條件：

人員訓練：1932年初，軍事顧問的總人數已經達到78人，如果將此78人集中於一處，或許可以勝任，但此時德籍顧問係分散於不同兵科，不同單位，所以人力配置顯得侷促。

武器裝備：按照當時的規劃，這個教導師完全採取德式裝備。這又受限於兩個條件：南京政府的付款能力及德國出售軍備的意願。

這兩個基本條件看似簡單，卻也成了軍事顧問團活動中最複雜的問題。由於政府對德籍軍事顧問的待遇甚為優渥，軍官受聘成為有利可圖，也成為營私、朋黨之工具；而軍火採購又與軍事顧問之推薦及選用有密切關聯，因此大部分德籍顧問與德國軍火工業之銷售代表均有往來，當數家廠商可提供類似產品時，不免發生利益衝突，甚至引發爭執。加上中國政府官員往往也捲入回扣等利益糾紛，使軍火採購益形複雜。日後魏澤爾與蔣介石漸生齟齬，甚至造成魏請辭，均與此有關，下文另詳。

軍事顧問團的總顧問除了要負起這些訓練、採購及一般的聯絡工作之外，還要負起對德政府交涉的工作。柏林的軍部特別設立一位聯絡人，與魏澤爾保持聯繫，甚至可以隨時與國防部長溝通，可見國防部門對此之重視。

前面已經介紹，德國當時並非只對南京政府軍售，任何地方勢力只要提出請求，德國大致都盡可能出售。例如廣東的陳濟棠、華北的

閻錫山等均有向德國購買軍火的事實，採購重點之一是當時在戰場上表現極為傑出的新武器——飛機。蔣介石對飛機運售尤其耿耿於懷。1931年8月，德國交運給廣東的三架戎克（Junkers）飛機及若干軍火原本交由海運，準備前往廣東交貨，但船隻卻遭到扣押，並被迫轉往上海，所有貨物遭到蔣的沒收。[12]蔣也要求魏澤爾與德國交涉，不得再將軍火出售給任何地方軍閥，為此廣州方面甚為不悅，發動輿論攻擊蔣與德國軍事顧問，甚至威脅要對在廣東停留的德籍人士不利。德國政府一方面要安撫其國內廠商，又必須與廣東方面交涉，軍事顧問也因此承受了來自本國政府外交部門的壓力。

1932年初，當中日在上海的武裝衝突爆發之後，日本立即向柏林提出抗議，認為魏澤爾在戰場活動對日本極為不利。為此，德國駐華公使陶德曼（Oskar Trautmann, 1877-1950）數度與魏澤爾協商，希望魏澤爾能遠離戰場，但魏澤爾表示他前往上海乃係探視其在上海德國學校就讀的女兒，否認參與軍事行動。[13]2月23日，德國外交部特就此事與國防部會商，希望國防部能節制軍事顧問。幸虧戰事並未持續，日本抗議之聲也暫時消減。[14]

七、魏澤爾與蔣介石之衝突

1932年1月，日本侵略上海，發動「一二八事變」。在此之前，蔣

---

12 Kuo Heng-yu (hrsg.), *Deutsch-chinesische Beziehungen, 1928-1938, Eine Auswertung deutscher diplomatischer Akten*, S. 37.

13 ADAP, Serie B, Bd. XX, Nr. 261. Ministerialdirektor Meyer an General Freiherr von Hammerstein-Equord (Reichswehrministerium).

14 MSG, 160/02.032

介石已因各方批評聲浪不斷而下野。中央政府乃緊急成立「軍事委員會」，請蔣復行視事。蔣為求表現，計畫將由德籍軍事顧問所訓練的兩個教導師投入戰場。蔣相當清楚，魏澤爾必然反對，故而請宋子文轉告。1932年2月1日，宋子文約見魏澤爾，主要針對兩個議題：將德國軍事顧問之眷屬撤離上海及政府計畫將87、88兩師集結到上海附近。魏澤爾未明白表示不贊成之意，只提出將兩師放在上海外圍，可能的話，根本就不要動用87師的建議。當然他所持的主要理由是：這兩個師的基本功能為教導師，根本不應投入戰場，造成浪費。當然蔣並未遵照他的意願，兩個教導師不但用於上海，稍後的勦匪行動中，蔣都將之投入，魏澤爾為此甚為不悅。

剿共戰役也是兩人發生衝突的原因。蔣介石原本對魏澤爾甚為倚重，魏澤爾對建軍的相關意見，蔣都樂於接受，但兩人在剿匪的戰術理念上有相當大的歧異。魏澤爾一直認定對付共黨應以殲滅戰（Vernichtungskrieg）為主，但蔣介石認為多數共黨分子並非出於自願，而是受到裹脅，他日均可成為國家建設的主力，故而反對殲滅戰。為此，魏澤爾感到十分不快，經常與之發生衝突。魏澤爾的個性孤傲，不易與人相與，蔣雖對之百般忍耐，卻也忍不住有撤換之意。根據軍事顧問團檔案記載，1932年初之後，魏澤爾雖在蔣介石的行營附近，但雙方見面機會甚少，往往兩三週才見面一次，這與原本的關係差別甚大。德國駐華公使陶德曼對此也知之甚詳，甚至向柏林報告此事。[15]

總顧問與蔣介石的關係已經在多事之秋，而軍事顧問團本身也是風波不斷，因而引起蔣介石極端反感。這與軍事顧問團的基本採購功

---

15 ADAP, Serie C, 1933-1937, Bd. 2, Nr. 157, Der Gesandte in Peping an das Auswärtige Amt, 30. Dez. 1933.

能有密切關聯。

　　一般而言，軍事顧問在華工作的待遇甚佳，甚至達到不合理的地步。一份條陳指出：1932年時中國需要進用160名的德籍軍官，才能應付軍事訓練之需，但「以其月薪之高，未免太不經濟」。[16]的確，1930年代，北大聘請的資深德籍教授月薪約為400元，但一名德國軍事顧問團軍官的起薪為500以上，另含其他補助。但這些軍事顧問似乎未將這些薪水放在眼中，因為其他的收入要遠超過其正常薪俸。1930年1月，柏林一份報紙以「德國『在華軍官』的副業」為題，特別報導當時各個軍事顧問團成員在華從事軍火仲介的行為。[17]當時提供中國武器的國家除了德國以外，尚有義大利等國，但德籍軍事顧問優先採用德國商品。除了對本國武器較為熟悉外，實際利益也是重要因素。

　　因為回扣及賄賂，中國政府在購買德國軍火時，造成許多浪費。鮑爾曾經對德國外交部人員說明當時德國軍火在華銷售的情況：

> 這裡大部分的產品價格要比德國貴了百分之一百，德國商人又將出廠價格調高，所以可以貴到百分之一百五十到百分之二百。此外，一些陳年舊貨販售到中國來，舊爐子、舊槍，所有在（德）國內看不到的東西，通通在中國出現。[18]

　　浪費的現象隨著採購的增加而日益惡化，利益的衝突造成軍事顧問本身及其與中國政府間的矛盾，布舍齊司（Ulrich von Busekist, ?-?）事件便是一個典型事例。布舍齊司兄弟兩人均在第一次大戰

---

16 〈魏漢喬關於改進德籍軍事顧問訓練部隊方法之報告〉，參見：中國第二歷史檔案館編，《中德外交密檔》（桂林：廣西師範大學出版社，1994），頁108。

17 MSG160/34, Die Nebengeschaefte der deutschen China-Offiziere.

18 ADAP, Serie B, Bd. XI, Nr. 166, Aufzeichnung des Ministerialderektor Trautmann, Anhang.

之後來華，原本擔任一家軍火商之銷售代表，布舍齊司後與魏澤爾相識，並接受其任命，於1932年之後，擔任魏澤爾侍從及聯絡之職，但其兄仍從事軍火銷售。由布舍齊司與魏澤爾的信件往來可以看出兩人關係相當密切，而魏澤爾對他近乎縱容，引起許多軍事顧問極度不滿。1933年1月7日顧問團的軍事顧問克魯格（Krug, ?-?）便向魏澤爾抗議，認為魏對布過於縱容，而布本人的軍事素養又嫌不足。[19]克魯格及其他幾位軍事顧問甚至威脅辭職，以示抗議。克魯格的抗議並非單一事件，另有許多軍事顧問曾向南京政府表達對魏澤爾的不滿。南京政府官員如陳儀、李鼎等人對此事也有相當瞭解，但尚不便出面干預。這種事件發生之後，蔣與魏澤爾開始互不信任。魏澤爾與德國國防部聯絡軍官布林克曼（Brinkman, ?-?）通信時，特別提到：所有往來電文均交由中國之軍事顧問服務處以摩斯碼拍發，他相信兩人間之通訊均遭中國方面監視，故此希望能採取較為複雜的密碼。[20]以後，要求德國外交部准予使用外交郵包的方式來聯絡，顯示當時軍事顧問與南京政府間互不信任的問題。

稍後，軍事顧問團中又傳出布舍齊司向日本提供德國軍事顧問團活動的相關資料，開始引起蔣介石的注意。蔣認為顧問團內部衝突只要不妨礙其工作，可以不予理睬，但間諜案非同小可，開始派員調查。布舍齊司又因回扣問題而與南京政府軍政部門的官員發生衝突，甚至公開指責中國官員貪汙、腐敗，引起群情激憤。以陳儀為首的軍事將領便對魏澤爾展開聯手杯葛。

1933年12月，德國駐華公使陶德曼向柏林簡報此事，他認為：蔣

---

19 MSG160/3, Krug an Wetzell, 07. 01. 1933.

20 MSG160/4-79, Wetzell an Brinkman, 07. 04. 1933.

介石已經對魏澤爾不再信任。的確,1933年蔣介石正在努力解決「閩變」,蔣非但不諮詢魏澤爾,且將他派遣到北平,有意疏遠。

蔣介石個人處事風格稍欠果斷,他雖計畫將魏澤爾撤換,卻又不願明白指出,而希望以暗諷方式爲之。1932年5月,蔣介石計畫邀請塞克特來華,一方面希望塞克特給予若干軍事方面的建議,一方面也希望藉著塞克特來逼迫魏澤爾辭職,但塞克特當時年事已高,憚於遠行,並未答允。1933年中,蔣介石再寫信邀請塞克特來華訪問,並微微透露請其擔任總顧問之意。塞克特已經瞭解蔣對魏已不復信任,特別寫信給魏,希望他能注意,但魏澤爾並未有任何改善。

稍後,塞克特因個人財務捉襟見肘,加上魏澤爾本爲他所薦,有解決糾紛的義務,乃決意來華。行前,塞克特特別拍發電報給魏澤爾,詢問如果塞來華任職,魏是否願意在其麾下工作。陶德曼指出:魏甚表不滿,僅簡單回復一「否(Nein)」字,這注定魏澤爾將離職的命運。

德國外交部本對軍事顧問團氣氛的低迷感到十分憂慮。當塞克特決意來華,並有其他將領隨行時,才稍感放心。另一方面,德國又不免擔心塞克特名氣遠較魏澤爾大,更易引起日本或其他列強的注意,甚或抗議。德國這種憂喜不定,猶豫不決的心態,正是德國對華政策的寫照。

八、法肯豪森實際負責軍事顧問團工作

法肯豪森(Ernst Alexander Alfred Herrmann Freiherr von Falkenhausen, 1878-1966)於1878年出生於西里西亞地區(Schlesien)耐塞河(Neisse)

畔的小城布盧門塔（Blumental），父親是土地貴族出身，與布蘭登堡家族有血緣關係。法肯豪森亦接受當時貴族家庭典型的啓蒙教育，其中語言與宗教是相當重要的部分，因此法肯豪森對英語、法語的純熟運用，使他與國民政府要員的往來毫無困難。1890年，法肯豪森就進入軍校就讀，由於成績優異，他於1894年獲准轉入柏林的官校（Hauptkadetten- anstalt）就讀。該校是普魯士地區最負盛名的軍校，畢業生多爲德意志帝國的軍事領導。

　　1897年法肯豪森自軍校畢業，並奉派擔任91步兵團的少尉軍官，駐守於奧登堡（Oldenburg）。1900年，義和團事件爆發，德意志帝國徵選志願軍前往中國，法肯豪森被派往東亞第三步兵團任職，但該團抵達時，戰事已經停止。法肯豪森日後述及這段經驗時，交織著不同的想法，一方面高興能有到遠東的機會；另一方面也對八國聯軍的野蠻行徑有些羞愧。法肯豪森也利用這段時間，在北京認識了中國文化，也對東亞歷史產生極大的興趣。

　　回到德國之後，法肯豪森逐漸受到軍方高層的賞識，並受命接受參謀訓練。1904年與奧登堡地區一位貴族的女兒結婚，並開始在柏林大學學習日文。當時東亞事務因英日同盟、日俄戰爭等因素而逐漸受到德國朝野的關注，所以法肯豪森極可能經授意而學習日文。1910年，法肯豪森奉派前往東京研究日本軍事組織，並於回程中遊覽朝鮮半島、中國華北及東北等地。此次旅程亦使法肯豪森產生相當正面的中國印象，因此1911年時，法肯豪森夫婦又前往華南各地旅遊。

　　1912年法肯豪森又奉派擔任德國駐日使館的軍事武官。1914年

8月，法肯豪森自日本取道美國要返回德國其間，由於歐戰已經爆發，德籍軍官要通過英國的封鎖線相當困難，在幾經波折後終於抵達德國，並迅速投入西線戰場，表現相當傑出，例如1915年參與凡爾當（Verdun）戰役，因功升為少校。後來又被派往德國盟友土耳其軍中，擔任凱末爾（Mustapha Kemal Pasha, 1881-1938）的聯絡及參謀工作。1918年春天，在約旦附近的戰役中，德土軍隊重創英軍，法肯豪森獲德皇威廉授予勳章。當時德軍重要統帥之一魯登道夫（Erich Ludendorff, 1865-1937）曾經是法肯豪森在軍校時的教官，對他也相當器重。戰爭結束之際，法肯豪森仍在君士坦丁堡任職。在日本及土耳其的工作經驗，使法肯豪森成為一名極為優秀的軍事顧問，他貢獻所學給地主國，但絕不介入任何政治糾紛，因此法肯豪森日後在中國擔任軍事顧問時能受到蔣介石的倚重，並非沒有原因。

1918年，德國軍方重要將領提出停戰要求，在日後的凡爾賽和約中，德國被迫裁軍，只能保留10萬名地面部隊。法肯豪森並未受到解職，反而逐步升遷，1927年時已經升為少將，並擔任德勒斯登（Dresden）軍校的校長。但在1930年，他突然被迫退休，表面上的理由是德國因受凡爾賽條約所限，高級軍官職務有限，國防部希望能加速軍方人士的新陳代謝所致。但實際情形不僅如此，許多人相信是因為此時德國受到經濟局勢惡化的拖累，政治局面並不安定，新政府對軍方的政治立場不太放心，故對較為右派的軍官採取預防性措施，以免發生嚴重的社會不安。1931年，法肯豪森的手記中記載：德國孤零零的站在（歐洲）中央，毫無軍備，這意味著戰禍。……我們到底要做什麼？不是二等國家。平等待遇！如果其他人不削減軍備，德國就有自由普遍徵兵，先成立一支民兵及一個小型陸軍。我們被法、俄包圍，

還有波蘭。我們要生活,所以也要有自衛的能力。[21]

這樣的態度,基本上代表當時德意志社會中許多退役軍人的想法,與希特勒的理念若合符節。由於1931年時,德國政府仍積極推動與其他歐洲國家的配合,因此對類似的言論自然須要加以裁抑,此或與法肯豪森的去職有關。總之,法肯豪森並非一個單純的軍人,他對政治相當敏感,也曾問鼎國會議員的席次。正由於其遭解職具有相當的政治因素,一位50歲出頭的將領,突然被迫賦閒在家,儘管衣食無虞,仍有老驥伏櫪,志在千里之思,因此當塞克特將軍邀請他到中國擔任軍事顧問時,會視為生涯發展的另一契機。

1934年,蔣介石因德國駐華軍事顧問團總顧問魏澤爾與其他人相處不愉快,故計畫更換一名總顧問。蔣一直屬意由曾經擔任德國國防部長的塞克特來華擔任總顧問。幾番周折後,塞克特終於成行,但對蔣提出以法肯豪森為副手的要求,經蔣同意後,塞克特才邀請法肯豪森來華。但來華之前,仍須向德國政府報備。前文已經說明,法肯豪森在1930被迫除役應有相當政治因素,使其動向受到德國政府的關切,因此法肯豪森向軍方有關人員報告時,幾位重要將領如羅姆(Ernst Röhm, 1887-1934)、布龍白(Werner von Blomberg, 1878-1946)及萊謝勞(Walter von Reichenau, 1884-1942)等均與聞此事,甚至首相希特勒(Hitler)也加以召見,有條件地同意法肯豪森前來中國擔任軍事顧問。

德國受到經濟蕭條的影響甚大,帝國馬克(Reichsmark)不斷貶值,缺乏外匯,無法各勉國內欠缺的糧食或其他農工產品及原料,所

---

21 BM p. 139. 原文為鉛筆手稿,多為標語式,此處譯文經作者稍加組織。

以當中國表示願意購買德國軍火時，雙方很快達成協議，並以實物交易（Barter trade）的方式，貿易量日增。但1930年代，美國、法國、義大利及西班牙等國都有意對華進行軍火銷售，德國產品面臨強大競爭，因此有必要與中國加強聯繫。基於以上考慮，德國對法肯豪森來華服務，寄予厚望。

九、法肯豪森的工作內容

根據1934年備忘錄的規定，德國駐華軍事顧問團直屬於蔣委員長，不受其他人之節制，總顧問負責全團的聘任、解聘等人事案件，以及與軍令部的橫向聯繫。所有軍事顧問不得直接與中方交涉，所有任免或敘薪等事，均需經由總顧問轉報相關單位。在塞克特當初的規劃中，德方有一指揮中心稱為「總顧問辦公室（Stab des Beauftragten und des Marschalls und Generalberaters）」，下設部隊、裝備、教育、人事及翻譯5個部門，各置華籍及德籍副官若干人。[22] 根據此計畫可知德國駐華軍事顧問應當負責部隊、武器、裝備之規劃及人員訓練等工作。但檔案顯示，法肯豪森的實際工作內容遠超過此一範圍。

由於德國此時已經對凡爾塞和約的種種限制感到不耐，並開始計畫重整軍備，對武器的製造及銷售均感相當興趣，所以國防部及經濟部官員都對中國市場相當注意，故此，法肯豪森來華，與其前幾任軍事顧問自有不同之處。但相對的，德國國防部也給予法肯豪森相當的協助，包括尋求適當的軍事顧問，購買武器及裝備。

---

22 MSG, 16005051.

在國情與軍情的了解方面，德國政府特地指派原主管中國業務的國防部官員負責與其聯絡，並適度加以協助。自法肯豪森來華以後，除緊急事務外，每兩個月定期向德國國防部簡報，德國高層因而對駐華軍事顧問的工作有清楚的了解。法肯豪森也實際參與政策的計畫及執行。法肯豪森與布林克曼間的通信，除了例行的〈中國報告〉之外，多以軍事裝備及軍事顧問之聘任為主。

除了負有組織及訓練的責任外，法肯豪森的軍事總顧問職務還包括軍火銷售。在例行與德國國防部的聯繫中，法肯豪森也直接提出軍火訂單，1934年底的一份訂單中包括：大砲、毛瑟槍、通信及光學器材、照明彈、偵聽器材、電纜等物。3個月後，又有榴彈砲、通信器材、光學器材、運輸工具等物品。這些軍火的品質當然也是法肯豪森所關心的。

中日戰爭爆發以後，德國就開始受到日本的壓力，希望能停止運送軍火給中國，並召回所有軍事顧問。此時法肯豪森表現出其盡忠職守的軍人本色，開始根據中國軍隊的需求，安排大量的訂單。1938年1月起，中國向德國大量訂購炸藥、引線、榴彈炮、彈藥、機槍等物，到1938年底及1939年初，這些武器仍然繼續交運，[23] 除了說明德國對中國軍火市場的興趣外，軍事總顧問對購買物資的內容，運籌擘畫，功不可沒。

希特勒希望對中國國情有較多的認識，尤其是共黨在中國的組織及中日間的衝突，這兩者均造成德國防共政策中的一個隱憂。因此，法肯豪森從1934年10月分起，就不定期地針對一些中國的國內情勢撰

23　國史館，《外交部檔案》（未刊），第2卷，「武器彈藥採購案（二）」。

寫報告，提供德國國防部參考。柏林也指派一名軍官擔任聯絡工作，將法肯豪森的報告整理、比對之後，呈報上級，並適時加以指示。

我們可以用法肯豪森接任代理總顧問不久後（1934年10月）所作的第一次報告爲例：報告大約分爲外交、內政、經濟及軍事等4個大項，具體內容包括他與當時國防部長何應欽談話，認爲蔣介石的對日政策應採取拖延的策略，避免衝突升高，以爭取較多的時間從事軍備建設。但法肯豪森擔心中日雙方的不信任會造成日本與英國接近。內政方面，介紹廣東地區的陳濟棠與蔣介石的關係，認爲雙方的對立有緩和跡象，並將克蘭（Hans Klein）在廣東地區的軍售內容作一報告。該報告中也對軍事方面加以說明，在中國整建軍隊的目標爲建立教導團、組訓炮兵部隊、擴張工兵等，並提出所需軍火的採購計畫。[24]

在1934年12月的報告中，則對正舉行的軍事演習有清楚報導，並說明蔣介石因牙科手術，身體不適，但對演習仍相當注意，卻使法肯豪森無法趁機向蔣就德方所交代之事務進言。其次，法肯豪森對中日關係作一評估，認爲日本採取較溫和的態度，以免在退出五國海軍協定[25]後節外生枝。法肯豪森也爲德國簡報中國內政狀況，從國民黨全會延期召開到德國對廣東進行軍火貿易，引起南京不快，都在報告內容中。經濟事務方面，法肯豪森表示已有專門人員對中國經濟進行分析，因此僅就與軍事有關的項目說明，他認爲克魯柏（Krupp）的銷售機會相當大，但提醒德國政府必須加緊飛機銷售之業務，否則美國與

---

24 MSG, 16013002-16013004。

25 在倫敦裁軍會議中，各國原本達成海軍主力艦比例的協定，但日本於1934年宣布退出此項裁軍會議，國際局勢稍見緊張。

義大利將會占盡先機。[26]從內容行文看來，由於法肯豪森有機會與蔣接觸，所以德國政府給法肯豪森相關的指示，以爭取德國在華的最佳利益。這類工作報告一直持續到1938年所有軍事顧問撤出中國爲止。

十、結論

清末，國人體會中國所以積弱不振，與科技落後有密切關聯，因而也有各種引進外國科技的積極作爲。只是不難想像當時的種種困難。負責創辦船政的沈葆楨曾歷數其困難之處：

> 員匠則中外語言不相通，器具皆生平耳目所未見，自一簣之始基，至全體之具備，其間朝更夕改，瑣碎繁重，非筆墨所能陳，……總辦者於向無章程之事而遞刱章程，學習者於無可尋繹之中而曲爲尋繹。[27]

數十年後，情況並未有太多改善，甚至於因國際局勢的改變，使中國引進西洋軍事技術的努力遭受更大的阻礙。1930年代的德國仍然受到凡爾賽和約相當的束縛。對於列強的態度過度在意使得所有國際局勢的變化均可能對其外交態度造成影響。例如1931年3月間，德國外交部因爲沒有受邀參與國際債務管理會議（Schuldenkonsolidierungskonferenz）而向中國駐柏林使館抱怨，認爲這與德國軍事顧問在華活動及出售武器給中國有密切關聯。[28]除了國際因素外，各個政府

---

26 MSG, 16013008。

27 沈葆楨，〈船工告成積年出力員紳請獎摺〉，參見：李毓澍編，《船政奏議彙編》，近代史料叢書彙編，第1輯，（臺北：大通書局，1969）。

28 Kuo Heng-yu (hrsg.), *Deutsch-chinesische Beziehungen, 1928-1938, Eine Auswertung deutscher diplomatischer Akten*, S. 35.

部門又各因其本位而主張不同的對華政策，故此，德國對華外交並無明顯路線可以依循。這樣的政策當然會影響當時中德雙方正常交往，也影響軍事顧問的活動，派遣軍官前往德國受訓的曲折過程正可以說明這種情況。

1933年以後希特勒主導德國政治發展，主張採取較為強硬的外交態度，先是繼日本之後退出國際聯盟，並重新整軍，建立國防工業。其對華政策應可隨希特勒之掌權而有所改變，但仍受到其他不確定因素的影響。一方面，雖然日本對柏林不斷施加壓力，但德國之國防及經濟部門都認為與中國持續交往較為有利；外交部門則採取兩面不得罪的政策。希特勒及其部分幕僚人員則較偏向日本，德國對華政策就在這樣的政治角力中搖擺前進。

魏澤爾雖因個人性格與蔣介石無法相處，黯然去職，但3年多的服務期間也貢獻良多，他一手建立的新式軍隊在「一二八」事件及剿匪行動中均令人刮目相看。而他所規劃及次第建立的軍火工業在日後對日戰爭中發揮極大的作用。

繼任的法肯豪森顯然處於一較有利的情況，希特勒為解決國內經濟不景氣及失業問題，計畫恢復徵兵制度，並且逐漸增加軍火生產，到1936年時，德國國防力量已達一定水準。德國在增加軍火生產及建軍的同時，中國正好成為其糧食供應者及軍火銷售市場，這正是1935年以後中德軍火交易迅速增加的重要原因。

中德雙方在逐漸摸索及起起伏伏之中，建立起良好的合作關係，這對軍隊的改良、軍火工業的建立及國防的加強均有相當影響，也是日後能對抗日本侵略的主要原因。